21世纪高职高专财会专业工学结合课程改革系列教材

总主编　谢国珍

会计分岗位实训

主　编　孙振丹　郭　军

副主编　寿林平

中国人民大学出版社

·北京·

图书在版编目（CIP）数据

会计分岗位实训/孙振丹，郭军主编. —北京：中国人民大学出版社，2012.4
21 世纪高职高专财会专业工学结合课程改革系列教材
ISBN 978-7-300-15379-7

Ⅰ.①会… Ⅱ.①孙… ②郭… Ⅲ.①会计学-高等职业教育-教材 Ⅳ.①F230

中国版本图书馆 CIP 数据核字（2012）第 040629 号

21 世纪高职高专财会专业工学结合课程改革系列教材
总主编　谢国珍
会计分岗位实训
主　编　孙振丹　郭　军
副主编　寿林平
Kuaiji Fengangwei Shixun

出版发行	中国人民大学出版社		
社　　址	北京中关村大街 31 号	**邮政编码**	100080
电　　话	010－62511242（总编室）		010－62511398（质管部）
	010－82501766（邮购部）		010－62514148（门市部）
	010－62515195（发行公司）		010－62515275（盗版举报）
网　　址	http：//www. crup. com. cn		
	http：//www. ttrnet. com（人大教研网）		
经　　销	新华书店		
印　　刷	北京昌联印刷有限公司		
规　　格	185 mm×260 mm　16 开本	**版　　次**	**2012 年 5 月第 1 版**
印　　张	21.25	**印　　次**	**2016 年 7 月第 2 次印刷**
字　　数	379 000	**定　　价**	**39.00 元**

前言

《会计分岗位实训》是浙江省示范院校建设项目子项目——会计专业建设的拆分项目——“企业会计”技能培训包的建设课程项目研究成果。

本书基于会计职业岗位分析、具体会计工作过程的设计理念，通过与企业、行业的深度合作，将会计学科的内容有机地融入工作过程，形成具有可操作性、整体性、个性化特点的结构，开发涵盖企业日常经济活动管理、经济业务核算的教学项目，分项目完成具体工作任务。本书设计的内容旨在使学生熟悉会计岗位基础规范的要求与会计岗位工作程序，遵循会计分岗位工作循环、业务流程的要求进行会计原始凭证的描述、传递、审核与分析，掌握各岗位会计处理的基本知识技能和方法，正确出具会计凭证、账簿、报表、分析报告，同时在实训中培养学生从事会计工作所必须具备的群体合作能力、业务分析能力、职业判断能力、调查研究能力和文字表达能力，并按会计职业岗位的要求，突出培养学生的岗位职业能力与创新创业能力。

本书设计的教学内容注重实训的可操作性、技术性和完整性，通过模拟真实的企业会计工作项目的操作，建立会计工作岗位责任制，让学生接触企业日常经济管理、经济核算的全过程，定期实现岗位的轮换，同时制定各会计岗位的工作流程，指导学生完成会计工作任务。为满足学生按会计岗位进行分工实训的要求，本书以海天机械制造加工有限责任公司（简称海天公司）2011 年 12 月份经济业务为素材，设计 5 个会计岗位、100 笔日常经济业务、4 项财务管理案例供学生进行实训模拟，每笔经济业务均附有业务流程供学生参考，方便学生按会计岗位进行凭证的填制、审核、传递以及账簿的分工登记，最终出具会计报表，完成财务分析报告。

本书编写组成员精心收集了大量来自企业一线的实际资料，整理形成了涵盖会计核算、财务管理、内部审计等内容的工作情境，供学生系统地进行实训。本书的第三板块“财务会计制度范文”、第四板块“会计工作表格模板”供实训指导教师和学生参考。

本书由浙江商业职业技术学院财会金融学院孙振丹副教授和传化集团有限公

司财务管理部总经理郭军注册会计师担任主编，浙江杭萧钢构股份有限公司财务总监寿林平高级会计师担任副主编。另外，浙江商业职业技术学院财会金融学院副院长李传双副教授、财会金融学院会计系主任陈晓红副教授也参与了本书的编写。

本书可作为高职高专财经类专业学生的实训用书，也可以作为有关人员学习和掌握会计工作基础知识的参考用书。

由于编者水平有限，会计核算及管理工作也在不断发展和完善，书中难免存在不足之处，恳请读者批评指正，多提宝贵意见和建议，以便修订再版时完善。

孙振丹

2012 年 2 月

目 录

第一板块　会计分岗位实训指导书

第一部分　会计分岗位实训概述

一、会计分岗位实训的目的和要求

学生通过学习，熟悉会计岗位规范的要求与会计岗位工作的程序，遵循会计分岗位工作循环、业务流程的要求，进行会计原始凭证的描述、传递、审核与分析，掌握各岗位会计处理的基本知识技能和方法，并正确出具会计凭证、账簿、报表等。同时，学生通过会计分岗位实训，锻炼群体合作能力、业务分析能力、职业判断能力、调查研究能力和文字表达能力。本实训建议学时为60学时，同时根据会计业务的需要设置5个手工会计工作岗位，建立会计工作岗位责任制，并将学生模拟的会计工作岗位进行有计划的轮换，以保证达到实践教学的目的和要求。

二、会计岗位分工模拟

本实训中会计岗位的具体分工如下：

1. 财务部经理岗位

该岗位负责具体组织筹资、投资、利润分配、成本、税务等财务会计管理工作；负责计提盈余公积；负责核算向股东（投资者）分配的利润；负责编制所有者权益变动表；负责考核分析利润及利润分配预算的完成情况；负责稽核会计凭证和账表，以及编写财务情况说明书；负责管理会计档案。

2. 出纳岗位

该岗位负责办理现金收支、银行结算业务；负责编制收、付款凭证；负责登记现金日记账、银行存款日记账；负责保管库存现金、有价证券；负责保管有关印章，保管空白支票和空白发票及收据。

3. 总账会计岗位

该岗位负责审核财产物资、工资、往来款项、财务成果日常核算凭证；负责定期进行往来款项的对账工作；负责登记总账，编制科目汇总表、会计报表及会计报表附注。

4. 成本会计岗位

该岗位负责审核费用发生的审批手续是否符合公司的规定，并填制相关记账凭证；负责计算生产成本，结转物资、成本、费用账户，并登记物资、成本、费用明细账；负责按月计提固定资产折旧。

5. 往来会计岗位

该岗位负责确认、计算收入，填制往来业务记账凭证，登记往来、收入明细账；负责与对方债权（务）人核对往来账目，保证双方账面数额一致和无弄虚作假的情况；负责积极掌握债务人的资信情况，并建立债务人资信档案；负责计提坏账准备；负责公司税金的计算、申报和解缴工作；负责期末结转损益。

三、会计分岗位实训资料简介

本实训中安排的会计核算经济业务所需的原始凭证有两种：

（1）经济业务涉及的外来原始凭证。这部分见第二板块的第二部分“会计分岗位实训原始凭证”，可以在学习过程中按业务要求裁下。

（2）自制原始凭证和公司对外出具的原始凭证。这部分是按照指导教师发放的仿真空白票据、公司印鉴，根据经济业务的需要模拟填制。建议实训室设置模拟银行，开展公司日常交易和结算工作。

四、会计分岗位实训内容

★ 第一轮第一天（8:30—16:00）

■ 财务部经理岗位实训内容

【实训操作内容】

（1）复核未交税金的明细账及总账余额。

（2）检查核对月初未交税金并分析、调整差异。

（3）采用科学的决策方法对投资方案是否可行作出决策分析；按照有关规定严格控制投资估算的精确度，对合作项目的前景进行分析评估；参与对外投资项目决策的全过程。

（4）完成公司准备添置一台数控车床的评估报告。

（5）完成公司出于经营战略考虑，拟寻求同彩通制造公司合作的可行性分析报告。

【实践操作方式与步骤】

（1）协助各会计岗位熟悉会计岗位流程示意图。

（2）强调本部门各会计岗位不相容职务的分离及内部控制。

（3）核查上月未交税金的有关资料。

（4）阅读并思考公司添置一台数控车床、寻求同彩通制造公司合作的投资方案的可行性。

（5）收集资料，整理投资方案的评估报告。

【实践操作时间与地点】

6 个学时，会计模拟实训室。

■ 出纳岗位实训内容

【实训操作内容】

（1）领取有关的空白票据、印章、会计办公用品。

（2）复核月初现金、银行存款的明细账及总账余额。

（3）熟悉出纳岗位业务流程。

（4）熟悉会计核算业务的内容，判断业务类型，进行初步分工。

（5）完成第 1～30 笔经济业务的核算，编制记账凭证。

【实践操作方式与步骤】

（1）了解出纳岗位不相容职务的分离及内部控制。

（2）核查上月现金、银行存款的有关资料。

（3）分析本月经济业务的内容，并同其他岗位会计作好分工。

（4）判断分析第 1～30 笔经济业务中属于出纳岗位负责的原始凭证。

（5）根据原始凭证，编制第 1～30 笔经济业务的记账凭证。

【实践操作时间与地点】

6 个学时，会计模拟实训室。

■ 总账会计岗位实训内容

【实训操作内容】

（1）熟悉公司的会计制度、会计政策及有关规定。

（2）熟悉总账会计岗位业务流程。

（3）复核月初各账户的明细账及总账余额。

（4）根据本实训提供的 11 月份的资料开设总账。

（5）熟悉本月会计核算业务的内容，判断业务类型，进行初步分工。

（6）审核第 1～30 笔经济业务的记账凭证。

（7）根据审核无误的记账凭证登记总账。

【实践操作方式与步骤】

（1）了解总账会计岗位不相容职务的分离及内部控制。

(2) 核查月初账户的有关资料及月初余额。

(3) 分析本月经济业务的内容，并同其他岗位会计作好分工。

(4) 分析 11 月份的资料，开设并登记总分类账。

(5) 审核第 1～30 笔经济业务的记账凭证。

(6) 根据记账凭证，分析并登记总分类账。

【实践操作时间与地点】

6 个学时，会计模拟实训室。

■ 成本会计岗位实训内容

【实训操作内容】

(1) 熟悉公司的会计制度、会计政策及有关规定。

(2) 熟悉成本会计岗位业务流程。

(3) 复核月初各物资、成本、费用类账户的明细账及总账余额。

(4) 根据本实训提供的 11 月份的资料，开设物资、成本、费用类账户的明细账。

(5) 熟悉本月会计核算业务的内容，判断业务类型，进行初步分工。

(6) 协助出纳编制第 1～30 笔经济业务的记账凭证。

(7) 根据审核的记账凭证，登记物资、成本、费用类账户的明细账。

【实践操作方式与步骤】

(1) 了解成本会计岗位不相容职务的分离及内部控制。

(2) 核查月初账户的有关资料及月初余额。

(3) 分析本月经济业务的内容，并同其他岗位会计作好分工。

(4) 分析 11 月份的资料，开设并登记物资、成本、费用类账户的明细账。

(5) 判断第 1～30 笔经济业务中属于成本会计编制的记账凭证。

(6) 根据记账凭证，分析并登记物资、成本、费用类账户的明细账。

【实践操作时间与地点】

6 个学时，会计模拟实训室。

■ 往来会计岗位实训内容

【实训操作内容】

(1) 熟悉公司的会计制度、会计政策及有关规定。

(2) 熟悉往来会计岗位业务流程。

(3) 复核月初各往来、收入、税金等账户的明细账及总账余额。

(4) 根据本实训提供的 11 月份的资料，开设往来、收入、税金等账户的明细账。

(5) 熟悉本月会计核算业务的内容，判断业务类型，进行初步分工。

(6) 协助出纳编制第 1～30 笔经济业务的记账凭证。

(7) 根据审核的记账凭证，登记往来、收入、税金等账户的明细账。

【实践操作方式与步骤】

(1) 了解往来会计岗位不相容职务的分离及内部控制。

(2) 核查月初往来、收入、税金等账户明细账的有关资料及月初余额。

(3) 分析本月经济业务的内容，并同其他岗位会计作好分工。

(4) 分析 11 月份的资料，开设并登记往来、收入、税金等账户的明细账。

(5) 判断第 1～30 笔经济业务中属于往来会计编制的记账凭证。

(6) 根据记账凭证，分析并登记往来、收入、税金等账户的明细账。

【实践操作时间与地点】

6 个学时，会计模拟实训室。

★ 第一轮第二天（8:30—16:00）

■ 财务部经理岗位实训内容

【实训操作内容】

(1) 评估公司技术改造方案的可行性。

(2) 根据公司 2012 年的采购情况，对橡胶盘供应商的报价作出对公司最有利的付款计划。

(3) 评估公司多年的信用政策，提供改变信用政策的参考文件。

(4) 完成上述财务管理工作的评估报告。

(5) 分析、汇总、整理公司有关可行性分析报告。

【实践操作方式与步骤】

(1) 协助各会计岗位日常会计核算工作。

(2) 落实本部门各会计岗位不相容职务的分离及内部控制。

(3) 核查第 1～30 笔经济业务的有关资料及凭证。

(4) 阅读并思考技术改造方案的可行性。

(5) 评估付款计划与信用政策。

(6) 收集资料，整理方案的评估报告。

【实践操作时间与地点】

6 个学时，会计模拟实训室。

■ 出纳岗位实训内容

【实训操作内容】

(1) 审核收、付款业务的原始凭证。

(2) 复核第 1～30 笔经济业务的现金、银行存款的明细账及总账余额。

(3) 完成第 31～80 笔经济业务的核算，编制收、付款的记账凭证。

【实践操作方式与步骤】

(1) 严格出纳岗位不相容职务的分离及内部控制。

(2) 核查第 1～30 笔经济业务的现金、银行存款的有关资料。

(3) 分析第 31～80 笔经济业务的内容，并同其他岗位会计作好分工。

(4) 判断分析第 31～80 笔经济业务中属于出纳负责的原始凭证。

(5) 根据原始凭证，编制第 31～80 笔经济业务的记账凭证。

【实践操作时间与地点】

6 个学时，会计模拟实训室。

■ 总账会计岗位实训内容

【实训操作内容】

(1) 复核第 1～30 笔经济业务各账户的明细账及总账余额。

(2) 熟悉第 31～80 笔经济业务的内容，判断业务类型，进行初步分工。

(3) 审核第 31～80 笔经济业务的记账凭证。

(4) 根据审核无误的记账凭证登记总账。

【实践操作方式与步骤】

(1) 严格总账会计岗位不相容职务的分离及内部控制。

(2) 核查第 1～30 笔经济业务账户的有关资料。

(3) 分析第 31～80 笔经济业务的内容，并同其他岗位会计作好分工。

(4) 审核第 31～80 笔经济业务的记账凭证。

(5) 根据记账凭证，分析并登记总分类账。

【实践操作时间与地点】

6 个学时，会计模拟实训室。

■ 成本会计岗位实训内容

【实训操作内容】

(1) 复核第 1～30 笔经济业务中各物资、成本、费用类账户的明细账及总账余额。

(2) 熟悉第 31～80 笔经济业务的内容，判断业务类型，进行初步分工。

(3) 协助出纳编制第 31～80 笔经济业务的记账凭证。

(4) 判断有关成本核算业务，并编制记账凭证。

(5) 根据审核的记账凭证，登记物资、成本、费用类账户的明细账。

【实践操作方式与步骤】

(1) 严格成本会计岗位不相容职务的分离及内部控制。

(2) 核查第 1～30 笔经济业务账户的有关资料。

(3) 分析第 31～80 笔经济业务的内容，并同其他岗位会计作好分工。

(4) 判断第 31～80 笔经济业务中属于成本会计编制的记账凭证。

(5) 根据记账凭证，分析并登记物资、成本、费用类账户的明细账。

【实践操作时间与地点】

6 个学时，会计模拟实训室。

■ 往来会计岗位实训内容

【实训操作内容】

(1) 复核第 1～30 笔经济业务中各往来、收入、税金等账户的明细账及总账余额。

(2) 熟悉第 31～80 笔经济业务的内容，判断业务类型，进行初步分工。

(3) 协助出纳编制第 31～80 笔经济业务的记账凭证。

(4) 根据审核的记账凭证，登记往来、收入、税金等账户的明细账。

【实践操作方式与步骤】

(1) 严格往来会计岗位不相容职务的分离及内部控制。

(2) 核查第 1～30 笔经济业务中往来、收入、税金等明细账的有关资料。

(3) 分析第 31～80 笔经济业务的内容，并同其他岗位会计作好分工。

(4) 判断第 31～80 笔经济业务中属于往来会计编制的记账凭证。

(5) 根据记账凭证，分析并登记往来、收入、税金等账户的明细账。

【实践操作时间与地点】

6 个学时，会计模拟实训室。

★ 第一轮第三天 (8:30—16:00)

■ 财务部经理岗位实训内容

【实训操作内容】

(1) 分析、汇总、整理公司有关可行性分析报告。

(2) 协助各会计岗位进行转账、结账、决算等工作。

(3) 审阅会计报表初表。

(4) 完成财务分析报告初稿。

(5) 根据年终会计报表及有关经济业务，分析公司存货、成本两个方面在管理中存在的问题，完成分析报告。

【实践操作方式与步骤】

(1) 协助各会计岗位进行年终会计决算工作。

(2) 落实本部门各会计岗位不相容职务的分离及内部控制。

(3) 核查全部经济业务的有关资料及凭证。

(4) 审阅会计报表，分析公司财务状况。

(5) 评估公司存货、成本等财务管理工作的现状。

(6) 完成评估分析报告。

【实践操作时间与地点】

6 个学时，会计模拟实训室。

■ 出纳岗位实训内容

【实训操作内容】

（1）审核收、付款业务的原始凭证。

（2）复核第 31～80 笔经济业务的现金、银行存款的明细账及总账余额。

（3）完成第 81～100 笔经济业务的核算，编制收、付款的记账凭证。

【实践操作方式与步骤】

（1）严格出纳岗位不相容职务的分离及内部控制。

（2）核查第 31～80 笔经济业务的现金、银行存款的有关资料。

（3）分析第 81～100 笔经济业务的内容，并同其他岗位会计作好分工。

（4）判断分析第 81～100 笔经济业务中属于出纳负责的原始凭证。

（5）根据原始凭证，编制第 81～100 笔经济业务的记账凭证。

【实践操作时间与地点】

6 个学时，会计模拟实训室。

■ 总账会计岗位实训内容

【实训操作内容】

（1）复核第 31～80 笔经济业务各账户的明细账及总账余额。

（2）熟悉第 81～100 笔经济业务的内容，判断业务类型，进行初步分工。

（3）审核第 81～100 笔经济业务的记账凭证。

（4）根据审核无误的记账凭证登记总账。

【实践操作方式与步骤】

（1）严格总账会计岗位不相容职务的分离及内部控制。

（2）核查第 31～80 笔经济业务账户的有关资料。

（3）分析第 81～100 笔经济业务的内容，并同其他岗位会计作好分工。

（4）审核第 81～100 笔经济业务的记账凭证。

（5）根据记账凭证，分析并登记总分类账。

【实践操作时间与地点】

6 个学时，会计模拟实训室。

■ 成本会计岗位实训内容

【实训操作内容】

（1）复核第 31～80 笔经济业务中各物资、成本、费用类账户的明细账及总账余额。

（2）熟悉第 81～100 笔经济业务的内容，判断业务类型，进行初步分工。

(3) 协助出纳编制第 81～100 笔经济业务的记账凭证。

(4) 判断有关成本核算业务，并编制记账凭证。

(5) 根据审核的记账凭证，登记物资、成本、费用类账户的明细账。

【实践操作方式与步骤】

(1) 严格成本会计岗位不相容职务的分离及内部控制。

(2) 核查第 31～80 笔经济业务账户的有关资料。

(3) 分析第 81～100 经济业务的内容，并同其他岗位会计作好分工。

(4) 判断第 81～100 笔经济业务中属于成本会计编制的记账凭证。

(5) 根据记账凭证，分析并登记物资、成本、费用类账户的明细账。

【实践操作时间与地点】

6 个学时，会计模拟实训室。

■ 往来会计岗位实训内容

【实训操作内容】

(1) 复核第 31～80 笔经济业务中各往来、收入、税金等账户的明细账及总账余额。

(2) 熟悉第 81～100 笔经济业务的内容，判断业务类型，进行初步分工。

(3) 协助出纳编制第 81～100 笔经济业务的记账凭证。

(4) 根据审核的记账凭证，登记往来、收入、税金等账户的明细账。

【实践操作方式与步骤】

(1) 严格往来会计岗位不相容职务的分离及内部控制。

(2) 核查第 31～80 笔业务中往来、收入、税金等明细账的有关资料。

(3) 分析第 81～100 笔经济业务的内容，并同其他岗位会计作好分工。

(4) 判断第 81～100 笔经济业务中属于往来会计编制的记账凭证。

(5) 根据记账凭证，分析并登记往来、收入、税金等账户的明细账。

【实践操作时间与地点】

6 个学时，会计模拟实训室。

★ 第二轮第一天 (8:30—16:00)

■ 财务部经理岗位实训内容

【实训操作内容】

(1) 复核未交税金的明细账及总账余额。

(2) 检查核对月初未交税金并分析、调整差异。

(3) 采用科学的决策方法对投资方案是否可行作出决策分析；按照有关规定严格控制投资估算的精确度，对合作项目的前景进行分析评估；参与对外投资项目决策的全过程。

（4）完成公司准备添置一台数控车床的评估报告。

（5）完成公司出于经营战略考虑，拟寻求同彩通制造公司合作的可行性分析报告。

【实践操作方式与步骤】

（1）协助各会计岗位熟悉会计岗位流程示意图。

（2）强调本部门各会计岗位不相容职务的分离及内部控制。

（3）核查上月未交税金的有关资料。

（4）阅读并思考公司添置一台数控车床、寻求同彩通制造公司合作的投资方案的可行性。

（5）收集资料，整理投资方案的评估报告。

【实践操作时间与地点】

6 个学时，会计模拟实训室。

■ 出纳岗位实训内容

【实训操作内容】

（1）领取有关的空白票据、印章、会计办公用品。

（2）复核月初现金、银行存款的明细账及总账余额。

（3）熟悉出纳岗位业务流程。

（4）熟悉会计核算业务的内容，判断业务类型，进行初步分工。

（5）完成第 1～30 笔经济业务的核算，编制记账凭证。

【实践操作方式与步骤】

（1）了解出纳岗位不相容职务的分离及内部控制。

（2）核查上月现金、银行存款的有关资料。

（3）分析本月经济业务的内容，并同其他岗位会计作好分工。

（4）判断分析第 1～30 笔经济业务中属于出纳岗位负责的原始凭证。

（5）根据原始凭证编制第 1～30 笔经济业务的记账凭证。

【实践操作时间与地点】

6 个学时，会计模拟实训室。

■ 总账会计岗位实训内容

【实训操作内容】

（1）熟悉公司的会计制度、会计政策及有关规定。

（2）熟悉总账会计岗位业务流程。

（3）复核月初各账户的明细账及总账余额。

（4）根据本实训提供的 11 月份的资料开设总账。

（5）熟悉本月会计核算业务的内容，判断业务类型，进行初步分工。

（6）审核第 1～30 笔经济业务的记账凭证。

(7) 根据审核无误的记账凭证登记总账。

【实践操作方式与步骤】

(1) 了解总账会计岗位不相容职务的分离及内部控制。

(2) 核查月初账户的有关资料及月初余额。

(3) 分析本月经济业务的内容，并同其他岗位会计作好分工。

(4) 分析 11 月份的资料，开设并登记总分类账。

(5) 审核第 1～30 笔经济业务的记账凭证。

(6) 根据记账凭证，分析并登记总分类账。

【实践操作时间与地点】

6 个学时，会计模拟实训室。

■ 成本会计岗位实训内容

【实训操作内容】

(1) 熟悉公司的会计制度、会计政策及有关规定。

(2) 熟悉成本会计岗位业务流程。

(3) 复核月初各物资、成本、费用类账户的明细账及总账余额。

(4) 根据本实训提供的 11 月份资料，开设物资、成本、费用类账户的明细账。

(5) 熟悉本月会计核算业务的内容，判断业务类型，进行初步分工。

(6) 协助出纳编制第 1～30 笔经济业务的记账凭证。

(7) 根据审核的记账凭证，登记物资、成本、费用类账户的明细账。

【实践操作方式与步骤】

(1) 了解成本会计岗位不相容职务的分离及内部控制。

(2) 核查月初账户的有关资料及月初余额。

(3) 分析本月经济业务的内容，并同其他岗位会计作好分工。

(4) 分析 11 月份的资料，开设并登记物资、成本、费用类账户的明细账。

(5) 判断第 1～30 笔经济业务中属于成本会计编制的记账凭证。

(6) 根据记账凭证，分析并登记物资、成本、费用类账户的明细账。

【实践操作时间与地点】

6 个学时，会计模拟实训室。

■ 往来会计岗位实训内容

【实训操作内容】

(1) 熟悉公司的会计制度、会计政策及有关规定。

(2) 熟悉往来会计岗位业务流程。

(3) 复核月初各往来、收入、税金等账户的明细账及总账余额。

(4) 根据本实训提供的 11 月份资料，开设往来、收入、税金等账户的明细账。

(5) 熟悉本月会计核算业务的内容，判断业务类型，进行初步分工。

（6）协助出纳编制第 1～30 笔经济业务的记账凭证。

（7）根据审核的记账凭证，登记往来、收入、税金等账户的明细账。

【实践操作方式与步骤】

（1）了解往来会计岗位不相容职务的分离及内部控制。

（2）核查月初往来、收入、税金等账户明细账的有关资料及月初余额。

（3）分析本月经济业务的内容，并同其他岗位会计作好分工。

（4）分析 11 月份的资料，开设并登记往来、收入、税金等账户的明细账。

（5）判断第 1～30 笔经济业务中属于往来会计编制的记账凭证。

（6）根据记账凭证，分析并登记往来、收入、税金等账户的明细账。

【实践操作时间与地点】

6 个学时，会计模拟实训室。

★ 第二轮第二天（8:30—16:00）

■ 财务部经理岗位实训内容

【实训操作内容】

（1）评估公司技术改造方案的可行性。

（2）根据公司 2012 年的采购情况，对橡胶盘供应商的报价作出对公司最有利的付款计划。

（3）评估公司多年的信用政策，提供改变信用政策的参考文件。

（4）完成上述财务管理工作的评估报告。

（5）分析、汇总、整理公司有关可行性分析报告。

【实践操作方式与步骤】

（1）协助各会计岗位日常会计核算工作。

（2）落实本部门各会计岗位不相容职务的分离及内部控制。

（3）核查第 1～30 笔经济业务的有关资料及凭证。

（4）阅读并思考技术改造方案的可行性。

（5）评估付款计划与信用政策。

（6）收集资料，整理方案的评估报告。

【实践操作时间与地点】

6 个学时，会计模拟实训室。

■ 出纳岗位实训内容

【实训操作内容】

（1）审核收、付款业务的原始凭证。

（2）复核第 1～30 笔经济业务的现金、银行存款的明细账及总账余额。

（3）完成第 31～80 笔经济业务的核算，编制收、付款的记账凭证。

【实践操作方式与步骤】

(1) 严格出纳岗位不相容职务的分离及内部控制。

(2) 核查第 1～30 笔经济业务的现金、银行存款的有关资料。

(3) 分析第 31～80 笔经济业务的内容，并同其他岗位会计作好分工。

(4) 判断分析第 31～80 笔经济业务中属于出纳负责的原始凭证。

(5) 根据原始凭证，编制第 31～80 笔经济业务的记账凭证。

【实践操作时间与地点】

6 个学时，会计模拟实训室。

■ 总账会计岗位实训内容

【实训操作内容】

(1) 复核第 1～30 笔经济业务各账户的明细账及总账余额。

(2) 熟悉第 31～80 笔经济业务的内容，判断业务类型，进行初步分工。

(3) 审核第 31～80 笔经济业务的记账凭证。

(4) 根据审核无误的记账凭证登记总账。

【实践操作方式与步骤】

(1) 严格总账会计岗位不相容职务的分离及内部控制。

(2) 核查第 1～30 笔经济业务账户的有关资料。

(3) 分析第 31～80 笔经济业务的内容，并同其他岗位会计作好分工。

(4) 审核第 31～80 笔经济业务的记账凭证。

(5) 根据记账凭证，分析并登记总分类账。

【实践操作时间与地点】

6 个学时，会计模拟实训室。

■ 成本会计岗位实训内容

【实训操作内容】

(1) 复核第 1～30 笔经济业务中各物资、成本、费用类账户的明细账及总账余额。

(2) 熟悉第 31～80 笔经济业务的内容，判断业务类型，进行初步分工。

(3) 协助出纳编制第 31～80 笔经济业务的记账凭证。

(4) 判断有关成本核算业务，并编制记账凭证。

(5) 根据审核的记账凭证，登记物资、成本、费用类账户的明细账。

【实践操作方式与步骤】

(1) 严格成本会计岗位不相容职务的分离及内部控制。

(2) 核查第 1～30 笔经济业务账户的有关资料。

(3) 分析第 31～80 笔经济业务的内容，并同其他岗位会计作好分工。

(4) 判断第 31～80 笔经济业务中属于成本会计编制的记账凭证。

（5）根据记账凭证，分析并登记物资、成本、费用类账户的明细账。

【实践操作时间与地点】

6 个学时，会计模拟实训室。

■ 往来会计岗位实训内容

【实训操作内容】

（1）复核第 1～30 笔经济业务中各往来、收入、税金等账户的明细账及总账余额。

（2）熟悉第 31～80 笔经济业务的内容，判断业务类型，进行初步分工。

（3）协助出纳编制第 31～80 笔经济业务的记账凭证。

（4）根据审核的记账凭证，登记往来、收入、税金等账户的明细账。

【实践操作方式与步骤】

（1）严格往来会计岗位不相容职务的分离及内部控制。

（2）核查第 1～30 笔经济业务中往来、收入、税金等明细账的有关资料。

（3）分析第 31～80 笔经济业务的内容，并同其他岗位会计作好分工。

（4）判断第 31～80 笔经济业务中属于往来会计编制的记账凭证。

（5）根据记账凭证，分析并登记往来、收入、税金等账户的明细账。

【实践操作时间与地点】

6 个学时，会计模拟实训室。

★ 第二轮第三天（8:30—16:00）

■ 财务部经理岗位实训内容

【实训操作内容】

（1）分析、汇总、整理公司有关可行性分析报告。

（2）协助各会计岗位进行转账、结账、决算等工作。

（3）审阅会计报表初表。

（4）完成财务分析报告初稿。

（5）根据年终会计报表及有关经济业务，分析公司存货、成本两个方面在管理中存在的问题，完成分析报告。

【实践操作方式与步骤】

（1）协助各会计岗位进行年终会计决算工作。

（2）落实本部门各会计岗位不相容职务的分离及内部控制。

（3）核查全部经济业务的有关资料及凭证。

（4）审阅会计报表，分析公司财务状况。

（5）评估公司存货、成本等财务管理工作的现状。

（6）完成评估分析报告。

【实践操作时间与地点】

6 个学时，会计模拟实训室。

■ 出纳岗位实训内容

【实训操作内容】

(1) 审核收、付款业务的原始凭证。

(2) 复核第 31～80 笔业务的现金、银行存款的明细账及总账余额。

(3) 完成第 81～100 笔经济业务的核算，编制收、付款的记账凭证。

【实践操作方式与步骤】

(1) 严格出纳岗位不相容职务的分离及内部控制。

(2) 核查第 31～80 笔经济业务的现金、银行存款的有关资料。

(3) 分析第 81～100 笔经济业务的内容，并同其他岗位会计作好分工。

(4) 判断分析第 81～100 笔经济业务中属于出纳负责的原始凭证。

(5) 根据原始凭证，编制第 81～100 笔经济业务的记账凭证。

【实践操作时间与地点】

6 个学时，会计模拟实训室。

■ 总账会计岗位实训内容

【实训操作内容】

(1) 复核第 31～80 笔经济业务各账户的明细账及总账余额。

(2) 熟悉第 81～100 笔经济业务的内容，判断业务类型，进行初步分工。

(3) 审核第 81～100 笔经济业务的记账凭证。

(4) 根据审核无误的记账凭证登记总账。

【实践操作方式与步骤】

(1) 严格总账会计岗位不相容职务的分离及内部控制。

(2) 核查第 31～80 笔经济业务账户的有关资料。

(3) 分析第 81～100 笔经济业务的内容，并同其他岗位会计作好分工。

(4) 审核第 81～100 笔经济业务的记账凭证。

(5) 根据记账凭证，分析并登记总分类账。

【实践操作时间与地点】

6 个学时，会计模拟实训室。

■ 成本会计岗位实训内容

【实训操作内容】

(1) 复核第 31～80 笔经济业务中各物资、成本、费用类账户的明细账及总账余额。

(2) 熟悉第 81～100 笔经济业务的内容，判断业务类型，进行初步分工。

（3）协助出纳编制第 81～100 笔经济业务的记账凭证。

（4）判断有关成本核算业务，并编制记账凭证。

（5）根据审核的记账凭证，登记物资、成本、费用类账户的明细账。

【实践操作方式与步骤】

（1）严格成本会计岗位不相容职务的分离及内部控制。

（2）核查第 31～80 笔经济业务账户的有关资料。

（3）分析第 81～100 笔经济业务的内容，并同其他岗位会计作好分工。

（4）判断第 81～100 笔经济业务中属于成本会计编制的记账凭证。

（5）根据记账凭证，分析并登记物资、成本、费用类账户的明细账。

【实践操作时间与地点】

6 个学时，会计模拟实训室。

■ 往来会计岗位实训内容

【实训操作内容】

（1）复核第 31～80 笔经济业务中各往来、收入、税金等账户的明细账及总账余额。

（2）熟悉第 81～100 笔经济业务的内容，判断业务类型，进行初步分工。

（3）协助出纳编制第 81～100 笔经济业务的记账凭证。

（4）根据审核的记账凭证，登记往来、收入、税金等账户的明细账。

【实践操作方式与步骤】

（1）严格往来会计岗位不相容职务的分离及内部控制。

（2）核查第 31～80 笔业务中往来、收入、税金等明细账的有关资料。

（3）分析第 81～100 笔经济业务的内容，并同其他岗位会计作好分工。

（4）判断第 81～100 笔经济业务中属于往来会计编制的记账凭证。

（5）根据记账凭证，分析并登记往来、收入、税金等账户的明细账。

【实践操作时间与地点】

6 个学时，会计模拟实训室。

★ 第三轮第一天（8:30—16:00）

■ 财务部经理岗位实训内容

【实训操作内容】

（1）复核未交税金的明细账及总账余额。

（2）检查核对月初未交税金并分析、调整差异。

（3）采用科学的决策方法对投资方案是否可行作出决策分析；按照有关规定严格控制投资估算的精确度，对合作项目的前景进行分析评估；参与对外投资项目决策的全过程。

（4）完成公司准备添置一台数控车床的评估报告。

（5）完成公司出于经营战略考虑，拟寻求同彩通制造公司合作的可行性分析报告。

【实践操作方式与步骤】

（1）协助各会计岗位熟悉会计岗位流程示意图。

（2）强调本部门各会计岗位不相容职务的分离及内部控制。

（3）核查上月未交税金的有关资料。

（4）阅读并思考公司添置一台数控车床、寻求同彩通制造公司合作的投资方案的可行性。

（5）收集资料，整理投资方案的评估报告。

【实践操作时间与地点】

6 个学时，会计模拟实训室。

■ 出纳岗位实训内容

【实训操作内容】

（1）领取有关的空白票据、印章、会计办公用品。

（2）复核月初现金、银行存款的明细账及总账余额。

（3）熟悉出纳岗位业务流程。

（4）熟悉会计核算业务的内容，判断业务类型，进行初步分工。

（5）完成第 1～30 笔经济业务的核算，编制记账凭证。

【实践操作方式与步骤】

（1）了解出纳岗位不相容职务的分离及内部控制。

（2）核查上月现金、银行存款的有关资料。

（3）分析本月经济业务的内容，并同其他岗位会计作好分工。

（4）判断分析第 1～30 笔经济业务中属于出纳岗位负责的原始凭证。

（5）根据原始凭证编制第 1～30 笔经济业务的记账凭证。

【实践操作时间与地点】

6 个学时，会计模拟实训室。

■ 总账会计岗位实训内容

【实训操作内容】

（1）熟悉公司的会计制度、会计政策及有关规定。

（2）熟悉总账会计岗位业务流程。

（3）复核月初各账户的明细账及总账余额。

（4）根据本实训提供的 11 月份的资料开设总账。

（5）熟悉本月会计核算业务的内容，判断业务类型，进行初步分工。

（6）审核第 1～30 笔经济业务的记账凭证。

（7）根据审核无误的记账凭证登记总账。

【实践操作方式与步骤】

（1）了解总账会计岗位不相容职务的分离及内部控制。

（2）核查月初账户的有关资料及月初余额。

（3）分析本月经济业务的内容，并同其他岗位会计作好分工。

（4）分析 11 月份的资料，开设并登记总分类账。

（5）审核第 1～30 笔经济业务的记账凭证。

（6）根据记账凭证，分析并登记总分类账。

【实践操作时间与地点】

6 个学时，会计模拟实训室。

■ 成本会计岗位实训内容

【实训操作内容】

（1）熟悉公司的会计制度、会计政策及有关规定。

（2）熟悉成本会计岗位业务流程。

（3）复核月初各物资、成本、费用类账户的明细账及总账余额。

（4）根据本实训提供的 11 月份资料，开设物资、成本、费用类账户的明细账。

（5）熟悉本月会计核算业务的内容，判断业务类型，初步分工。

（6）协助出纳编制第 1～30 笔经济业务的记账凭证。

（7）根据审核的记账凭证，登记物资、成本、费用类账户的明细账。

【实践操作方式与步骤】

（1）了解成本会计岗位不相容职务的分离及内部控制。

（2）核查月初账户的有关资料及月初余额。

（3）分析本月经济业务的内容，并同其他岗位会计作好分工。

（4）分析 11 月份的资料，开设并登记物资、成本、费用类账户的明细账。

（5）判断第 1～30 笔经济业务中属于成本会计编制的记账凭证。

（6）根据记账凭证，分析并登记物资、成本、费用类账户的明细账。

【实践操作时间与地点】

6 个学时，会计模拟实训室。

■ 往来会计岗位实训内容

【实训操作内容】

（1）熟悉公司的会计制度、会计政策及有关规定。

（2）熟悉往来会计岗位业务流程。

（3）复核月初各往来、收入、税金等账户的明细账及总账余额。

（4）根据本实训提供的 11 月份资料开设往来、收入、税金等账户的明细账。

（5）熟悉本月会计核算业务的内容，判断业务类型，进行初步分工。

(6) 协助出纳编制第 1～30 笔经济业务的记账凭证。

(7) 根据审核的记账凭证，登记往来、收入、税金等账户的明细账。

【实践操作方式与步骤】

(1) 了解往来会计岗位不相容职务的分离及内部控制。

(2) 核查月初往来、收入、税金等账户明细账的有关资料及月初余额。

(3) 分析本月经济业务的内容，并同其他岗位会计作好分工。

(4) 分析 11 月份的资料，开设并登记往来、收入、税金等账户的明细账。

(5) 判断第 1～30 笔经济业务中属于往来会计编制的记账凭证。

(6) 根据记账凭证，分析并登记往来、收入、税金等账户的明细账。

【实践操作时间与地点】

6 个学时，会计模拟实训室。

★ 第三轮第二天 (8:30—16:00)

■ 财务部经理岗位实训内容

【实训操作内容】

(1) 评估公司技术改造方案的可行性。

(2) 根据公司 2012 年的采购情况，对橡胶盘供应商的报价作出对公司最有利的付款计划。

(3) 评估公司多年的信用政策，提供改变信用政策的参考文件。

(4) 完成上述财务管理工作的评估报告。

(5) 分析、汇总、整理公司有关可行性分析报告。

【实践操作方式与步骤】

(1) 协助各会计岗位日常会计核算工作。

(2) 落实本部门各会计岗位不相容职务的分离及内部控制。

(3) 核查第 1～30 笔经济业务的有关资料及凭证。

(4) 阅读并思考技术改造方案的可行性。

(5) 评估付款计划与信用政策。

(6) 收集资料，整理方案的评估报告。

【实践操作时间与地点】

6 个学时，会计模拟实训室。

■ 出纳岗位实训内容

【实训操作内容】

(1) 审核收、付款业务的原始凭证。

(2) 复核第 1～30 笔经济业务的现金、银行存款的明细账及总账余额。

(3) 完成第 31～80 笔经济业务的核算，编制收、付款的记账凭证。

【实践操作方式与步骤】

(1) 严格出纳岗位不相容职务的分离及内部控制。

(2) 核查第1～30笔经济业务的现金、银行存款的有关资料。

(3) 分析第31～80笔经济业务的内容，并同其他岗位会计作好分工。

(4) 判断分析第31～80笔经济业务中属于出纳负责的原始凭证。

(5) 根据原始凭证，编制第31～80笔经济业务的记账凭证。

【实践操作时间与地点】

6个学时，会计模拟实训室。

■ 总账会计岗位实训内容

【实训操作内容】

(1) 复核第1～30笔经济业务各账户的明细账及总账余额。

(2) 熟悉第31～80笔经济业务的内容，判断业务类型，进行初步分工。

(3) 审核第31～80笔经济业务的记账凭证。

(4) 根据审核无误的记账凭证登记总账。

【实践操作方式与步骤】

(1) 严格总账会计岗位不相容职务的分离及内部控制。

(2) 核查第1～30笔经济业务账户的有关资料。

(3) 分析第31～80笔经济业务的内容，并同其他岗位会计作好分工。

(4) 审核第31～80笔经济业务的记账凭证。

(5) 根据记账凭证，分析并登记总分类账。

【实践操作时间与地点】

6个学时，会计模拟实训室。

■ 成本会计岗位实训内容

【实训操作内容】

(1) 复核第1～30笔经济业务中各物资、成本、费用类账户的明细账及总账余额。

(2) 熟悉第31～80笔经济业务的内容，判断业务类型，进行初步分工。

(3) 协助出纳编制第31～80笔经济业务的记账凭证。

(4) 判断有关成本核算业务，并编制记账凭证。

(5) 根据审核的记账凭证，登记物资、成本、费用类账户的明细账。

【实践操作方式与步骤】

(1) 严格成本会计岗位不相容职务的分离及内部控制。

(2) 核查第1～30笔经济业务账户的有关资料。

(3) 分析第31～80笔经济业务的内容，并同其他岗位会计作好分工。

(4) 判断第31～80笔经济业务中属于成本会计编制的记账凭证。

（5）根据记账凭证，分析并登记物资、成本、费用类账户的明细账。

【实践操作时间与地点】

6 个学时，会计模拟实训室。

■ 往来会计岗位实训内容

【实训操作内容】

（1）复核第 1～30 笔经济业务中各往来、收入、税金等账户的明细账及总账余额。

（2）熟悉第 31～80 笔经济业务的内容，判断业务类型，进行初步分工。

（3）协助出纳编制第 31～80 笔经济业务的记账凭证。

（4）根据审核的记账凭证，登记往来、收入、税金等账户的明细账。

【实践操作方式与步骤】

（1）严格往来会计岗位不相容职务的分离及内部控制。

（2）核查第 1～30 笔业务中往来、收入、税金等明细账的有关资料。

（3）分析第 31～80 笔经济业务的内容，并同其他岗位会计作好分工。

（4）判断第 31～80 笔经济业务中属于往来会计编制的记账凭证。

（5）根据记账凭证，分析并登记往来、收入、税金等账户的明细账。

【实践操作时间与地点】

6 个学时，会计模拟实训室。

★ 第三轮第三天（8:30—16:00）

■ 财务部经理岗位实训内容

【实训操作内容】

（1）分析、汇总、整理公司有关可行性分析报告。

（2）协助各会计岗位进行转账、结账、决算等工作。

（3）审阅会计报表初表。

（4）完成财务分析报告初稿。

（5）根据年终会计报表及有关经济业务，分析公司存货、成本两个方面在管理中存在的问题，完成分析报告。

【实践操作方式与步骤】

（1）协助各会计岗位进行年终会计决算工作。

（2）落实本部门各会计岗位不相容职务的分离及内部控制。

（3）核查全部经济业务的有关资料及凭证。

（4）审阅会计报表，分析公司财务状况。

（5）评估公司存货、成本等财务管理工作的现状。

（6）完成评估分析报告。

【实践操作时间与地点】

6个学时，会计模拟实训室。

■ 出纳岗位实训内容

【实训操作内容】

(1) 审核收、付款业务的原始凭证。

(2) 复核第31～80笔业务的现金、银行存款的明细账及总账余额。

(3) 完成第81～100笔经济业务的核算，编制收、付款的记账凭证。

【实践操作方式与步骤】

(1) 严格出纳岗位不相容职务的分离及内部控制。

(2) 核查第31～80笔经济业务的现金、银行存款的有关资料。

(3) 分析第81～100笔经济业务的内容，并同其他岗位会计作好分工。

(4) 判断分析第81～100笔经济业务中属于出纳负责的原始凭证。

(5) 根据原始凭证，编制第81～100笔经济业务的记账凭证。

【实践操作时间与地点】

6个学时，会计模拟实训室。

■ 总账会计岗位实训内容

【实训操作内容】

(1) 复核第31～80笔经济业务各账户的明细账及总账余额。

(2) 熟悉第81～100笔经济业务的内容，判断业务类型，进行初步分工。

(3) 审核第81～100笔经济业务的记账凭证。

(4) 根据审核无误的记账凭证登记总账。

【实践操作方式与步骤】

(5) 严格总账会计岗位不相容职务的分离及内部控制。

(6) 核查第31～80笔经济业务账户的有关资料。

(7) 分析第81～100笔经济业务的内容，并同其他岗位会计作好分工。

(8) 审核第81～100笔经济业务的记账凭证。

(9) 根据记账凭证，分析并登记总分类账。

【实践操作时间与地点】

6个学时，会计模拟实训室。

■ 成本会计岗位实训内容

【实训操作内容】

(1) 复核第31～80笔经济业务中各物资、成本、费用类账户的明细账及总账余额。

(2) 熟悉第81～100笔经济业务的内容，判断业务类型，进行初步分工。

(3) 协助出纳编制第 81～100 笔经济业务的记账凭证。

(4) 判断有关成本核算业务，并编制记账凭证。

(5) 根据审核的记账凭证，登记物资、成本、费用类账户的明细账。

【实践操作方式与步骤】

(1) 严格成本会计岗位不相容职务的分离及内部控制。

(2) 核查第 31～80 笔经济业务账户的有关资料。

(3) 分析第 81～100 笔经济业务的内容，并同其他岗位会计作好分工。

(4) 判断第 81～100 笔经济业务中属于成本会计编制的记账凭证。

(5) 根据记账凭证，分析并登记物资、成本、费用类账户的明细账。

【实践操作时间与地点】

6 个学时，会计模拟实训室。

■ 往来会计岗位实训内容

【实训操作内容】

(1) 复核第 31～80 笔经济业务中各往来、收入、税金等账户的明细账及总账余额。

(2) 熟悉第 81～100 笔经济业务的内容，判断业务类型，进行初步分工。

(3) 协助出纳编制第 81～100 笔经济业务的记账凭证。

(4) 根据审核的记账凭证，登记往来、收入、税金等账户的明细账。

【实践操作方式与步骤】

(1) 严格往来会计岗位不相容职务的分离及内部控制。

(2) 核查第 31～80 笔业务中往来、收入、税金等明细账的有关资料。

(3) 分析第 81～100 笔经济业务的内容，并同其他岗位会计作好分工。

(4) 判断第 81～100 笔经济业务中属于往来会计编制的记账凭证。

(5) 根据记账凭证，分析并登记往来、收入、税金等账户的明细账。

【实践操作时间与地点】

6 个学时，会计模拟实训室。

★ 第十天 (8:30—16:00)

【实训操作内容】

(1) 整理、汇总、装订记账凭证、账簿及报表。

(2) 按组别、岗位归档各会计文件。

(3) 学生完成实训报告。

(4) 实训指导教师总结实训结果，初步给出实训成绩。

【实践操作方式与步骤】

(1) 银行会计整理、汇总、装订银行结算凭单。

(2) 各会计岗位复核会计证、账、表等核算工作的规范性。

(3) 各会计岗位协助整理、汇总、装订会计文件。

(4) 归档所有会计文件。

(5) 实训指导教师指导学生书写实训报告。

(6) 实训指导教师总结实训教学成果。

【实践操作时间与地点】

6 个学时，会计模拟实训室。

第二部分　会计实训指导安排

会计实训指导安排见表1—1。

表1—1　　会计实训指导安排

时间	具体项目实训操作步骤、结果
第一轮 第一天	8:30—10:30 1. 介绍会计各岗位的分工要求、岗位职责、工作流程，组织实训学生合理分组，完成岗位分工。 2. 分发实训所需的材料、资料，介绍实训过程中需要的相关知识。经济业务涉及的外来原始凭证均按统一要求仿真附在教材中；自制原始凭证和公司对外出具的原始凭证则需自己准备，按照经济业务的需要准备全部仿真的空白票据、公司印鉴，设置模拟银行开展公司日常交易和结算工作。 3. 模拟海天公司经济业务的内容，设置财务经理、出纳、总账会计、往来会计、成本会计五个岗位，按会计分岗位实训教材熟悉、掌握并运用岗位描述的内容进行模拟。 11:00—16:00 1. 熟悉各会计岗位的业务流程、资料凭证传递、岗位分工、团体合作、内部控制等内容。 2. 准备单、证、账、表、办公用品。 3. 熟悉第一板块“会计分岗位实训指导书”的内容和要求，安排学生进行岗位分工，并进行岗位模拟。 4. 按岗位分工开设总分类账户及其所属的明细分类账户，并将余额记入账户的余额栏。 5. 完成第1～30笔经济业务的核算，编制记账凭证。 6. 审核第1～30笔经济业务的记账凭证，根据审核无误的记账凭证登记总账、明细账。
第一轮 第二天	1. 落实本部门各会计岗位不相容职务的分离及内部控制。 2. 核查第1～30笔经济业务的有关资料及凭证。 3. 完成第31～80笔经济业务的核算，编制收、付款的记账凭证。 4. 根据原始凭证编制第81～100笔经济业务的记账凭证。 5. 根据记账凭证分析并登记总分类账、明细账。 6. 完成财务管理工作的评估报告，分析、汇总、整理公司的有关分析资料和可行性分析报告。
第一轮 第三天	1. 复核第31～80笔业务的现金、银行存款的明细账及总账余额。 2. 分析第81～100笔经济业务内容，并同其他岗位会计作好分工。 3. 完成第81～100笔经济业务的核算，编制收、付款的记账凭证。 4. 根据原始凭证编制第81～100笔经济业务的记账凭证。 5. 根据审核无误的记账凭证登记总账、明细账。 6. 根据年终会计报表及有关经济业务，分析公司存货、成本两个方面在管理中存在的问题，完成分析报告。

续前表

时间	具体项目实训操作步骤、结果
第二轮 第一天	1. 熟悉各会计岗位的业务流程、资料凭证传递、岗位分工、团体合作、内部控制等内容。 2. 准备单、证、账、表、办公用品。 3. 熟悉会计分岗位的实训内容和要求，安排学生进行岗位分工，并进行岗位模拟。 4. 按岗位分工开设总分类账户及其所属的明细分类账户，并将余额记入账户的余额栏。 5. 完成第1～30笔经济业务的核算，编制记账凭证。 6. 审核第1～30笔经济业务的记账凭证，根据审核无误的记账凭证登记总账、明细账。
第二轮 第二天	1. 落实本部门各会计岗位不相容职务的分离及内部控制。 2. 核查第1～30笔经济业务的有关资料及凭证。 3. 完成第31～80笔经济业务的核算，编制收、付款的记账凭证。 4. 根据原始凭证编制第81～100笔经济业务的记账凭证。 5. 根据记账凭证分析并登记总分类账、明细账。 6. 完成财务管理工作的评估报告，分析、汇总、整理公司的有关可行性分析报告。
第二轮 第三天	1. 复核第31～80笔经济业务的现金、银行存款的明细账及总账余额。 2. 分析第81～100笔经济业务的内容，并同其他岗位会计作好分工。 3. 完成第81～100笔经济业务的核算，编制收、付款的记账凭证。 4. 根据原始凭证编制第81～100笔经济业务的记账凭证。 5. 根据审核无误的记账凭证登记总账、明细账。 6. 根据年终会计报表及有关经济业务，分析公司存货、成本两个方面在管理中存在的问题，完成分析报告。
第三轮 第一天	1. 熟悉各会计岗位的业务流程、资料凭证传递、岗位分工、团体合作、内部控制等内容。 2. 准备单、证、账、表、办公用品。 3. 熟悉会计分岗位模拟的实训内容和要求，安排学生进行岗位分工，并进行岗位模拟。 4. 按岗位分工开设总分类账户及其所属的明细分类账户，并将余额记入账户的余额栏。 5. 完成第1～30笔经济业务的核算，编制记账凭证。 6. 审核第1～30笔经济业务的记账凭证，根据审核无误的记账凭证登记总账、明细账。
第三轮 第二天	1. 落实本部门各会计岗位不相容职务的分离及内部控制。 2. 核查第1～30笔经济业务的有关资料及凭证。 3. 完成第31～80笔经济业务的核算，编制收、付款的记账凭证。 4. 根据原始凭证编制第81～100笔经济业务的记账凭证。 5. 根据记账凭证分析并登记总分类账、明细账。 6. 完成财务管理工作的评估报告，分析、汇总、整理公司的有关可行性分析报告。

续前表

时间	具体项目实训操作步骤、结果
第三轮 第三天	1. 复核第 31～80 笔经济业务的现金、银行存款的明细账及总账余额。 2. 分析第 81～100 笔经济业务的内容，并同其他岗位会计作好分工。 3. 完成第 81～100 笔经济业务的核算，编制收、付款的记账凭证。 4. 根据原始凭证编制第 81～100 笔经济业务的记账凭证。 5. 根据审核无误的记账凭证登记总账、明细账。 6. 根据年终会计报表及有关经济业务，分析公司存货、成本两个方面在管理中存在的问题，完成分析报告。
第十天	1. 整理、汇总、装订记账凭证、账簿和报表，按组别、岗位整理并归档各会计资料、文件。 2. 实训学生完成实训报告，实训指导教师总结实训结果，结合实训资料初步给出实训成绩。 3. 银行会计整理、汇总、装订银行结算凭单。 4. 各会计岗位复核会计证、账、表等核算工作的规范性。 5. 各会计岗位协助整理、汇总、装订会计文件。 6. 归档所有会计文件。 7. 实训指导教师指导学生书写实训报告。 8. 实训指导教师总结实训教学成果。

第三部分　评价标准和考核办法

一、会计岗位规范化评价标准

会计基础工作规范化自查情况表见表1—2。

表1—2　　会计基础工作规范化自查情况表

考核内容和标准	标准分	评分说明
一、会计机构和会计人员	20	存在下列情况之一的，本项目均不得分
1. 按照《中华人民共和国会计法》（简称《会计法》）的规定，根据会计业务的需要设置会计机构，配备会计人员，或在有关机构中设置会计人员，并指定会计主管人员。不具备条件的，应当根据《代理记账管理暂行办法》委托会计师事务所或者持有代理记账许可证书的其他代理记账机构进行代理记账。	5	1. 未设置会计机构。 2. 未指定会计主管人员。 3. 未设置会计机构，未设置主管会计，且委托业务不规范的。
2. 会计人员上岗必须持有会计从业资格证书，并持有会计证。	2	1. 无专业学历又无从业资格证书。 2. 无会计证。
3. 担任单位会计机构负责人（会计主管人员）的，除取得会计从业资格证书外，还应当具备会计师以上专业技术职务资格或者具有从事会计工作3年以上的经历。	3	1. 无会计证。 2. 无从业资格证书。 3. 无会计师任职资格证书或从事会计工作未满3年。
4. 建立并实施会计人员岗位责任制、内部会计牵制制度和内部稽核制度。以岗定责，职责分明，相互牵制。	3	1. 未建立岗位责任制度。 2. 记账人员与经济业务事项和会计事项的审批人员、经办人员、财务保管人员没有分设，不能相互制约。 3. 重大对外投资、资产处置、资金调度和其他重要经济业务事项的决策和执行没有相互监督、相互制约的工作程序。 4. 钱账、印鉴未分管，银行日记账对账等工作无牵制制度。
5. 会计机构负责人或会计主管人员的任免符合《会计法》的规定。	3	1. 无任免文件。 2. 未报集团公司财务部批准。
6. 会计人员调动工作或离职必须按《会计法》的规定办理交接手续。	2	1. 未办理交接手续。 2. 交接手续不全。

续前表

考核内容和标准	标准分	评分说明
7. 单位负责人领导会计机构、会计人员和其他人员执行《会计法》，保障会计人员的职权不受侵犯。	2	不支持会计人员依法行使职权。
二、会计核算和会计档案	30	存在下列情况之一的，本项目均不得分
1. 应按《企业会计准则》和《企业会计制度》的规定，根据实际发生的经济业务事项进行会计核算，填制会计凭证，登记会计账簿，编制会计报表。	3	1. 经济业务虚列。 2. 账外设账。 3. 报表不实。
2. 单位发生的每一项经济业务必须取得和填制原始凭证。原始凭证及其所记录的经济业务内容必须真实、合法。	2	1. 原始凭证本身不真实、不合法。 2. 与本单位的经济业务不相关。 3. 凭证名称与所记录的经济业务不相关。 4. 无税务局发票监制章。 5. 所反映的经济业务内容不真实、不合法。
3. 原始凭证所记录的经济业务内容必须准确、完整。有关项目要填列齐全，手续要齐备。	2	1. 原始凭证计算不准确。 2. 金额大、小写不相符。 3. 非数值项目填写错误。 4. 项目填写不齐全。 5. 手续不完备。
4. 记账凭证必须根据审核无误的原始凭证填列，必须与所附原始凭证的内容、金额相符，且采用复式记账法正确填列，内容完整，手续齐全。	2	1. 未附原始凭证（结账和改错业务除外）。 2. 与所附的原始凭证金额不符。 3. 原始凭证张数项目与实际原始凭证张数不符。 4. 记账方法使用不正确。 5. 错用会计科目或在无正当理由的情况下更改科目名称。 6. 记账方向错误。 7. 日期、编号、摘要、附件张数、科目名称等项目填写不全。 8. 制证、稽核、记账、会计主管、出纳等签章不全。
5. 应按《企业会计准则》和《企业会计制度》的规定设置会计账簿，总账、现金日记账和银行日记账必须采用订本式，会计账簿必须正确启用。	2	1. 应设而未设总账、明细账、日记账、备查账。 2. 总账、现金日记账和银行日记账未采用订本式。 3. 未填写账簿封面和启用表。 4. 账簿封面和启用表填写不正确、不完整。

续前表

考核内容和标准	标准分	评分说明
6. 会计账簿必须根据审核无误的记账凭证和原始凭证登记，账簿记录必须内容完整、数字准确、字迹工整，账面整洁；如果发生账簿记录错误，应按规定方法更正，不得涂改、挖补、刮擦或用药水清除字迹。	3	1. 无记账凭证日期、编号和摘要。 2. 数字不准确，摘要不清楚，红字登记不合规。 3. 字迹不工整，账面不整洁，跳行，隔页未注销。 4. 登记不及时，日记账未按日顺序登记。 5. 涂改、挖补、刮擦或用药水清除字迹。 6. 划线更正时，记账人员未盖章。
7. 各种会计账簿必须按规定结账。现金日记账与库存现金每日核对无误，银行存款日记账与银行对账单及时核对，经调节无误。	2	1. 未按规定结账。 2. 现金日记账余额与库存现金不符。 3. 未编制银行存款余额调节表。
8. 会计账簿必须按规定进行核对，账证、账账、账表必须相符。	1	1. 账簿记录与会计凭证不符。 2. 明细账与总账不符。 3. 会计报表与账簿记录不符。
9. 会计报表应当根据登记完整、核对无误的账簿记录和其他有关资料编制。报表内容必须可靠、有用和公允，并及时向报表使用者报送或公告。	2	1. 数字不真实。 2. 未及时向报表使用者报送。
10. 会计报表必须内容完整、种类齐全，应编制合并报表的单位必须编制合并会计报表，报表各项目必须准确计算填列。表间、表内各项目之间凡有勾稽关系的数字应该相互一致。	2	1. 报表种类不全，对内报表不能满足单位管理需要。 2. 已填报表项目填列不全。 3. 应编而未编合并会计报表。 4. 表内项目数据不符。 5. 表与表之间勾稽关系不正确。
11. 会计报表季报必须有财务情况说明书，对内报表必须附有分析说明和建议，年终决算报表必须有会计报表附注、注册会计师审计报告。	3	1. 缺财务情况说明书。 2. 说明书未按规定要求编写（无管理建议）。 3. 缺会计报表附注。 4. 未经注册会计师审计。
12. 会计报表应加盖公章，并由单位负责人、总会计师和会计机构负责人及会计主管人员签字并盖章。	1	1. 未盖公章。 2. 有关人员签字并盖章不全。
13. 会计凭证按分类顺序编号，分期装订成册，填写封面并签字盖章，装订规范整齐。	1	1. 未按顺序编号。 2. 未按月装订成册，装订不整齐、不规范。 3. 凭证封面填写不完整。

续前表

考核内容和标准	标准分	评分说明
14. 会计凭证、会计账簿、会计报表和其他会计资料按《会计档案管理办法》的规定定期整理，立卷归档，妥善保管。会计档案的调阅、保管与销毁符合规定的工作程序。	2	1. 未按年整理、立卷归档。 2. 没有档案登记册。 3. 未建立内部档案管理制度。 4. 未遵守档案管理制度。
15. 各单位应建立财产清查制度，发现账簿记录与实物、款项不符时，应按有关规定进行处理；无权处理的应当立即向本单位领导人报告，请求查明原因，作出处理。	2	1. 未建立定期财产清查制度。 2. 账实不符时未列入处理。 3. 缺单位领导人意见。
三、会计组织和管理	30	存在下列情况之一的，本项目均不得分
1. 按照《企业会计准则》、《企业会计制度》和《集团公司财务管理办法》，结合本单位实际，制定财务管理办法和会计核算办法，并报财务部备案。	10	1. 无财务管理办法。 2. 无会计核算办法。 3. 有制度不执行。
2. 按照《内部会计控制规范——基本规范（试行）》、《内部会计控制规范——货币资金（试行）》等有关规定，结合各单位实际，建立健全货币资金、实物资产、筹资与对外投资、工程项目、销售与收款、采购与付款、担保等内部控制规范制度。	12	1. 大额资金支付没有审批手续。 2. 每年未进行一次财产清查或有清查但无盘点表。 3. 重大投资决策没有集体审议联签记录。 4. 工程项目无预算、招投标、质量管理等环节控制。 5. 采购无请购、审批、合同订立、采购、验收、付款等程序。 6. 提供担保但无担保决策程序和责任制度。 7. 有制度不执行。
3. 建立适合本单位特点、管理要求的成本费用管理制度和核算方法，正确核算成本费用，严格控制成本费用开支，努力降低成本，节约费用支出。	5	1. 无原始记录、计量制度。 2. 无定额管理制度。 3. 无成本费用管理办法。 4. 有制度不执行。
4. 加强收入、税金和利润的管理，依法、及时、足额上交税款、利润和其他各项应交款，正确组织利润分配。	3	1. 隐瞒收入不上账或做预收账款等往来款项处理。 2. 不及时、足额上交税款。 3. 不按企业会计制度组织利润分配。
四、会计电算化	20	存在下列情况之一的，本项目均不得分
1. 按照公司财务信息化工作指定的会计核算软件开展本单位的电算化工作，2011 年 1 月 1 日起，已可以正常使用金蝶软件，并按时输入凭证和上传报表。	5	1. 未使用公司指定的金蝶软件。 2. 虽使用金蝶软件，但没有正常进行账务处理。

续前表

考核内容和标准	标准分	评分说明
2. 配有专门用于会计核算工作的计算机，并配有指定的专职或兼职的系统维护和管理人员，会计人员持有电算化合格证。	3	1. 无专机。 2. 无系统维护和管理人员。 3. 会计人员无电算化培训合格证。
3. 有严格的会计电算化内控制度，主要内容包括： (1) 电算化会计的岗位职责和工作权限； (2) 操作密码的设置及定期更改密码的措施； (3) 有预防已输入计算机的原始凭证和记账凭证等会计数据未经核对而登记机内账簿的措施； (4) 明确反结账账务处理权限的相互制约程序。	3	1. 岗位职责未建立，人员职权不明确。 2. 没有做到密码专用，无更改密码记录。 3. 有原始凭证和记账凭证等会计数据未经核对而登记机内账簿的频繁调账记录。 4. 无反结账账务处理权限设置。
4. 有严格的硬件、软件管理制度，主要内容包括： (1) 保证计算机正常运转、有效防止病毒的措施； (2) 会计数据和会计核算软件安全保密的措施； (3) 严格的上机操作记录制度。	3	1. 无保证计算机正常运转、有效防止病毒的措施。 2. 无会计数据和会计核算软件安全保密的措施。 3. 无上机操作记录制度。
5. 有严格的会计档案管理制度，包括会计电算化系统开发的全套文档资料管理制度。	2	无会计档案管理制度。
6. 存有会计信息的磁性介质及其他介质，在未打印成书面形式输出之前，应进行备份和妥善保管。	2	无备份。
7. 认真组织好集团财务信息系统培训工作，使集团的财会人员中有 2/3 会进行凭证录入、账务查询等操作，1/3 会进行报表定义。	2	上机操作的人员数量未达到规定比例。
自查得分		

二、考核范围

考核范围是本书设计的 100 笔经济业务，4 项财务管理工作，会计岗位职责完成情况，各会计岗位工作规范达标情况，账证、账账、账表是否相符。另外，按事先分配的会计岗位，考核岗位分工、凭证传递、会计账册、分析材料的完成情况。

三、考核方式

考核方式有两种，一是检查会计凭证、账表和文件，二是学生按岗位分工进行现场模拟操作。

四、考核分数比例

考核分数比例为：岗位分工合理占10%，原始凭证审核占20%，记账凭证填制占30%，会计账簿登记占20%，财务报表计算占20%。分别对不同会计岗位进行考核，并通过考虑会计各个岗位的合作情况来对成绩作综合评价。

第四部分 会计分岗位实训应备材料

会计分岗位实训应备材料见表1—3。

表1—3 **会计分岗位实训应备材料**

项目	数量
一、记账凭证	3本
二、各类账页	
1. 总分类账页	40张
2. 数量金额式明细账	20张
3. 三栏式明细账	60张
4. 多栏式明细账	20张
5. 平行登记式明细账	10张
三、科目汇总表	3张
四、会计报表	
1. 资产负债表	2张
2. 利润表	2张
五、其他	
1. 档案袋	1个
2. 包角纸	2个
3. 凭证封面	2张
4. 账夹	1副
六、仿真原始凭证	
1. 现金支票	15份
2. 转账支票	20份
3. 银行承兑汇票	5份
4. 商业承兑汇票	5份
5. 托收承付凭证	15份
6. 电汇凭证	4份
7. 信汇凭证	4份
8. 委托收款凭证	4份
9. 借款借据	2份
10. 进账单	20份
11. 现金缴款单	2份
12. 增值税发票	30份
13. 普通商业发票	10份
14. 收款收据	10份
15. 借支单	5份
16. 差旅费报销单	10份
17. 备用金结算单	10份
18. 领料单	1本

19. 入库验收单	1本
20. 托收承付拒付理由书	5份
21. 增值税纳税申报表	3份
22. 地方税申报表	3份
23. 所得税申报表	3份
24. 复写纸	1盒
25. 银行汇票委托书	2份
26. 银行贷款收款凭证	2份
27. 应交增值税明细表	2份
28. 科目专用章	1盒
29. 财务专用章	1枚
30. 收、付讫章	4枚

第二板块　会计分岗位实训资料

第一部分 会计工作基础资料

本书模拟会计实训的岗位设置及岗位分工，经济业务均以海天公司 2011 年 12 月的资料为内容，一共安排了 100 笔会计核算经济业务、4 项财务管理工作。结合海天公司的会计岗位分工情况，所设计的经济业务涵盖了公司 5 个会计工作岗位。由于设置不同的会计工作岗位，考虑到会计工作凭证传递、核算程序、岗位职责等要求，因此在开始实训之前，请认真阅读本书的全部内容，按照书中的规划实施会计岗位分工，设计会计岗位轮换制度，安排各会计岗位进行模拟操作。

书中安排的会计核算经济业务所需的原始凭证有两个来源：经济业务涉及的外来原始凭证均按统一要求仿真附在书中；自制原始凭证和由公司对外出具的原始凭证则需自己准备，按照经济业务的需要准备全部仿真的空白票据、公司印鉴，设置模拟银行开展公司日常交易和结算工作。模拟财务会计岗位核算工作的经济业务的处理要求如下：

(1) 根据有关资料，开设总分类账户及其所属的明细分类账户，并将余额记入账户的余额栏，在摘要栏填写“承前页”。

(2) 根据经济业务，按岗位分工编制记账凭证。

(3) 根据记账凭证或有关原始凭证，按岗位分工登记日记账和明细账。

(4) 根据记账凭证，按岗位分工编制科目汇总表，并据以登记总账。总账与日记账和明细账核对相符后，根据总账资料编制总分类账户本期发生额和余额试算平衡表。

(5) 按岗位分工编制资产负债表、利润表、所有者权益变动表，编写财务情况说明书。

一、海天公司基本情况

本书中的海天公司，是一家从事仪表盘、减震器等产品的机械制造及加工的股份制企业。海天公司注册资本为人民币 1 000 万元，其中股东分别是：光大百货公司 380 万元，占注册资本的 38%；四通汽车销售服务公司 350 万元，占注册资本的 35%；伟业建材公司 270 万元，占注册资本的 27%。公司核定为一般纳税人企业。

海天公司在册职工总数为 230 人。公司下设采购部、生产部、销售部、财务部、人事部、基建部等部门。生产部下设一个基本生产车间，生产仪表盘、减震器；同时设有机修车间和动力车间两个辅助生产车间，为基本生产车间提供服务。公司的有关情况如下：

单位名称：海天机械制造加工有限责任公司

开户银行：东山市工商银行

账　　号：160103175500100922

税 务 号：350602004575888

公司地址：东山市康元路 162 号

电　　话：0130-55374151

法定代表人：江孝天

二、会计制度、会计准则

海天公司执行中华人民共和国财政部颁布的《企业会计制度》、《企业会计准则》及其补充规定。

三、会计岗位设置及各岗位规范

按照《会计基础工作规范》，遵循内部牵制制度的原则，根据海天公司会计业务的需要设置手工会计工作岗位，建立会计工作岗位责任制，并将公司会计人员的工作岗位进行有计划的轮换。具体会计岗位及其职责描述如下：

（一）财务部经理岗位描述

1. 岗位职责

财务部经理的岗位职责包括：协助主管财务的副总经理具体领导本公司的财会工作；组织设计本公司的财会制度，并负责贯彻执行；组织编制公司的财务预算，并监督执行；参与公司的财务预测和经营决策，参与拟定经济合同、协议及其他经济文件；组织编制会计决算，检查分析财务成本计划的执行情况；监督执行国家有关财会法规；负责具体组织公司筹资、投资、利润分配、成本、税务等财务会计管理工作；负责监交会计工作；负责计提盈余公积和公益金；负责核算向股东（投资者）分配的利润；负责编制利润分配表；考核分析利润及利润分配预算的完成情况；稽核会计凭证和账表，编写财务情况说明书；负责管理会计档案。

2. 内控要求

财务部经理的内控要求包括：复核未交税金的明细账及总账余额；检查核对年初未交税金并分析、调整差异；检查利润分配比例同有关规定的符合程度；建立和完善对外投资决策机制，采用科学的决策方法进行决策；按照有关规定严格控制投资估算的精确度；必须参与对外投资项目决策的全过程，相关的协议应当由会计部门会签；加强对对外投资的盘点，以确认账实相符；加强对对外投资的价值增减、收益变动的跟踪管理；严格融资活动的授权审批控制，科学编制融资预算；保证会计资料的真实、合法、完整。

（二）出纳岗位描述

1. 岗位职责

出纳岗位的岗位职责包括：办理现金收支；办理银行结算业务；编制收、付款凭证；登记现金日记账、银行存款日记账；保管好库存现金、有价证券；保管有关印章，保管空白支票和空白发票及收据。

2. 内控要求

出纳岗位的内控要求包括：实行钱账分管，出纳员不得兼管总账；货币资金的收入、支出必须立即入账，不得拖延；各种收入均应集中在出纳部门办理，除特殊情况外，任何部门均不能私自出具收据凭证和白条；一切货币资金要及时存入银行，来不及存入银行的现金，必须放入保险箱；一切货币资金收入都要入账，杜绝小金库；现金和银行存款调节表的编制应由出纳以外的第三者办理；出纳员每天工作结束时应清点现金，并与现金日记账核对相符；财务主管人员应不定期抽查；发票和收据应事先按顺序编号，领用空白发票、收据要进行登记；凡金额超过国家规定的现金收支结算起点的业务，应一律通过银行转账结算；空白支票应由专人保管，签发支票应经由两人或两人以上共同办理，并实行图章分管；签发空白支票时，应写明抬头、用途和金额；每张收、付款凭证的制单、复核、审批、付款都应由经办人员签章，并及时加盖“收讫”或“付讫”章；作废的票据或收、付凭证都应加盖“作废”戳记，并连同存根一并保存。

（三）总账会计岗位描述

1. 岗位职责

总账会计岗位的岗位职责包括：会同有关部门制定财产物资、工资、往来款项、财务成果的核算和管理办法，建立健全财产物资收、发、存的核算制度；负责审核财产物资、工资、往来款项、财务成果日常核算凭证；定期进行往来款项的对账；负责登记总账，编制科目汇总表、会计报表及会计报表附注。

2. 内控要求

总账会计岗位的内控要求包括：根据“以销定产、产销平衡”的原则，实行销售计划管理；销售业务尽可能按销售合同进行，会计部门应参与销售合同的签订；实行钱、账、物分管，开发货单与发货、开销售发票与收款人员应分开；销售合同、销售发票和发货单，须经过有关负责人审核签章后才能生效；要按规定的价格进行销售，不得擅自提价或降价；销售发票和发货单应事先按顺序编号，如有缺号，须查明原因，经批准后才能注销；产品发出后，应由专人负责收款，定期核对、清理应收账款，定期核对应收账款明细账；销售坏账处理及折扣处理应按规定的审批程序办理；销售退回须经有关负责人批准后才可办理销账和退款手续；废料、残料出售，应视同一般产品销售处理；应建立销售业务报告分析制度，以便考核销售计划完成情况，分析经营成果，改善销售经营环节，促使企业提高经营管理水平。

另外，存货的采购与验收，必须由不同的人员协作完成；采购活动必须严格按批准的采购计划进行；存货的采购应尽可能与供应单位签订合同，收货部门应严格按合同的规定验收；货款的支付除按规定可以现金支付外，一律应通过银行办理结算；所有货款的支付凭证，均须经过审核，只有审核后的凭证，才能办理结算；建立严格的储备定额制度，以防止超储积压情况的发生；按月从供货方取得对账单，并与应付款项余额和未付凭单相调节。

（四）成本会计岗位描述

1. 岗位职责

成本会计岗位的岗位职责包括：根据规定的成本、费用开支范围和标准，审核原始凭证的合法性、合理性和真实性，审核费用发生的审批手续是否符合公司的规定，填制相关记账凭证；计算生产成本，结转物资、成本、费用账户，并登记物资、成本、费用明细账；负责公司固定资产的财务管理，按月正确计提固定资产折旧，定期或不定期地组织清产核资工作。

2. 内控要求

成本会计岗位的内控要求包括：独立核算成本，建立标准成本控制系统，负责标准成本的建立和更新；控制制造及销售成本费用，跟踪人工成本，完成成本费用、存货的日常财务处理工作；负责库存检查与仓库的有关联系，推动成本控制，控制存货，加强成本、存货的监控；协助每年运营计划和预算的制作，按照批准的预算进行成本与费用的控制；跟踪准备成本分析报表，分析预算和实际数之间的差异。

（五）往来会计岗位描述

1. 岗位职责

往来会计岗位的岗位职责包括：协助会计主管人员建立健全与收支、往来有关的内部会计控制制度，正确确认、计算收入，填制往来业务记账凭证，登记往来、收入明细账，配合有关部门保证收入款项的及时回笼，收入款项被拒付时，要通知和督促有关部门及时处理，督促责任部门或人员及时清收应收款项和办理收回或偿还手续，防止遗漏，负责与对方债权（务）人核对往来账目，保证双方账面数额一致和无弄虚作假情况，积极掌握债务人的资信情况，并建立债务人资信档案；计提坏账准备，对确实无法收回的应收款和不能支付的应付款项，应查明原因，并按规定报批处理。

2. 内控要求

往来会计岗位的内控要求包括：定期为有关部门或人员和相关领导提供收支、债权、债务信息；负责公司税金的计算、申报和解缴工作，负责期末结转损益，协助有关部门开展财务审计和年检。

四、主要会计政策

1. 会计年度

以公历1月1日起至12月31日止为一个会计年度。

2. 记账本位币

以人民币为记账本位币。

3. 记账基础和计价原则

会计核算以权责发生制为记账基础，资产以历史成本为计价原则。其后如果发生减值，则按规定计提减值准备。

4. 坏账准备的计提方法和标准

对坏账核算采用备抵法。公司于期末按照应收款项账面余额的3%的比例提取坏账准备。

5. 存货核算

(1) 存货分为原材料（包括辅助材料）、在产品、产成品、包装物、低值易耗品等五大类。

(2) 存货盘存制度采用永续盘存制。

(3) 原材料、包装物、低值易耗品按计划成本核算，购入材料成本差异月末一并结转，发出材料成本差异率分别按原材料、包装物、低值易耗品（包括其他辅助材料）分类计算（保留百分比后两位小数），低值易耗品和包装物发出成本的结转采用一次摊销法；包装物随同产品一起出售的，不单独计价；产成品发出成本按全月一次加权平均法计算。

6. 产品成本计算方法

（1）产品成本计算方法采用品种法，完工产品与在产品费用分配采用完工程度约当产量法，工资费用的分配和制造费用的分配采用生产工时比例分配法。

（2）辅助生产费用采用直接分配法核算（辅助生产车间不设“制造费用”账户）。

7. 长期股权投资核算方法

采用权益法核算的长期股权投资，对长期投资取得时的初始投资成本与在被投资单位所有者权益中所占的份额有借方差额的，按 10 年的期限平均摊销。

8. 固定资产折旧方法

固定资产的折旧采用平均年限法计算。

9. 无形资产计价和摊销方法

无形资产按取得时的实际成本计价，并按其预计受益年限平均摊销。具体摊销年限如表 2—1 所示。

表 2—1　　无形资产摊销年限

类　别	摊销年限
专利权	10 年
专有技术	10 年

10. 借款利息的处理方法

短期借款利息按季结算，按月预提；长期借款利息按年计提，一年结算一次。

11. 所得税的会计处理方法

所得税会计处理采用资产负债表债务法。公司的所得税按季预交，年终清算。

12. 会计核算形式

采用科目汇总表核算形式进行会计核算。

13. 主要税项及其税率

主要税项及其税率如表 2—2 所示。

表 2—2　　　　主要税项及其税率

税项	税率
增值税	17%（运费按 7%）
营业税	5%
城市维护建设税	7%
教育费附加	4%

五、有关财务会计岗位核算工作的资料

1. 海天公司资产负债表

海天公司资产负债表如表 2—3 所示。

表 2—3　　　　海天公司资产负债表

2010 年 12 月 31 日　　　　单位：元

资产	金额	负债及所有者权益	金额
流动资产：		**流动负债：**	
货币资金	1 283 533.15	短期借款	6 000 000.00
交易性金融资产	200 000.00	交易性金融负债	
应收票据		应付票据	
应收账款	336 179.82	应付账款	558 735.55
预付账款	125 200.00	预收账款	
应收股利		应付职工薪酬	162 618.08
其他应收款		应交税费	1 087 482.35
存货	4 586 138.70	应付利息	112 000.00
流动资产合计	**6 531 051.67**	应付股利	
非流动资产：		其他应付款	311 500.00
可供出售金融资产		预计负债	
持有至到期投资	220 000.00	一年内到期非流动负债	
长期股权投资	530 000.00	**流动负债合计**	**8 232 335.98**
长期应收款		**非流动负债：**	
固定资产	13 456 043.90	长期借款	
在建工程	3 546 500.00	**负债合计**	**8 232 335.98**
固定资产清理		**股东权益：**	
无形资产	296 432.00	实收资本	10 000 000.00
开发支出		资本公积	380 000.00
商誉		盈余公积	4 220 886.00
长期待摊费用		未分配利润	1 746 805.59
非流动资产合计	**18 048 975.90**	**股东权益合计**	**16 347 691.59**
资产总计	**24 580 027.57**	**负债及所有者权益总计**	**24 580 027.57**

2. 海天公司损益类账户资料

海天公司损益类账户资料如表2—4所示。

表2—4　海天公司损益类账户资料　　单位：元

项　目	2011年1—11月累计金额	2010年度
主营业务收入	59 418 920.00	58 965 427.00
其他业务收入	123 400.00	
投资收益	8 000.00	
营业外收入	12 600.00	24 653.80
主营业务成本	43 355 464.00	44 783 456.00
营业税金及附加	411 657.09	369 725.00
其他业务成本	94 990.00	
销售费用	6 160 000.00	6 580 000.00
管理费用	3 369 961.02	3 397 812.00
财务费用	156 339.67	153 790.00
营业外支出	185 726.95	15 124.00
所得税费用	1 923 497.82	1 217 757.35

说明：(1) 投资收益属于国库券利息收入；营业外收入全部为固定资产清理收入；1—11月的所得税均未调整，所得税税率为25%，其中，已预交前三季度所得税款1 089 053.00元。

(2) 固定资产原价为15 942 763.98元，累计折旧为2 486 720.08元。

3. 海天公司账户余额表

海天公司账户余额表如表2—5所示。

表2—5　海天公司账户余额表

2011年11月30日　　单位：元

总账科目	明细账户	余额		备注
		借方	贷方	
库存现金		1 000.56		
银行存款		1 584 300.95		
其他货币资金		39 500.00		
	外埠存款	9 500.00		存入舞阳市工商银行
	信用卡存款	30 000.00		最低限额存款
交易性金融资产		200 000.00		
	股票投资	200 000.00		银河钢铁股票2万股
应收票据		993 000.00		
	深圳永安公司	850 000.00		
	海南福顺公司	143 000.00		
应收账款		2 123 500.93		
	上海华联公司	1 030 000.00		
	成都拓展公司	500 000.00		
	海南福顺公司	593 500.93		

续前表

总账科目	明细账户	余额		备注
		借方	贷方	
坏账准备			90 494.00	年初余额，本年尚未计提
预付账款		222 380.00		
	往来货款： 福建晋江公司	20 000.00 20 000.00		
	待摊费用： 房屋租赁费 财产保险费 广告费	202 380.00 54 000.00 18 510.00 129 870.00		9月7日支付一年的修理车间房屋租赁费，7月1日支付半年的办公楼财产保险费，11月20日支付一年的电视广告费
其他应收款		112 413.94		
	王伟 办公室备用金 公司食堂垫付款 通达运输公司赔款	1 750.00 5 000.00 55 663.94 50 000.00		 定额备用金 11月个人伙食费
材料采购		892 550.00		
	原材料	892 550.00		
原材料		4 532 000.00		
	原料及主要材料 其他辅助材料 包装物	3 601 000.00 631 000.00 300 000.00		 包装仪表盘专用箱
周转材料		302 000.00		
	在库低值易耗品	302 000.00		
材料成本差异		102 310.12		
	原材料 包装物 低耗品及辅材	98 890.12 3 920.00	 500.00 	
库存商品		2 299 600.00		
	仪表盘 减震器	1 680 000.00 619 600.00		
生产成本		198 788.00		
	基本生产成本： 仪表盘 减震器	 115 556.00 83 232.00		月末在产品成本
长期股权投资		530 000.00		
	其他投资	530 000.00		投资南山酒店，控股20%，项目在建
持有至到期投资		220 000.00		购买国库券
	其中：一年内到期投资	50 000.00		

续前表

总账科目	明细账户	余额		备注
		借方	贷方	
固定资产		18 022 198.00		
	生产经营用固定资产 非生产经营用固定资产 出租固定资产 不需用固定资产	14 953 230.00 2 521 875.00 500 000.00 47 093.00		 出租仓库一间
累计折旧			3 064 290.00	
在建工程		1 146 500.00		
	一号厂房改建工程	1 146 500.00		计划 2011 年完工
固定资产清理		6 800.00		
	报废设备、房屋清理	6 800.00		11 月清理完毕
无形资产		296 432.00		
	专利权 专有技术	225 000.00 71 432.00		月摊销额 2 500 元 月摊销额 800 元，该技术已出租
待处理财产损溢		16 300.00		
	待处理流动资产损溢	16 300.00		仓库橡胶、弹簧等材料报亏，原因待查
资产合计		**30 686 790.50**		已抵消备抵账户后的余额
短期借款			6 300 000.00	
	生产周转借款		6 300 000.00	月利息率 6‰
应付票据			100 000.00	
	广州三源公司		100 000.00	
应付账款			2 394 000.00	
	广州三源公司 上海华力公司 沈阳伟星公司		194 000.00 1 500 000.00 700 000.00	
预收账款			10 000.00	
	浙江红光公司 湖北潜江公司	30 000.00	 40 000.00	
其他应付款			99 830.90	
	东山市供水公司 东山市电力公司 存入保证金 大兴运输公司 个人养老保险 个人医疗保险		25 641.82 46 889.08 6 000.00 1 000.00 17 300.00 3 000.00	11 月工业用水费（不含税金额） 11 月工业用电费（不含税金额） 出租包装物押金，出租 10 个包装箱，每个押金 600 元

续前表

总账科目	明细账户	余额		备注
		借方	贷方	
应付职工薪酬			472 614.66	
	应付工资 应付福利费		300 600.00 172 014.66	11 月工资
应交税费			531 317.72	11 月未交税费
	应交所得税 应交城市维护建设税 应交房产税 未交增值税 应交个人所得税 应交教育费附加		485 947.82 7 700.00 4 327.30 25 942.60 3 000.00 4 400.00	10、11 月未交所得税
应付利息			12 000.00	
	借款利息		12 000.00	10 月 1 日—11 月 30 日利息
长期借款			1 000 000.00	7 月 1 日取得两年期借款，年利率 7.2%
	基建借款		1 000 000.00	用于一号厂房改建工程，当即投入 50 万元，10 月 1 日又投入 50 万元
实收资本			10 000 000.00	
	光大百货公司 四通公司 伟业建材公司		3 800 000.00 3 500 000.00 2 700 000.00	
资本公积			380 000.00	
	其他资本公积		380 000.00	
盈余公积			3 734 938.18	
	法定盈余公积 任意盈余公积		2 663 324.63 1 071 613.55	
本年利润			3 905 283.45	1—11 月的利润
利润分配	未分配利润		1 746 805.59	年初未分配利润
负债及权益合计			**30 686 790.50**	

4. 海天公司工资及业务招待费资料

海天公司工资及业务招待费资料如表 2—6 所示。

表 2—6　　海天公司工资及业务招待费　　单位：元

项目	金额	备注
1—11 月累计发放职工工资总额	3 339 600.00	每月免税工资额＝230 人×1 500 元＝345 000 元
1—11 月累计业务招待费发生额	210 000.00	按税法规定扣除
工会经费		按工资总额的 2%计提，工会经费独立核算
职工教育经费		按工资总额的 2.5%计提
职工福利费		按不大于工资总额的 14%计提

5. 海天公司其他有关明细账资料

海天公司其他有关明细账资料如表 2—7 至表 2—10 所示。

表 2—7　　原材料及周转材料明细账

品名		规格	单位	数量	计划单价（元）	金额（元）
原料及主要材料	橡胶盘		千克	26 000	55.00	1 430 000.00
	弹簧圈		千克	37 850	40.00	1 514 000.00
	空心线材		千克	9 600	25.00	240 000.00
	安装备件		件	27 800	15.00	417 000.00
其他辅助材料				略		631 000.00
包装物			个	500	600.00	300 000.00
合　计						4 532 000.00

表 2—8　　材料采购明细账

供应单位	项目	借方				贷方	余额（元）
		实际单价（元）	运杂费（元）	发票数量	合计（元）		
江苏耀江公司	橡胶盘	56.00		9 800 千克	548 800.00		
	安装备件	10.00		34 120 件	341 200.00		
合　计			2 550.00		890 000.00		892 550.00

表 2—9　　产成品明细账

产品名称	规格	单位	数量	单位成本（元）	金额（元）
仪表盘	略	件	3 500	480.00	1 680 000.00
减震器	略	件	1 600	387.25	619 600.00
合　计					2 299 600.00

表 2—10　　生产成本明细账（月初在产品成本）

产品名称	月初结存（数量）	成本项目			
		直接材料（元）	直接人工（元）	制造费用（元）	合计（元）
仪表盘	360 件	69 333.60	13 866.72	32 355.68	115 556.00
减震器	300 件	49 939.20	9 987.84	23 304.96	83 232.00
合　计					198 788.00

6. 海天公司2011年12月发生的经济业务

以下经济业务所涉及的原始凭证见本板块第二部分。

(1) 1日，签发现金支票，从银行提取现金2 000元备用。

业务流程：出纳开具现金支票→登记现金支票使用登记本→由财务经理审批后在支票存根上签字（章）→由会计加盖银行预留印鉴（财务专用章和法人代表章）→出纳至银行提现→出纳编制记账凭证并登记日记账。

注意事项：

1）开出的支票应填写完整，禁止签发空白金额、空白收款单位的支票。

2）开出的支票（汇票、电汇）的收款单位名称应与合同、发票上的一致。

(2) 1日，仓库送来收料单，从江苏耀江公司购进的橡胶盘、安装备件运抵公司，仓库验收入库。

业务流程：成本会计核查所登记入库材料的数量、单价、金额→抽出收料单第二联（材料稽核联）→编制记账凭证→登记明细分类账→与采购员传来的第四报账联副联配单。

注意事项：以上仓库明细账涉及原料库、包装库、低耗库、其他辅助材料库及成品库等五大类库包含的所有明细账。

(3) 2日，收到银行转来托收承付结算凭证及有关增值税发票和货票账单，从福建晋江物资有限责任公司购进弹簧圈、空心线材两种材料各1 000千克，不含税单价分别为38.20元和21.60元，运费为1 550元（其中增值税为108.50元），两种材料已验收入库并收到仓库验收单，合同规定付款期限为3天。

业务流程：成本会计核查所登记入库材料的数量、单价、金额→抽出收料单第二联（材料稽核联）→编制记账凭证→登记明细分类账→与采购员传来的第四报账联副联配单。

注意事项：

1）采购发票必须真实、合法、有效，原则上须取得增值税专用发票。

2）取得的增值税专用发票严格遵守填写规范。

3）运杂费须以收料单的形式与材料合计或单独计入相应材料价款中。

4）金额为100元以上的运输专用发票须按运费（不包括包装费、力资费、装卸费、保险费等）金额的7%计算进项税，扣税后的运费计入采购成本中。

5）收料单填写须规范完整，且“收料仓库”栏的填写内容与材料所属账本的名称一致，收料单上的数量、金额与发票上的必须一致。

6）根据最新原辅料招标结果审查招标材料采购价格的执行情况，关注价格的波动情况，按季提供采购价格执行情况分析报告。

7）记账凭证“摘要”栏须注明材料的名称及数量，并正确选取明细科目，注意区别同科目中相近客户的名称、相同客户的名称位于不同的科目中。

（4）2日，业务经理李进准备到上海出差，借支差旅费3 000元，经分管业务副总朱子规签字批准，支付现金500元，余款签发现金支票交李进。

业务流程：出纳审核是否还清前欠款→审核借款额度→登记还款时间→编制记账凭证并登记日记账→传递往来会计登记往来明细账。

注意事项：

1）前欠不清者，拒绝再借。

2）“摘要”栏中须注明借款用途和还款日期。

（5）3日，出纳发现现金短款100元，原因尚未查明。

业务流程：出纳编制当日现金清查结果说明→编制记账凭证并登记日记账。

（6）3日，向成都市拓展有限责任公司催收货款，当即收到成都市工商银行从成都市拓展有限责任公司转来的等额工行电汇通知单一张。

业务流程：出纳从银行拿回电汇回款单据→编制记账凭证并登记日记账→传递往来会计登记往来明细账。

（7）4日，办公室主任王利交来办公耗材商业发票1 980.93元，餐饮服务专用发票2 840.00元，经张总审批签字，开出现金支票交王利补足备用金定额。

业务流程：出纳收受管理部门相关人员交来的发票→审核发票上的审批手续是否完备→审核银行票据存根上是否有领用或收款人签字→编制记账凭证并登记日记账→传递成本会计登记费用明细账。

注意事项：

1）非工资性费用支出须取得税务局监制的发票或收据，且要填写规范，大小写一致，无涂改痕迹，增值税发票须严格遵守填写规范。

2）保证凭证及附件的左上角要整齐，附件长宽折叠以记账凭证大小为度，不能带有订书钉。

3）费用审核依据《费用控制办法》、《差旅费开支范围及标准》、《通信费管理办法》等，其要点有：计划额度内费用须经部门负责人、分管领导、财务经理审批；计划外费用须有总经理批示的报告；差旅费须附审批后的行程安排表，招待费须附经审批的招待费用明细表。

4）支取现金的凭证编制完毕，若遇出纳无现金时，应暂时保存记账凭证，待出纳取回现金时通知领款。

5）报销人有前期欠款时，报销费用一律先冲抵欠款。

(8) 5日，从福建晋江物资有限责任公司购进的材料承付期满，结清同福建晋江物资有限责任公司往来款，剩余款项承付。

业务流程：出纳审核发票及验收入库单→核对往来款并办理承付→收到银行划款通知单，编制记账凭证并登记日记账→传递往来会计登记明细账→传递成本会计登记物资明细账。

注意事项：

1）付款时注意审核收款单位、材料供应单位、发票开具单位三者应一致。

2）有连续业务的客户单位应设立应付账款明细科目，设置科目时须正确选取省名，并写明客户全称，编制记账凭证时实行收料、付款两条线应用明细科目。

3）编制记账凭证时须正确选取应付账款明细科目，注意区别同科目中相近客户的名称、相同客户的名称位于不同的科目中。

4）熟悉客户供货品种及各客户对应的采购员，便于账务清理和催促报账。

(9) 5日，出售给浙江红光公司减震器800件，不含税单价为475.50元，仪表盘1 800件，不含税单价为580.00元，凭发货单开出增值税专用发票，商品由购货方自提，收到银行信汇凭证一张，结清浙江红光公司货款及往来款，当即填制进账单到银行进账并取回回单。

业务流程：出纳审核业务部门传来的销售发票记账联→与业务部门编制的销售业务明细表核对→核对往来款并填制进账单→至银行办理进账手续→编制记账凭证并登记日记账→传递往来会计登记往来明细账和收入明细账。

注意事项：按加权平均单价作为本期结转主营业务成本的单价。

(10) 5日，经财务部自查，3日出纳发现的现金短款100元，是出纳工作失误造成的，经张总批准后，进行处理。

业务流程：往来会计根据批准报告编制记账凭证并登记往来明细账。

(11) 5日，经公司董事会研究决定，以临街门市部100平方米向南源公司投资，期限为2年。该门市部原值为50万元，已提折旧8万元，双方确认价值为45万元，同时投资现金10万元，签发转账支票交南源公司，即日办妥交接手续。(投资总额占南源公司资本的10%，且对其无重大影响。)

业务流程：1）成本会计审核对外投资合同→核实对外投资的固定资产原值、已使用年限及折旧提取情况→审核固定资产清理转出报告→登记投资及物资明细账；2）出纳开具转账支票→登记转账支票使用登记本→由财务经理审批后在支票存根上签字（章）→由会计加盖银行预留印鉴→出纳交给投资经办人至银行办理转账→出纳编制记账凭证并登记日记账。

(12) 8日，向东山市国税局、地税局开出税收缴款书，上交11月份的有关税款及附加。东山市地税局代市社保局收取11月份职工养老保险费64 000元，其中企业负担46 700元，职工个人负担17 300元。向东山市社保局交纳医疗保险费23 000元，其中企业负担20 000元，职工个人负担3 000元。签发专用支票支付。

业务流程：往来会计填制纳税申报表，出纳审核人力资源部开具的职工养老保险费、医疗保险费明细表→办理纳税申报，取得税收通用缴款通知书和完税凭证并缴款→出纳编制记账凭证并登记日记账→传递往来会计登记往来明细账。

(13) 8日，司机陈刚交来汽车燃油专用发票，经张总签批，是公司办公用车耗油，金额为2 340.00元，签发转账支票交付司机。

业务流程：出纳收受司机交来的发票→审核发票上的审批手续是否完备→审核银行票据存根上是否有领用人或收款人签字→编制记账凭证并登记日记账→传递成本会计登记费用明细账。

(14) 8日，从东山大学科技开发公司购入GMY专利一项，该专利权价值50万元，按合同规定，签发转账支票支付首期转让费10万元，其余部分于次年结清。

业务流程：出纳审核购买合同→签发转账支票付款→编制记账凭证并登记日记账→传递往来会计登记往来明细账。

(15) 8日，向本市美能达公司出售减震器100件，不含税单价为490.00元，开出增值税专用发票，商品由本公司货车运送，运输台班为300.00元，开出收款收据一张。收到美能达公司转账支票一张，当即填制进账单到银行进账并取回回单。

业务流程：出纳审核业务部门传来的销售发票记账联→与业务部门编制的销售业务明细表核对→核对往来款并填制进账单→至银行办理进账手续→编制记账凭证并登记日记账→传递往来会计登记往来明细账和收入明细账。

(16) 9日，采购员王伟采购材料返回，交来上海华力有限责任公司开具的增值税发票，内列空心线材500千克，不含税单价为22.00元，安装备件100件，不含税单价为10.50元，对方垫付运费货票一张，共计700元，其中增值税49元。上述材料未到。王伟同时交来张总的批示，将此次货款连同上海华力有限责任公司的往来款一并签发3个月期限、月息为4‰的商业承兑汇票，当即向银行申请办理。

业务流程：出纳审核发票→核对往来款并办理承兑→收到银行承兑通知单，编制记账凭证并登记日记账→传递往来会计登记往来明细账→传递成本会计登记物资明细账。

(17) 9日，从本市劳保用品公司购入劳保服装200套，不含税单价为90元，收到劳保用品公司开出的增值税专用发票及仓库验收单，经办人赵力洁签字，但没有审批领导签字。

业务流程：成本会计审核购货发票及验收入库单→编制记账凭证并登记物资明细账→传递往来会计登记往来明细账。

(18) 10日，销售给本市永康公司仪表盘1 000件，不含税单价为600.00元，凭发货单开出增值税专用发票，商品由购货方自提，合同规定付款条件为（2/10，1/20，N/30）。

业务流程：往来会计审核业务部门传来的销售发票记账联→与业务部门编制的销售业务明细表核对→核对往来款→编制记账凭证并登记往来明细账和收入明细账。

（19）10日，收到市环保局噪音污染罚款通知单，经张总签批，签发转账支票2 000.00元支付。

业务流程：出纳收受罚款通知单→审核发票上的审批手续是否完备→审核银行票据存根上是否有领用人或收款人签字→编制记账凭证并登记日记账。

（20）10日，签发转账支票，将11月份应付工资扣除食堂垫付款后，打入职工工资卡（用提供工资结算单代替）。

业务流程：出纳审核人力资源部开具的工资支出证明单、工资结算汇总表→计算应发工资→计算应扣所得税、食堂代扣款→重新计算实发工资→汇总各部门工资→根据正式工资明细表开具扣款收据→凭正式工资汇总表、银行付款支票存根编制记账凭证并登记日记账→传递往来会计登记往来明细账。

（21）10日，向本市一小规模纳税企业江胜公司购进低值易耗品一批，包括润滑器10个，单价为183元，摩擦刷30个，单价为455元，核定计划单价分别为180元和460元，已验收入库，签发现金支票支付货款。

业务流程：出纳审核发票及验收入库单→核对往来款并办理转账→编制记账凭证并登记日记账→传递成本会计登记物资明细账。

（22）11日，销售给昆明西南公司产品一批，包括减震器1 000件，不含税单价为485元，仪表盘2 000件，不含税单价为600元，业务部门开出增值税发票及发货单，储运部门以转账支票支付代垫运杂费2 200元，财会部门根据增值税发票、代垫运费清单向银行办妥托收手续。按合同规定3日后承付。

业务流程：出纳审核业务部门传来的销售发票记账联→与业务部门编制的销售业务明细表核对→核对往来款→编制记账凭证并登记日记账→传递往来会计登记往来明细账和收入明细账。

（23）11日，签发现金支票16 000元，支付一号厂房改建工程临时工人工资。

业务流程：出纳审核工程人员工资结算汇总表→凭工资汇总表、银行付款支票存根编制记账凭证并登记日记账→传递成本会计登记物资明细账。

（24）11日，深圳永安有限责任公司签字承兑的3个月期的商业承兑汇票到期，票据利息为12 000元，收到深圳永安有限责任公司等额银行汇票一张，当即填制银行进账单到银行进账，并取回回单。

业务流程：出纳收到汇票→填写进账单→至开户银行进账并取得回单→编制记账凭证并登记日记账→传递成本会计登记费用明细账→传递往来会计登记往来明细账。

(25) 12 日，上海华力有限责任公司的材料运到，仓库交来验收入库单。

业务流程：成本会计核查所登记入库材料的数量、单价和金额→抽出收料单第二联（材料稽核联）→编制记账凭证→登记物资明细分类账→与采购员传来的第四报账联副联配单。

(26) 12 日，收到银行划账通知，是分别支付东山市供水公司、电力公司、电信局等单位的水费 30 000 元（其中增值税 4 358.18 元）、电费 54 030 元（其中增值税 7 140.92 元）、电话通信费 2 369.77 元。银行一并转交东山市供水公司、电力公司、电信局开具的水费增值税发票、电费增值税发票和普通电信费专用发票各一张。

业务流程：出纳审核发票→签发转账支票办理付款→编制记账凭证并登记日记账→传递往来会计登记往来明细账→传递成本会计登记费用明细账。

(27) 12 日，采购员王伟出差回来报销差旅费，其中往返车票 260 元，住宿费 500 元，出租车费 279 元，住勤补贴费 100 元，餐费 460 元，结清其借支款。

业务流程：出纳审核差旅费发票是否完整、合法且金额正确→审核差旅费发票粘贴是否规范→审核审批手续是否完备→核对往来款项并出具备用金结算单→编制记账凭证并登记日记账→传递往来会计登记往来明细账→传递成本会计登记费用明细账。

(28) 12 日，持上个月 12 日由海口市工商银行签字承兑的、海南福顺有限责任公司 2 个月不带息商业汇票到本市工商银行营业部申请贴现，银行同意，办妥贴现手续，贴现率月息为 4.8‰。

业务流程：出纳填写贴现申请表→至开户银行办理贴现并取得回单→编制记账凭证并登记日记账→传递成本会计登记费用明细账→传递往来会计登记往来明细账。

(29) 15 日，经张总审批，司机陈刚赴长春购买 5 吨解放运输汽车一辆，申请办理银行汇票一张，金额为 30 万元，财会部门填制银行汇票委托书，办妥银行汇票交给陈刚。陈刚一并借支差旅费 1 000 元，经张总批准，以现金支付。

业务流程：出纳填制银行汇票委托书并至银行办理→审核是否还清前欠款→审核借款额度→登记还款时间→编制记账凭证并登记日记账→传递往来会计登记往来明细账。

(30) 15 日，向舞阳市物资有限责任公司购入螺纹钢 5 吨，不含税单价为 2 500元，水泥 50 吨，不含税单价为 295 元，运费为 1 500 元（其中增值税为 105 元），根据增值税发票、运费货票及仓库收料单，填制银行信汇结算凭证汇出价税款。该批材料准备用于一号厂房改建工程。

业务流程：出纳审核发票及验收入库单→核对往来款并办理信汇结算→收到银行回单，编制记账凭证并登记日记账→传递成本会计登记物资明细账。

(31) 15 日，业务经理李进出差返回，报销差旅费，其中往返机票为 1 260 元，住宿费为1 000 元，出租车费为200元，住勤补贴费为200元，餐费为1 000元，结清其借支款。

业务流程：出纳审核差旅费发票是否完整、合法且金额正确→审核差旅费发票粘贴是否规范→审核审批手续是否完备→核对往来款项并出具备用金结算单→编制记账凭证并登记日记账→传递往来会计登记往来明细账→传递成本会计登记费用明细账。

(32) 15日，11日销售给昆明西南公司的一批产品，今日托收承付期限已满，对方已承付。

业务流程：出纳至银行办理进账手续→编制记账凭证并登记日记账→传递往来会计登记往来明细账。

(33) 16日，签发转账支票，向市第一建筑工程公司支付一号厂房改建工程进度款150 000元。

业务流程：出纳审核工程结算合同→至银行办理付款，编制记账凭证并登记日记账→传递往来会计登记往来明细账。

(34) 16日，销售给武汉江丰有限责任公司产品一批，包括减震器500件，不含税单价为490元，仪表盘900件，不含税单价为605元，业务部门开出增值税发票及发货单，储运部门用转账支票支付代垫运杂费3 000元，财会部门根据增值税发票、代垫运费清单向银行办妥托收手续。按合同规定3日后承付。

业务流程：出纳审核业务部门传来的销售发票记账联→与业务部门编制的销售业务明细表核对→核对往来款→编制记账凭证并登记日记账→传递往来会计登记往来明细账和收入明细账。

(35) 16日，成功申请一项新型实用专利，并已通过市专利局审批注册，公司签发转账支票支付专利注册登记费13 000元，聘请律师费5 000元。此外，该项技术在开发过程中发生的技术开发费35 000元已经计入“管理费用”。

业务流程：出纳审核专利申请经办人传来的发票→签发转账支票交经办人办理付款→编制记账凭证并登记日记账→传递成本会计登记物资明细账。

(36) 16日，出售月初闲置电机一台给湖北潜江公司，原价为50 000元，已提折旧10 000元，预计使用4年，已使用1年，双方协商作价38 000元，约定结清湖北潜江公司往来款，余款当即去银行信汇汇出。

业务流程：1) 成本会计审核对外销售合同→核实对外销售的固定资产原值、已使用年限及折旧提取情况→审核固定资产清理转出报告→登记物资明细账；2) 出纳开具信汇凭据→登记信汇使用登记本→由财务经理审批后签字（章）→由会计加盖银行预留印鉴→出纳交给销售经办人至银行办理信汇→出纳编制记账凭证并登记日记账→传递往来会计登记往来明细账。

(37) 16日，有证据证明大兴运输公司已倒闭，转销应付运费。

业务流程：往来会计编制记账凭证并登记往来明细账。

(38) 17 日，主管生产的王副总签批，仓库发放生产工人劳保服装 200 套，仓库交来发料单。

业务流程：成本会计审核领料单→编制记账凭证并登记物资明细账和费用明细账。

(39) 17 日，仓库送来领料单，是领用螺纹钢 2.5 吨，水泥 25 吨，全部用于一号厂房改建工程。

业务流程：成本会计审核领料单→编制记账凭证并登记物资明细账。

(40) 17 日，一号仓库因厂房改建提前报废，原价为 100 000 元，已提折旧 80 000 元，残料 25 000 元准备用于重建仓库，其他尚在处理中。

业务流程：成本会计审核固定资产报废单→核实固定资产原值、已使用年限及折旧提取情况→审核固定资产清理转出报告→编制记账凭证并登记物资明细账。

(41) 17 日，收到昆明西南公司传真，称 11 日从本公司购入的一批仪表盘外观存在一些刮痕，要求给予销售折让。经公司业务经理认定，业务副总朱子规签字批准，同意给予 2%的折让，折让价款用银行电汇汇出，并根据西南公司所在地税务机关出具的商品销售折让证明单开出红字增值税发票寄往西南公司。

业务流程：出纳审核商品销售折让证明单及红字发票→办理电汇结算→编制记账凭证并登记日记账→传递往来会计登记收入明细账。

(42) 18 日，从本市万象物资公司购入橡胶盘 500 千克，不含税单价为 55.60 元，弹簧圈 400 千克，不含税单价为 38.00 元，空心线材 500 千克，不含税单价为 23.00 元，安装备件 100 件，不含税单价为 15.40 元，收到万象物资公司开具的增值税发票、仓库收料单，材料自备货车提取，按合同签发 3 个月期的等额商业承兑汇票一张。

业务流程：出纳审核发票及验收入库单→核对往来款并办理票据结算→收到银行回单，编制记账凭证并登记日记账→传递成本会计登记物资明细账。

(43) 18 日，仓库送来收料单，是从舞阳市物资公司购进橡胶盘 100 千克，不含税单价为 53.00 元，弹簧圈 500 千克，不含税单价为 36.00 元，空心线材 100 千克，不含税单价为 20.00 元，安装备件 100 件，不含税单价为 13.40 元，收到舞阳市物资有限责任公司开具的增值税发票，运费货票注明运输费为 2 000.00 元（其中增值税为 140.00 元），划取原存入舞阳市工商银行的一笔采购专户存款，余款开具银行汇票汇出。

业务流程：出纳审核发票及验收入库单→核对往来款并办理外埠存款、汇票结算→收到银行回单，编制记账凭证并登记日记账→传递成本会计登记物资明细账。

(44) 18 日，接银行通知，3 个月前签发的购买广州三源公司空心线材的票据今日到期，票据约定利率月息为 5.5‰，当即向银行办理信汇付款。

业务流程：出纳收到付款通知→复核利息并填写信汇票据→至开户银行办理

信汇并取得回单→编制记账凭证并登记日记账→传递成本会计登记费用明细账→传递往来会计登记往来明细账。

(45) 18 日，以房产抵押向工商银行取得 6 个月的贷款 600 万元，月利率为 6‰，办妥贷款手续，款项划入基本存款账户。

业务流程：出纳填写贷款申请表→至开户银行办理贷款并取得回单→在备查账中登记贷款期限、还款日期和利率→编制记账凭证并登记日记账。

注意事项：

1) 凭证“摘要”栏须注明贷款起止日期和利率。

2) 根据还款时间和金额编入财务部月度资金计划中，及时提醒财务部长安排还贷资金。

(46) 19 日，收到银行转来的异地托收承付部分拒付理由书，是 16 日销售给武汉江丰有限责任公司减震器多发货 50 件，江丰有限责任公司已经将多发的减震器 50 件退回并代垫运费 400 元，仓库送来验收单及江丰有限责任公司运费收据，并根据江丰有限责任公司所在地武汉税务机关出具的商品销售退回证明单，开出红字退货增值税发票，余款收悉并交存银行。

业务流程：出纳审核退货销售单及红字发票→出纳至银行办理进账手续→根据运费收据编制记账凭证并登记日记账→传递往来会计登记收入明细账和往来明细账→成本会计根据退货验收单编制记账凭证并登记物资明细账和费用明细账。

(47) 19 日，向山东富源物资有限责任公司购进橡胶盘 300 千克，不含税单价为 54.50 元，弹簧圈 300 千克，不含税单价为 36.00 元，空心线材 200 千克，不含税单价为 22.50 元，安装备件 200 件，不含税单价为 14.00 元，收到富源公司开具的增值税发票，运输货票运费为 3 500.00 元（其中增值税为 245.00 元），按合同签发的托收承付委托书一份。仓库验收时发现橡胶盘、弹簧圈两种材料的规格有误不予验收，其他材料已验收入库。财会部门当即填制异地托收承付部分拒付理由书交付银行，银行同意办理拒付。同时签发转账支票代垫退回材料运费 1 800.00 元（其中增值税为 126.00 元），余款一并通知银行承付。

业务流程：出纳审核发票及验收入库单→核对往来款并办理承付结算→收到银行回单，编制记账凭证并登记日记账→传递成本会计登记物资明细账。

(48) 19 日，司机陈刚交来购买长春 5 吨解放运输汽车增值税发票一张，不含税价为 21.80 万元。一并交来住宿费 450.00 元，餐费 280.00 元，高速公路违章罚款单收据 1 600.00 元，汽车燃油专用发票 500.00 元，结清其借支。余款签发现金支票。

业务流程：出纳审核增值税发票、差旅费发票是否完整、合法且金额正确→审核发票粘贴是否规范→审核审批手续是否完备→核对往来款项并出具备用金结算单→编制记账凭证并登记日记账→传递往来会计登记往来明细账→传递成本会计登记费用明细账和物资明细账。

(49) 19 日，收到本市永康公司转账支票一张，是付 10 日销售给该公司的货款，转账支票金额为扣除现金折扣后的款项。填制进账单送存银行。

业务流程：出纳收到支票，根据销售合同中的付款条件审核现金折扣→填写进账单→至开户银行进账并取得回单→编制记账凭证并登记日记账→传递成本会计登记费用明细账→传递往来会计登记往来明细账。

(50) 22 日，收到银行转来的银行汇票余额退回单，是退回 15 日司机陈刚赴长春购买 5 吨解放运输汽车签发的银行汇票余款。

业务流程：出纳收到银行汇票余额退回单→编制记账凭证并登记日记账。

(51) 22 日，签发转账支票归还到期短期借款 500 万元。

业务流程：出纳根据贷款合同签发转账支票→编制记账凭证并登记日记账。

(52) 22 日，向本市大通公司出售空心线材 500 千克，计税单价为 25.00 元，开出增值税专用发票，收到等额转账支票一张，填制进账单送存银行。

业务流程：出纳审核外售材料批件→督促业务部开具发票→填制进账单送交银行→凭发票、回单编制记账凭证并登记日记账→传递往来会计登记收入明细账。

(53) 22 日，上个月委托本市包装用品有限责任公司加工专用包装木箱 200 个，不含税单价为 570.00 元，仓库送来收料单，根据包装用品公司开具的增值税发票，签发转账支票付款。

业务流程：出纳审核发票及验收入库单→核对往来款并办理转账结算→收到银行回单，编制记账凭证并登记日记账→传递成本会计登记物资明细账。

(54) 22 日，经公司董事会研究决定，签发转账支票，购入当日发行的 3 年期国库券 20 万元，年利率为 2.4%，国库券委托证券公司代管。

业务流程：出纳审核公司决议、有价证券代管单→办理转账结算→收到银行回单，编制记账凭证并登记日记账。

(55) 23 日，收到银行借款利息结算单，银行划转收取本年第四季度短期借款利息 18 000 元。

业务流程：出纳审核借款合同，复核计算利息→编制记账凭证并登记日记账→传递成本会计登记费用明细账。

注意事项：根据利息支出时间和金额，及时向出纳查询余额是否足够支付利息，提醒出纳及时划转资金保证付息。

(56) 23 日，向本市新华机械厂收取专有技术使用费 40 000 元，收到转账支票一张，当即填制进账单到银行进账，并取回进账单回单。

业务流程：出纳审核租赁合同→填制进账单送交银行→凭回单编制记账凭证并登记日记账→传递往来会计登记收入明细账。

(57) 23 日，收到银行存款利息结算单，下半年银行存款利息为 1 800 元。

业务流程：出纳审核借款合同→编制记账凭证并登记日记账→传递成本会计登记费用明细账。

(58) 23 日，接受客商王忠义先生捐赠现金 10 万元，当即交存银行，开具收据交付王先生。

业务流程：出纳开具收据交付王先生→填制现金进账单送交银行→凭回单编制记账凭证并登记日记账。

(59) 24 日，基本生产车间、机修车间、动力车间的车间主任分别交来餐饮服务专用发票 1 560 元，慰问困难职工食品、日用品超市专用发票 2 799 元，办公耗材商业发票 800 元。主管生产的王副总已签批，签发现金支票支付。

业务流程：出纳审核发票是否完整、合法且金额正确→审核发票粘贴是否规范→审核审批手续是否完备→签发现金支票交经办人→编制记账凭证并登记日记账→传递成本会计登记费用明细账。

(60) 24 日，经公司董事会研究决定，将暂时不需用的仓库 300 平方米出租给新华机械厂使用。该仓库账面原值为 30 万元，出租合同规定租赁期为 18 个月，年租金为 60 000 元，按季预付。现行税法规定，租金按 12%缴纳房产税，按 5%缴纳营业税，当日收到新华机械厂转账支票一张，是付首期租金 15 000 元，交存银行。

业务流程：出纳审核租赁合同，往来会计审核税金→填制进账单送交银行→凭回单编制记账凭证并登记日记账→传递往来会计登记往来明细账和收入明细账。

(61) 24 日，10 月份出租给本市物资公司的 10 个专用包装箱收回，财会部门按约定租金 351 元/个开出收款收据，从押金中扣除，其余签发现金支票退回。经仓库核实，该批专用包装箱不能继续使用，经张总批准将其报废，残料对外出售，开具收款收据取得现金 1 000 元。

业务流程：出纳审核租赁合同、报废批文→开出收款收据交经办人并收存现金→签发现金支票送交银行→凭回单编制记账凭证并登记日记账→传递往来会计登记往来明细账和收入明细账。

(62) 24 日，收到银行转来的公司信用卡取款及透支利息通知单，是张总用牡丹卡支付在紫金大酒店宴请答谢银行、税务、工商、技术监督、环保等部门有关人员的餐饮服务费用，餐饮服务专用发票为 42 840 元，透支利息 50 元，当即签发转账支票补足信用卡存款。

业务流程：出纳审核信用卡取款单、利息通知单、发票是否完整、合法且金额正确→审核票据粘贴是否规范→审核审批手续是否完备→签发支票交经办人→编制记账凭证并登记日记账→传递成本会计登记费用明细账。

(63) 24 日，经协商向沈阳伟星有限责任公司抵账销售产品一批，包括减震器 700 件，不含税单价为 505 元，仪表盘 700 件，不含税单价为 610 元，开出增值税发票及发货单，储运部门凭货票用转账支票支付代垫运杂费 2 000 元（其中增值税为140元)。按协商合同的规定，余款8个月以后兑付。

业务流程：出纳审核业务部门传来的销售发票记账联→与业务部门编制的销售业务明细表核对→核对往来款→编制记账凭证并登记日记账→传递往来会计登记往来明细账和收入明细账。

(64) 24日，向上海华联有限责任公司销售产品一批，包括减震器1 000件，不含税单价为495元，仪表盘1 000件，不含税单价为595元，开出增值税发票及发货单，储运部门凭货票用转账支票支付运费3 000元(其中增值税为210元)。按协商合同的规定，运费由本公司负担，收到上海华联有限责任公司2个月带息银行承兑汇票一张，结清本次货款及前欠款的50%。

业务流程：出纳审核业务部门传来的销售发票记账联→与业务部门编制的销售业务明细表核对→核对往来款→编制记账凭证并登记日记账→传递往来会计登记往来明细账和收入明细账。

(65) 25日，经公司办公会决定，张总签批，签发现金支票23 000.00元交付工会杨主席，为职工办理新年礼物。下午工会杨主席交来好又多量贩店专用商品零售发票，购买一批水果、海鲜计22 467.25元，余款收回现金，同时开具收款收据。

业务流程：出纳签发支票交经办人→审核发票→开具收款收据收存现金→编制记账凭证并登记日记账。

(66) 25日，本市常化五金公司送来焊条1 000千克，不含税单价为7.50元，砂布500千克，不含税单价为3.60元，螺丝螺帽500千克，不含税单价为4.70元。核定的计划单价分别是7.00元、4.00元、5.00元。收到常化五金公司开具的增值税发票、仓库验收单，按约定该货款下个月支付。

业务流程：出纳审核发票及验收入库单→核对往来款→编制记账凭证并登记日记账→传递成本会计登记物资明细账→传递往来会计登记往来明细账。

(67) 25日，经公司办公会决定，张总签批，办公室主任王利交来预订明年《东山早报》、《经济日报》、《企业家》杂志等报刊收款收据1 350元，签发现金支票支付。

业务流程：出纳审核发票→签发现金支票→编制记账凭证并登记日记账→传递成本会计登记费用明细账。

(68) 25日，与湖北潜江公司签订销货合同，明年第一季度向湖北潜江公司提供减震器、仪表盘各2 000件，单价为实际加权成本加成24%，合同规定湖北潜江公司在签约后即预付100万元的货款，余额在交清最后一批产品后付清。当即收到湖北潜江公司签发的等额银行汇票一张，填制进账单交存银行。

业务流程：出纳审核销货合同→复核预收款项并填制进账单→编制记账凭证并登记日记账。

(69) 25日，与银行签订了一份无追索权的应收账款出售协议，将海南福顺公司的50万元应收账款出售给银行，银行对该笔应收账款进行质量调查并对海南福顺公司的信用进行调查后，今日同意付现40万元。协议约定银行按应收账款出售金额的2%收取手续费。公司收到银行划入款项的通知，并电告海南福顺公司直接将50万元于下月20日前支付给东山市工商银行。

业务流程：出纳审核出售协议及有关款项→核对往来款并办理银行结算→编制记账凭证并登记日记账→传递成本会计登记费用明细账→传递往来会计登记往来明细账。

(70) 25日，经公司董事会研究决定，委托君安证券公司将银河钢铁股票2万股出售，成交价为每股10.50元，支付股票交易手续费为330.00元，该股票自购买之日起至今未宣告发放股利。款项暂时存放在君安证券公司。

业务流程：出纳审核公司决议、委托书及有关款项→编制记账凭证并登记日记账。

(71) 25日，经公司办公会决定，公司以减震器200件，公允价值和计税价格为510元，仪表盘350件，公允价值和计税价格为620元，换取上海通用汽车销售服务公司别克君威轿车一辆，公允价值为27万元（含税），收到上海通用汽车销售服务公司销售发票及49 000元的银行电汇凭证一张。仓库送来发料单。

业务流程：出纳审核公司决议、发票及有关款项→核对入库单和验收单→办理银行结算→编制记账凭证并登记日记账→传递成本会计登记物资明细账→传递往来会计登记往来明细账。

(72) 26日，经公司办公会决定，将在11月份一次交通事故中严重损坏的东风5吨运输车报废，原价为20万元，已提折旧9万元，按交通事故认定书应向太平洋保险公司东山市分公司索取理赔款7万元，卡车残料0.7万元变卖给市废旧物资回收公司，收到现金交存银行。业务部交来固定资产报废单、清理核销单各一张。

业务流程：1）成本会计审核事故认定报告书、保险合同理赔条款→核实报废的固定资产原值、已使用年限及折旧提取情况→审核固定资产清理转出报告→登记物资明细账；2）出纳开具收据收存现金并交存银行→出纳编制记账凭证并登记日记账→传递往来会计登记往来明细账。

(73) 26日，收到银行借款利息结算单，是银行划转公司为一号厂房改建工程的借款利息。

业务流程：出纳审核借款合同，复核计算利息→编制记账凭证并登记日记账→传递成本会计登记费用明细账和物资明细账。

(74) 26日，经公司董事会研究决定，购置职工浴室衣柜花费11 000元，购置盥洗设备花费150 000元，收到市家具大世界商业零售发票一张，按约定明年3月份前支付款项。

业务流程：往来会计审核公司决议、发票→编制记账凭证并登记往来明细账→传递成本会计登记物资明细账。

(75) 26 日，经张总签批，拨让一批原材料给本市物资公司，包括橡胶盘 4 000 千克，计税单价为 56 元，弹簧圈 5 000 千克，计税单价为 42 元，空心线材 3 000千克，计税单价为 27 元，安装备件 12 500 件，计税单价为 16 元，货物自提，收到仓库发料单，约定市物资公司下月初付款。

业务流程：往来会计审核发料单和发票→核对往来款项→编制记账凭证并登记往来明细账。

(76) 29 日，人事部交来 1 500 元现金，是职工违章、违纪罚款，开具收款收据交人事部。

业务流程：出纳开具收款收据收存现金→编制记账凭证并登记日记账。

(77) 29 日，收到本市商业公司转账支票一张，是租用公司仓库本月租金 5 000 元，当即填制银行进账单到银行进账，并取回回单。

业务流程：出纳审核租赁合同→填制银行进账单并取回回单→凭回单编制记账凭证并登记日记账→传递往来会计登记收入明细账。

(78) 29 日，职工刘伟交来市人民医院医药费发票 3 940 元，是工伤医药费，经张总签批，签发现金支票。

业务流程：出纳审核发票→编制记账凭证并登记日记账。

(79) 30 日，仓库送来 12 日的收料单，从山西北方公司运来橡胶盘 11 000 千克，弹簧圈 10 000 千克，空心线材 20 000 千克，安装备件 20 000 件，至今结算凭证尚未收到。

业务流程：成本会计核查所登记入库材料的数量、单价和金额→抽出收料单第二联（材料稽核联）→按暂估入库编制记账凭证→登记明细分类账→与采购员传来的第四报账联副联配单。

(80) 30 日，计算本月应交车船使用税 1 500.00 元、房产税 4 270.50 元。

业务流程：往来会计填制纳税申报表→编制记账凭证并登记往来明细账→传递成本会计登记费用明细账。

(81) 31 日，开始结账，编制增值税纳税申报表、营业税纳税申报表，同时计算城市维护建设税和教育费附加，并转账。

业务流程：往来会计填制纳税申报表→编制记账凭证并登记往来明细账。

注意事项：纳税申报工作流程如下：

1) 抄税：按“发票使用明细表”格式录入当月已开具的发票→与销售核算岗核对收入金额→整理并装订发票存根→打印“发票使用明细表”并按月装订成册→按规定日期去税务局抄税。

说明：a. 办事处携外开具的普通发票，在核算收入当月进行抄税。

b. 保证所录入的销售发票税款金额与财务系统中的销项税一致，并且当月增值税销项＝（销售收入＋其他业务收入）×17%。

c. 增值税发票存根按每本25张装订，并计算每本销售额和税额与“发票使用明细表”对应，普通发票不必重新装订。

d. 在清理装订发票存根过程中须注意作废发票是否所有联次齐全，红字发票是否附合法依据。

e. 抄税前须做到抄税软盘数据、IC卡数据、开具的全部专用发票存根联数据、专用发票使用台账四相符。

2）抵扣：收受主管岗传来的抵扣联→30日前将当月收到的增值税票抵扣联送税务局验证→按“发票抵扣联清单格式”录入当月增值税抵扣联→与财务系统核对当月进项税额→装订抵扣联→打印抵扣联清单并装订成册。

说明：a. 计算每本抵扣联进项税额，不同税率的进项税分别列示，并与抵扣联清单对应。

b. 及时向各会计岗位宣传抵扣联发票的填写、签章规则，以便能及时抵扣。

3）申报税款：每月10日前填写各类税款申报表→传主管岗审核→财务经理签章→申报→登记税票→申报表归类保存。

说明：a. 增值税、所得税、城建税及其他附加税、公积金按月申报，房产税分别于1月、7月分两次申报，车船使用税、土地使用税于每季度第1个月申报，印花税年底一次申报。

b. 填写申报表时，应查询并扣除提前开具税票的税款金额，如出口交税、预交的其他税款应在已交税金栏中反映。

c. 各类税款申报金额以税法相关条款为依据。

d. 领到申报开具的各类税票后，分税种在税票登记本中登记。

e. 全年申报表应按税种分类装订成册。

4）税款交纳：

a. 申报月度资金计划：月末根据当月开票及抵扣情况、税款交纳计划等预计下月税款所需资金→填写月度资金计划表→财务经理审核。

b. 税款缴纳：填写付款审批单→财务经理审批→填写进账单，连同税票和付款审批单交出纳办理银行结算手续→登记资金计划表→签收出纳传来的银行进账回执→在税票登记本中注销相应的税票→编制凭证。

c. 税卡缴纳：完税→划卡→从卡中完税→签收税务岗申报开具的公积金交款凭证→填写付款审批单→财务经理签字→传出纳岗交款→签收出纳岗传来的公积金交款凭证存根→编制记账凭证→签收出纳传来的养老金交纳凭证→编制记账凭证。

说明：a. 向税卡中在税票登记划款时，同时将相应的税票交给征管员，并记卡中备注转交征管员。从税卡入库后，收到征管员传来的完税税票和付款凭证时，编制记账凭证，并在税票登记本中注销该票。

b. 编制完税记账凭证时，摘要栏中须注明票号和所属期。

5）发票的领购及使用：根据发票和收据需求量及时填写票据领购凭证→财务经理盖章→去税务局购买→登记所购票据→存保险柜→登记发放情况→领用人签名→编制当月票据领用情况表。

说明：a. 及时购买所需的票据，随时满足领用需求。

b. 票据按本发放，领用人须交回用完后的票据存根，换领新的票据。

c. 领购的空白票据须妥善保管，谨防丢失。

（82）31 日，计算并摊销应由本月各部门承担的房屋租赁费、财产保险费、广告费。

业务流程：成本会计填制摊销分配表→编制记账凭证并登记费用明细账。

（83）31 日，摊销本月负担的无形资产价值。

业务流程：成本会计填制摊销分配表→编制记账凭证并登记费用明细账。

（84）31 日，按规定提取率计提坏账准备。

业务流程：成本会计填制坏账准备提取表→编制记账凭证并登记费用明细账。

（85）31 日，根据考勤记录、工资结算汇总表、产品产量及耗用工时记录表、职工食堂伙食费扣款明细表（该伙食费已计入本月业务招待费），填制工资费用分配表、工资费用分配汇总表，并转账。本月份工资发放情况如下：生产工人 191 000元，车间管理人员 11 800 元，机修车间 15 000 元，动力车间 9 100 元，公司管理部门 65 000 元，浴室、医务室 5 200 元，一号厂房改建工程管理人员 6 500 元，代垫职工食堂伙食费 46 115 元，个人负担养老保险 17 300 元，个人负担医疗保险 3 000 元，代交个人所得税 3 000 元。本月生产情况如下：减震器耗用工时 9 000工时（机器小时），完工 3 200 件，仪表盘耗用工时 11 000 工时（机器小时），完工 5 000 件。

业务流程：成本会计审核考勤记录、工资结算汇总表、产品产量及耗用工时记录表、职工食堂伙食费扣款明细表→填制工资费用分配表、工资费用分配汇总表，同时按工资总额的 14%计提福利费→编制记账凭证并登记费用明细账→传递往来会计登记往来明细账。

注意事项：

1）工资分配后，当月不能再有涉及应付工资的凭证，因此可适当提前扎工资账，若有工资性支出，则可提前编制下月凭证。

2）分配工资后，部门应付工资无余额。

（86）31 日，经公司办公会决定，签发转账支票，提前发放本月职工工资，打入职工工资卡。

业务流程：出纳签收人力资源部、车间核算员及其他会计岗传来的相关信息→将信息分类登记备忘录→根据本月异动情况编制工资表→计算应发工资→往来会计依法计算代扣代缴个人所得税→出纳重新计算应发工资→汇总各部门工资→成本会计验算：上期实发工资±上期异动项＋上期所得税±本期异动项—本期所得税＝本期实发数→出纳根据正式工资明细表开具扣款收据→凭正式工资汇总表填写付款审批单→财务经理审批→出纳根据银行付款支票存根编制记账凭证并登记日记账→传递往来会计登记往来明细账。

注意事项：

1）注明“工资”字样的支出记入“应付工资”，未注明的记入相关部门费用。

2）将异动信息按编制工资表时间的不同分为在职长假、劳保内退、退休三类，再在三类中分新增人员、部门变动、水电费变动、代扣款项等项目。

3）须根据分类后的异动信息准确登记备忘录。

4）备忘录须将异动信息在预计发生月份分别登记一次。

5）只要不是正常增减项目都须在异动信息字段中反映。

6）不能代扣代发的事项须列出清单向发出通知的部门人员反馈。

7）工资发放日须委托出纳领回新开户存折，登记后由领取人签字发放。

（87）31 日，经公司办公会决定，计提本月工会经费、职工教育经费，签发转账支票划转工会。

业务流程：成本会计根据工资结算汇总表、工资费用分配表、工资费用分配汇总表，填制工会经费、职工教育经费计算表→出纳签发转账支票交工会→出纳编制记账凭证并登记日记账→传递往来会计登记往来明细账→传递成本会计登记费用明细账。

（88）31 日，结转外购材料成本差异，并分别按原材料、包装物、其他辅助材料（含低耗品）计算月末材料成本差异率。

业务流程：成本会计根据原材料、物资采购、材料成本差异三个账户的明细账计算材料成本差异率，填制材料成本差异计算表→编制记账凭证并登记物资明细账。

（89）31 日，查明 3 号材料仓库 27 日属于突发意外火灾，目前原材料盘点报告单显示，橡胶盘毁损 150 千克，安装备件毁损 1 500 件，公司仓库财产保险合同上个月已到期，尚未续保。

业务流程：成本会计填制材料盘盈（亏）报告表→编制记账凭证并登记物资明细账→传递往来会计登记往来明细账。

（90）31 日，收到仓库交来本月材料领用数量汇总资料，根据本月经济业务的发生情况及计算的月末材料成本差异率填制发料凭证分配汇总表，并转账。原料及主要材料发料（领料）单记载：生产仪表盘领用、橡胶盘对外销售各 34 000 千克、4 000 千克，生产减震器领用、弹簧圈对外销售各 21 400 千克、5 000 千克，生产仪表盘、减震器领用、对外销售、基本生产车间耗用、销售部门领用、一号厂房改建工程领用空心线材分别为 2 000 千克、1 900 千克、3 500 千克、45 千克、55 千克、500 千克，生产仪表盘、减震器领用、对外销售、基本生产车间耗用、行政管理部门领用、一号厂房改建工程领用安装备件分别为 12 000 件、11 000 件、12 500 件、300 件、60 件、2 800 件，生产仪表盘、减震器领用、动力车间、机修车间耗用、基本生产车间耗用、行政管理部门领用辅助材料分别为 14 000 元、12 000元、8 600 元、9 800 元、119 500 元、10 000 元，销售部门领用包装物 450 个。

业务流程：成本会计审核原料及主要材料发料（领料）单→填制发料凭证分配汇总表→编制记账凭证并登记物资明细账和成本明细账→传递往来会计登记往来明细账。

(91) 31 日，根据总电表与分电表、水表的记录，以及东山市电力公司、供水公司的电费、水费结算通知单，分配本月电费、水费，并转账。根据水表、电表记录，水电使用情况统计如下：生产仪表盘、减震器单位消耗定额耗电量（度）分别为 2.04 度、2.70 度；动力车间、机修车间耗电分别为 5 250 度、3 950 度，耗水分别为 2 600 立方米、3 000 立方米；基本生产车间、管理部门、一号厂房改建工程、浴室和医务室耗电分别为 1 087 度、1 880 度、1 674 度、400 度，耗水分别为 550 立方米、450 立方米、500 立方米、5 196 立方米。

业务流程：成本会计审核电费、水费结算通知单→根据水表、电表记录填制费用分配表→编制记账凭证并登记物资明细账、成本明细账和费用明细账→传递往来会计登记往来明细账。

(92) 31 日，编制固定资产折旧计算表，计提本月固定资产折旧，并转账。

业务流程：成本会计根据固定资产明细账查询上月新增或减少的固定资产→对应固定资产原值及公司使用的折旧政策计算增减变动的累计折旧→编制折旧计算表→编制记账凭证并登记费用明细账。

注意事项：

1）年初根据固定资产明细表计算各部门、各类资产每月应提折旧金额，每月根据固定资产增减变动情况及时调整，编制折旧计算表。

2）固定资产折旧采取按个别资产进行计算，分部门、分类别汇总提取。

3）月度提取累计折旧金额发生变动时应将提取折旧的依据传递一份给各车间核算员，由车间核算员对应固定资产清单核实固定资产的存在及折旧提取的准确性。

4）年末根据固定资产明细表计算全年折旧，冲回由于净值低于全年应提折旧的个别资产多提的折旧，并确定下一年度提取折旧的基数。

(93) 31 日，根据车间交来的辅助生产提供的劳务、作业量汇总表分配辅助生产费用，填制辅助生产费用分配表并转账。

业务流程：成本会计审核辅助生产提供的劳务、作业量汇总表→填制辅助生产费用分配表→编制记账凭证并登记成本明细账和费用明细账。

(94) 31 日，填制基本生产车间制造费用分配表并转账。

业务流程：成本会计审核制造费用分配标准→填制制造费用分配表→编制记账凭证并登记成本明细账。

(95) 31 日，计算完工产品和月末在产品成本，填制产品成本计算单，将完工产品成本进行结转。原材料是开工一次投入，仪表盘月末在产品 400 件，在产品完工程度为 75%，减震器月末在产品 380 件，在产品完工程度为 40%。

业务流程：成本会计检查工资分配、原材料领用、产成品发放凭证是否已编制→检查制造费用、辅助生产成本是否结转完毕→审核当月车间生产的产品品种数量、各产品耗用的工时→核对入库单（第四联）数量与仓库管理员登记的明细账借方数一致→核对完工产品、半成品数量和入库单（第四联）数量一致→编制产品成本计算单→编制记账凭证并登记成本明细账和物资明细账。

(96) 31 日，计算销售产品生产成本，并转账。

业务流程：成本会计根据主营业务收入明细表及仓库加权平均单价计算当月主营业务成本→编制产品销售成本汇总表 →编制记账凭证并登记物资明细账。

(97) 31 日，经公司办公会批准，至 11 月累计仓库橡胶、弹簧等材料报亏原因查明，即是计量差错造成的，按规定结转待处理财产损溢账户。

业务流程：成本会计根据公司决议编制内部转账单 →编制记账凭证并登记费用明细账。

(98) 31 日，经公司办公会批准，转销上月已清理完毕的正常报废设备、房屋的损失。

业务流程：成本会计核实报废固定资产的原值、已使用年限及折旧提取情况→审核固定资产清理转出报告→根据公司决议编制内部转账单 →编制记账凭证。

注意事项：

1）针对盘点过程中出现的固定资产盘盈（亏）情况应及时上报，督促相关部门进行处置。

2）财务部定期组织生产部对固定资产进行核查，督促处置已报废及长期闲置的固定资产。

(99) 31 日，结转损益，纳税调整，计提全年应交所得税，结转所得税。

业务流程：总账会计编制结账前试算平衡表→往来会计填制内部转账单结转损益→按资产负债表债务法根据本月的利润总额调整为应纳税所得额→计提应交所得税→编制记账凭证并登记往来明细账。

(100) 31日，董事会出台本年利润分配方案：按10%的比例计提法定盈余公积，按15%的比例计提任意盈余公积，按25%的比例向投资者分配利润。财务部按利润分配方案清算利润并转账，编制资产负债表、利润表，同时从偿债能力、营运能力、获利能力和资金结构四个方面进行分析，撰写财务分析报告。

业务流程：1）总账会计根据结账前试算平衡表编制利润表→财务经理根据董事会利润分配方案编制提取和结转利润分配的记账凭证并编制所有者权益变动表→传递往来会计登记明细账→总账会计编制结账后试算平衡表→总账会计根据结账后试算平衡表编制资产负债表→出具会计报表→交由财务经理审定→审定无误后将其复印若干份→填写用章审批单到档案室请章后盖公司章→再盖上法定代表人、财务部门负责人的章；2）将各核算岗提供的相关资料收齐→总账会计编制会计报表附注→复印→在财务系统内部下发；3）待财务报表出具之后向相关核算岗收集财务分析报告所需的资料和信息→财务经理编制财务分析报告→交总经理审阅→将审定后的财务分析报告打印→复印若干份→向总经理请示后下发相关人员。

六、有关财务会计岗位其他工作的资料

(1) 董事会暨总经理工作会要求，财务部2011年的工作重点是重视存货的管理，请财务部结合公司实际制定可操作的存货管理制度。

(2) 财务部准备材料，汇报本月生产成本管理控制情况。

(3) 自查公司财务会计岗位不相容职务的分离情况，编写自查报告。

(4) 经张总安排，公司办公会准备讨论几个经营方案，请财务部从财务管理的角度考虑，对以下几个方案进行决策评估，并撰写评估报告。

【方案一】 2011年公司准备添置一台数控车床，报价为120万元，考虑用短期借款解决资金问题。经过同银行协商，公司取得银行8个月借款100万元，同时银行提出三种贷款利息的支付方式供公司选择：一是采用收款法付息的方式，利息率为14%；二是采用贴现法付息的方式，利息率为12%；三是利息率为10%，银行要求的补偿性余额比例为20%。

请财务经理选定付息方式，并充分说明理由。

【方案二】 公司出于经营战略考虑，拟寻求同本市彩通制造公司合作。彩通制造公司是生产手机的中小型企业，其生产的彩通手机质量优良，价格合理，长期以来供不应求，为扩大生产能力，彩通制造公司准备新建一条生产线，正在寻找合作伙伴。彩通制造公司的财务经理送来他们调研的有关资料：

拟建生产线的原始投资为12.5万元，可以分两年投入：第一年年初投入10万元，第二年年初投入2.5万元。第二年年末项目建设完工并正式投产使用，投产后每年可生产手机1 000部，每部销售价格为300元，每年可获销售收入30万元。

投资项目预计有效期为5年，5年后生产线残值预计为2.5万元。在投资项目正常经营期间要垫支流动资金2.5万元，这笔资金在项目结束时可全部收回。该项目产品的制造成本构成如下：

直接材料费用　　20万元
人工费用　　3万元
折旧费用　　2万元
其他制造费用　　2万元

彩通制造公司的财务经理通过对各种可能的资金来源渠道进行分析，得出综合资本成本为10%，同时还估算出该项目的营业现金流量、现金流量、净现值，并根据其计算的净现值，认为该项目可行。相关数据如表2—11、表2—12、表2—13所示。

表2—11　　彩通制造公司投资项目营业现金净流量计算表　　单位：元

项目	第1年	第2年	第3年	第4年	第5年
销售收入	300 000	300 000	300 000	300 000	300 000
现付成本	250 000	250 000	250 000	250 000	250 000
其中：材料费用	200 000	200 000	200 000	200 000	200 000
人工费用	30 000	30 000	30 000	30 000	30 000
制造费用	20 000	20 000	20 000	20 000	20 000
折旧费用	20 000	20 000	20 000	20 000	20 000
税前利润	30 000	30 000	30 000	30 000	30 000
所得税（33%）	9 900	9 900	9 900	9 900	9 900
税后利润	20 100	20 100	20 100	20 100	20 100
现金净流量	40 100	40 100	40 100	40 100	40 100

表2—12　　彩通制造公司投资项目现金流量计算表　　单位：元

项目	投资建设期		生产期				
	第1年	第2年	第1年	第2年	第3年	第4年	第5年
初始投资	100 000	25 000					
流动资金垫支		25 000					
营业现金流量			40 100	40 100	40 100	40 100	40 100
设备残值							25 000
流动资金收回							25 000
现金净流量	−100 000	−50 000	40 100	40 100	40 100	40 100	90 000

表 2—13　　彩通制造公司投资项目净现值计算表　　单位：元

时间	现金净流量	10%贴现系数	现值
−1	−100 000	1.000 0	−100 000.00
0	−50 000	0.909 1	−45 455.00
1	40 100	0.826 4	33 138.64
2	40 100	0.751 3	30 127.13
3	40 100	0.683 0	27 388.30
4	40 100	0.620 9	24 898.09
5	90 100	0.564 5	50 861.45
净现值			20 958.61

虽然彩通制造公司认为方案可行，但是本公司管理层有关人员还是有不同的意见：

● 分管业务副总认为，在项目投资和经营期间，通货膨胀率大约为 5%，将对投资项目各有关方面产生影响；

● 基建部经理认为，由于受物价变动的影响，初始投资将增长 10%，投资项目终结后，设备残值也将增加到 37 500 元；

● 生产厂长认为，由于物价变动的影响，材料费用每年将增加 14%，人工费用也将增加 10%，扣除折旧后的制造费用每年将增加 4%；

● 销售部经理认为，手机销售价格预计每年会下降 2%。

请财务部对该项目的合作前景进行分析评估。

【方案三】财务部上报的技术改造方案可行的评估报告缺乏说服力，请按以下资料重新评估：仪表盘产销量 20 000 件，增长 40%；销售单价由原来的 600 元下降 5%；单位变动成本从原来的 300 元下降 10%；固定成本总额则从原来的 150 000元增长 20%。

【方案四】公司 2011 年的采购计划已经确定，橡胶盘的全价为 54 元，供应商对橡胶盘的优惠报价如下：

● 立即付款，价格为 52.38 元；

● 第 20 天付款，价格为 52.92 元；

● 第 40 天付款，价格为 53.46 元；

● 第 60 天付款，全价。

目前，银行短期贷款利率不超过 15%，公司在 2011 年潜在的短期投资收益可能达到 40%，请财务部作出对公司最有利的付款计划。

【方案五】公司多年来的信用政策为 N/25，年赊销额为 120 万元，变动成本率为 80%，资金成本率为 15%。由于部分客户经常拖欠货款，平均收账期为 30 天，坏账损失率为 1%。销售部计划改变信用政策，信用条件为 N/40。预计影响如下：赊销额将增加 20 万元，增加部分的坏账损失率为 4%，全部销售的平均收账期为 45 天。请财务部评估能否改变信用政策。

第二部分　会计分岗位实训原始凭证

3—1

福建增值税专用发票

发票联

3300033140　　　　No 03359655

开票日期：2011年12月1日

国税函[2010]102号　福建华森实业公司

购货单位	名称：海天有限责任公司 纳税人识别号：350602004575888 地址、电话：东山市康元路162号 0130-55374151 开户行及账号：市工商银行 160103175500100922					密码区	（略）	
货物或应税劳务名称	规格型号	单位	数量	单价	金额	税率	税额	
弹簧圈		千克	1 000	38.20	38 200	17%	6 494	
空心线材		千克	1 000	21.60	21 600	17%	3 672	
价税合计（大写）	陆万玖仟玖佰陆拾陆元整						¥69 966.00	
销货单位	名称：福建晋江物资有限责任公司 纳税人识别号：162100034632152 地址、电话：晋江三惠路33号 0123-3560209 开户行及账号：市工商银行 120303138775002477732					备注	晋江物资有限责任公司 162100034632152 发票专用章	

第二联：发票联　购货方记账凭证

收款人：　　复核：王霞　　开票人：王丽　　销货单位：（章）

3—2

公路、内河货物运输业统一发票

发票联

备查号：　　　　　　　　　　　　　　　　　　　　　发票代码：237030411102

开票日期　2011年12月1日　　　　　　　　　　　　　发票号码：00007457

机打代码 机打号码 机器编号	237030411102 00007457	税控码	（略）
收货人及纳税人识别号	东山海天有限责任公司 350602004575888	承运人及纳税人识别号	福建货物运输公司 170805001372564
发货人及纳税人识别号	福建晋江物资有限责任公司 162100034632152	主管税务机关及代码	237030503
运输项目及金额	货物名称　数量　运费金额 弹簧圈　1 000千克 空心线材　1 000千克	其他项目及金额	备注（手写无效） 福建货物运输公司 170805001372564 发票专用章 代开单位盖章
运费小计	¥1 550.00	其他费用小计	
合计（大写）壹仟伍佰伍拾元整		（小写）¥1 550.00	
代开单位及代码		扣缴税额、税率完税凭证号码	

收款人：　　　　复核：　　　　开票人：郑小同　　　　货运单位：（章）

第二联：发票联　付款方记账凭证

3—3　第　号

托收承付凭证（承付通知）　5

托收号码

电

委托日期　2011年12月2日

承付日期
到期2011年12月5日

付款人	全称	东山海天有限责任公司	收款人	全称	福建晋江物资有限责任公司									
	账号或地址	160103175500100922		账号	120303138775002477 32									
	开户银行	工行东山分行		开户银行	工行晋江分行	行号	24555							
托收金额	人民币（大写）	伍万壹仟伍佰壹拾陆元整		千	百	十	万	千	百	十	元	角	分	
						¥	5	1	5	1	6	0	0	
附件		商品发运情况		合同名称号码										
附寄单证张数或册数	2	已发运		货物供销合同123号										
备注： 电划		付款人注意： 1. 根据支付结算办法规定，上列托收款项，如超过承付期限并拒付时，即视同全部承付。如系全额支付即以此联代付款通知；如遇延付或部分支付时，再由银行另送延付或部分支付的付款通知。 2. 如需提前承付或多承付时，应另写书面通知送银行办理。 3. 如系全部或部分拒付，应在承付期限内另填拒绝承付理由书送银行办理。												

此联是付款人开户银行通知付款人按期承付货款的承付（付款）通知

3—4

材料采购运杂费分配表

2011年12月2日

发货单位				
材料名称	重　量	分配率	分配金额	备　注
合　计				

会计主管　　　　复核　　　　制表

4

领　款　单

2011年12月2日　　　　NO：103243（记账联）

今收到________________

人民币________________ ¥

系　付________________

单位盖章：业务部　　会计：　　出纳：　　领款人：

5

关于当日现金清查结果的说明

财务部：

我在下午下班前清点库存现金时，发现现金实有数比日记账余额短少100元。原因不明，明天上班后继续查找。

出纳：×××

2011.12.3

6

中国工商银行人行电子联行电划贷方补充报单（第 三 联）

工行东山市运行分中心城区核算组　　2011年12月3日　　凭证编号：225

汇出行行号	23435	汇入行行号	25123	凭证提交号	38127899
付款人 账号	161200874522001234			收款人 账号	160103175500100922
付款人 名称	成都市拓展有限责任公司			收款人 名称	海天有限责任公司
金额大写	伍拾万元整			金　额	500 000.00
事　由	货款			应解汇款编号：	
上列款项已代进账，如有误，请持此联来行商洽。 此致	（银行盖章）			科　目（贷）________ 对方科目（借）________ 解汇日期：2011年12月3日 复核：　记账：　出纳：	

（此联送收款人代收款通知或取款收据）　　　　电脑打印　手工无效

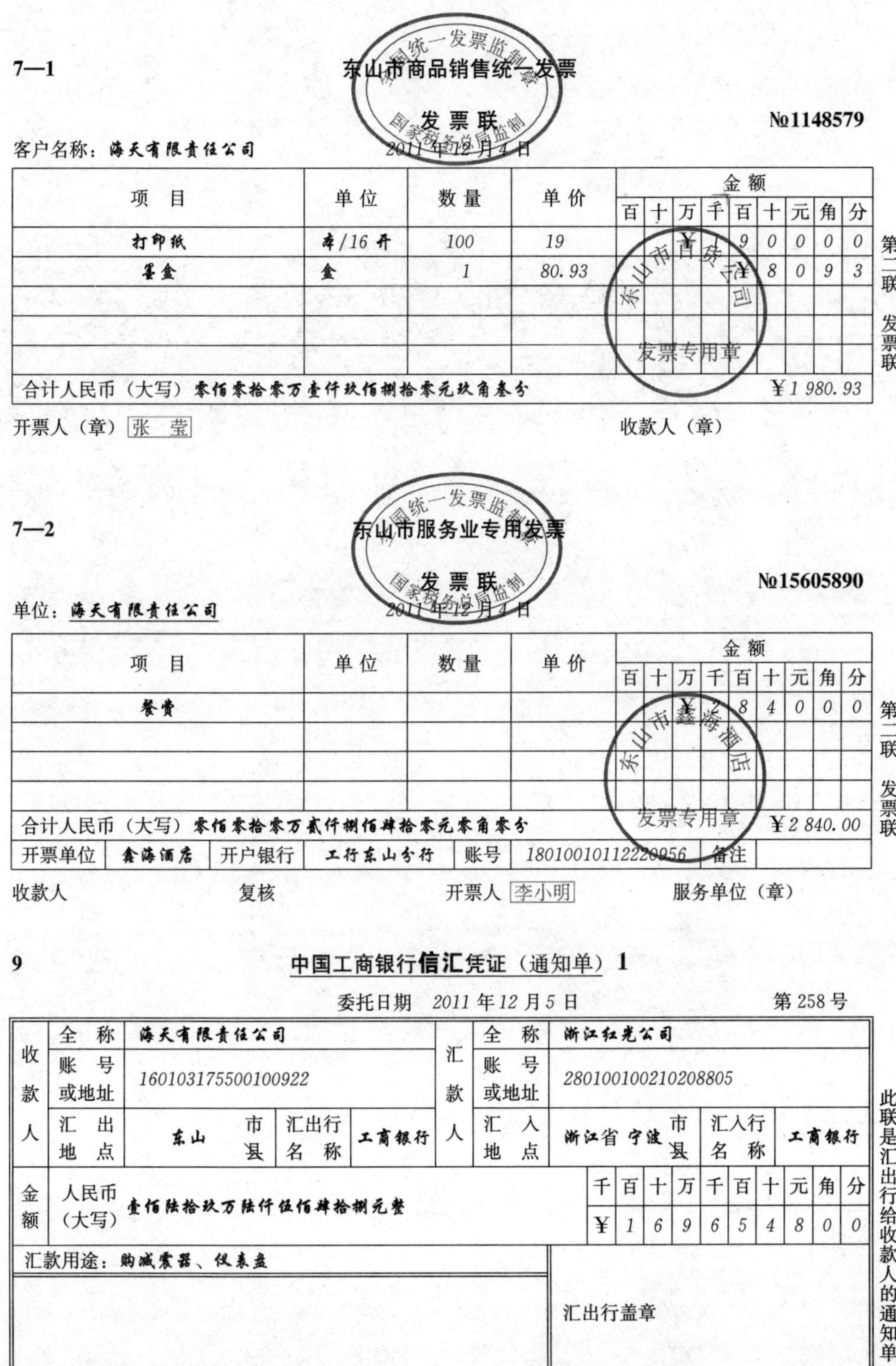

7—1

东山市商品销售统一发票

发 票 联

№1148579

客户名称：海天有限责任公司　　2011年12月4日

项　目	单位	数量	单价	金额								
				百	十	万	千	百	十	元	角	分
打印纸	本/16开	100	19			¥	1	9	0	0	0	0
墨盒	盒	1	80.93					¥	8	0	9	3
合计人民币（大写）零佰零拾零万壹仟玖佰捌拾零元玖角叁分				¥1 980.93								

第二联　发票联

开票人（章）张　莹　　　　收款人（章）

7—2

东山市服务业专用发票

发 票 联

№15605890

单位：海天有限责任公司　　2011年12月4日

项　目	单位	数量	单价	金额								
				百	十	万	千	百	十	元	角	分
餐费						¥	2	8	4	0	0	0
合计人民币（大写）零佰零拾零万贰仟捌佰肆拾零元零角零分				¥2 840.00								
开票单位	鑫海酒店	开户银行	工行东山分行	账号	18010010112220956	备注						

第二联　发票联

收款人　　复核　　开票人 李小明　　服务单位（章）

9

中国工商银行信汇凭证（通知单）1

委托日期　2011年12月5日　　第258号

收款人	全　称	海天有限责任公司			汇款人	全　称	浙江红光公司		
	账　号或地址	160103175500100922				账　号或地址	280100100210208805		
	汇　出地　点	东山　市县	汇出行名　称	工商银行		汇　入地　点	浙江省 宁波　市县	汇入行名　称	工商银行

金额	人民币（大写）壹佰陆拾玖万陆仟伍佰肆拾捌元整	千	百	十	万	千	百	十	元	角	分
		¥	1	6	9	6	5	4	8	0	0

汇款用途：购减震器、仪表盘	汇出行盖章
单位主管　　会计　　复核　　记账	年　月　日

此联是汇出行给收款人的通知单

10　　**关于12月3日现金清查短款的原因说明**

公司领导：

财务部出纳在12月3日下午下班前清点库存现金时，发现现金实有数比日记账余额短少100元。原因属个人不慎造成，应由出纳个人赔偿。

财务部
2011.12.5

同意财务部的处理意见
张建一
2011.12.5

11—1　　**投资协议书**

经双方协商，海天公司将临街门面房100平方米向南源公司投资，该门市部原值50万元，已提折旧8万元，双方确认价值45万元，同时投资现金10万元，投资总额占南源公司资本的10%，且对其无重大影响，投资期2年。

特此协议

甲方投资单位：海天公司
乙方接受投资单位：南源公司
2011年12月5日

11—2　　**固定资产投资转移单**

2011年12月5日　　第　号

投资单位名称				接受投资单位名称				
固定资产名称	规格型号	单位	数量	预计使用年限	已使用年限	原始价值	已提折旧	备注
技术鉴定		设备完好		评估价值				

单位签章：海天公司　　接受投资单位签章：南源公司

法人代表：江孝天　　法人代表：卢易

财务主管：　　财务主管：李姗姗

（南源有限责任公司 合同专用章）

12—1

中华人民共和国
税收通用缴款书　(032) 海 №1055806 

隶属关系：　　　　　　　　　　　　　　　　　　　　　　　　国缴电
注册类型：　　　　　　　填发日期：2011 年 12 月 8 日　　　　征收机关：直属分局

缴款单位(人)	代码	350602004575888	预算科目	编码	
	全称	海天有限责任公司		名称	
	开户银行	工行东山分行		级次	
	账号	160103175500100922	收款国库		(略)
税款所属时期	2011 年 11 月 1 日至 11 月 30 日		税款限缴日期	2011 年 12 月 10 日	

品目名称	课税数量	计税金额或销售收入	税率或单位税额	已缴或扣除额	实缴金额
增值税					25 942.60
金额合计	(大写) 贰万伍仟玖佰肆拾贰元陆角整				¥25 942.60
缴款单位(人)(盖章) 经办人(盖章)	税务机关(盖章) 填票人(章)	上列款项已收妥并划转收款单位账户 国库(银行)盖章　年　月　日		备注	

第一联(收据)国库(银行)收款盖章后退缴款单位(人)作完税凭证

12—2

中华人民共和国　(2011) 海　0035198 地
税收转账专用完税证　地转完

征收机关：东山市地税局　　　填发日期：2011 年 12 月 8 日

纳税人代码	350602004575888	开户银行	工行东山分行
纳税人名称	海天有限责任公司	账号	160103175500100922

税种	品目名称	税款所属时期	课税数量	计税金额或销售收入	税率或单位税额	已缴或扣除额	实缴金额
个人所得税		2011.11		60 000.00	5%		3 000.00
城市维护建设税		2011.11		110 000.00	7%		7 700.00
教育费附加		2011.11		110 000.00	4%		4 400.00
房产税		2011.11					4 327.30
金额合计	(大写) 壹万玖仟肆佰贰拾柒元叁角整						¥19 427.30
税务机关(盖章)	收款银行(盖章)		金一平 填票人(章)		备注		

不得用于收取现金税款

第一联(收据)纳税人作完税凭证

12—3

中华人民共和国　（2011）海　0035198 地

税收转账专用完税证　地转完

征收机关：东山市地税局　　填发日期：2011年12月8日

纳税人代码	350602004575888	开户银行	工行东山分行
纳税人名称	海天有限责任公司	账　号	160103175500100922

税　种	品目名称	税款所属时期	课税数量	计税金额或销售收入	税率或单位税额	已缴或扣除额	实缴金额
医保费	企业交纳	2011.11		500 000.00	4%		20 000.00
医保费	职工交纳	2011.11		300 000.00	1%		3 000.00
金额合计	（大写）贰万叁仟元整						￥23 000.00

税务机关（盖章）	收款银行（盖章）	填票人（章）金一平	备注	
东山市地方税务局 征税专用章				

不得用于收取现金税款

第一联（收据）纳税人作完税凭证

12—4

中华人民共和国　（2011）海　0035198 地

税收转账专用完税证　地转完

征收机关：东山市地税局　　填发日期：2011年12月8日

纳税人代码	350602004575888	开户银行	工行东山分行
纳税人名称	海天有限责任公司	账　号	160103175500100922

税　种	品目名称	税款所属时期	课税数量	计税金额或销售收入	税率或单位税额	已缴或扣除额	实缴金额
养老费	企业交纳	2011.11		934 000.00	5%		46 700.00
养老费	职工交纳	2011.11		865 000.00	2%		17 300.00
金额合计	（大写）陆万肆仟元整						￥64 000.00

税务机关（盖章）	收款银行（盖章）	填票人（章）金一平	备注	
东山市地方税务局 征税专用章				

不得用于收取现金税款

第一联（收据）纳税人作完税凭证

13

东山市商品销售统一发票

发 票 联

№1148579

客户名称：海天有限责任公司　　2011 年 12 月 8 日

项　目	单位	数量	单价	金额 百	十	万	千	百	十	元	角	分
90 号汽油	升	600	3.90			¥	2	3	4	0	0	0
合计人民币（大写）贰仟叁佰肆拾元整				¥2 340.00								

第二联　发票联

开票人（章）夏　莹　　收款人（章）

14

东山市服务业专用发票

发 票 联

№15605890

单位：海天有限责任公司　　2011 年 12 月 8 日

项　目	单位	数量	单价	金额 百	十	万	千	百	十	元	角	分
GMY 专利转让费				¥	5	0	0	0	0	0	0	0
合计人民币（大写）零佰伍拾万零仟零佰零拾零元零角零分				¥500 000.00								
开票单位	东大科技	开户银行	工行东山分行	账号 18010010112220956				备注				

第二联　发票联

收款人　　复核　　开票人 范　明　　服务单位（章）

15

中国工商银行　转账支票

出票日期　2011 年 12 月 8 日

支票编号	X　Ⅱ 00154056

付款人	全　称	美能达公司	收款人	全　称	海天公司
	账号或地址	180100112200100888		账号或地址	160103175500100922
	开户银行	工行东山分行　行号 25129		开户银行	工行东山分行　行号 25123

托收金额	人民币（大写）伍万柒仟陆佰叁拾元整	千	百	十	万	千	百	十	元	角	分
				¥	5	7	6	3	0	0	0

摘要	美能达公司 财务专用章　金一明　汪盼盼 （银行盖章）	科目（贷） 对方科目（借） 复核　记账　制票

（印章：全国统一发票监制章 国家税务总局监制；东山市石油公司 发票专用章；东山大学科技开发公司 发票专用章）

16—1

上海增值税专用发票

发票联

3210033640　　　　　　　　　　　　**№ 08359650**

开票日期：2011年12月9日

国税函[2010]102号　上海华本实业公司

购货单位	名　　称：海天有限责任公司 纳税人识别号：350602004575888 地 址 、电 话：东山市康元路162号 0130-55374151 开户行及账号：市工商银行 160103175500100922	密码区	（略）

货物或应税劳务名称	规格型号	单位	数量	单价	金额	税率	税额
空心线材		千克	500	22.00	11 000	17%	1 870.00
安装备件		千克	100	10.50	1 050	17%	178.50
价税合计（大写）	壹万肆仟零佰玖拾捌元伍角整						¥14 098.50

销货单位	名　　称：上海华力有限责任公司 纳税人识别号：162100034632152 地 址 、电 话：上海通惠路 021-83560209 开户行及账号：市工商银行 120303138775002477 32	备注	

收款人：　　　复核：王 芳　　　开票人：肖丽丽　　　销货单位：（章）

第二联：发票联　购货方记账凭证

16—2

公路、内河货物运输业统一发票

发票联

备查号：　　　　　　　　　　　　发票代码：237030411102

开票日期：2011年12月9日　　　　发票号码：000874884

机打代码 机打号码 机器编号	237030411102 000874884	税控码	（略）
收货人及纳税人识别号	东山海天有限责任公司 350602004575888	承运人及纳税人识别号	上海货物运输公司 170805001372564
发货人及纳税人识别号	上海华力有限责任公司 162100034632152	主管税务机关及代码	237030503
运输项目及金额	货物名称　数量　运费金额 空心线材　500千克 安装备件　100千克	其他项目及金额	备注（手写无效） 代开单位盖章
运费小计	¥700.00	其他费用小计	
合计（大写）柒佰元整		（小写）¥700.00	
代开单位及代码		扣缴税额、税率完税凭证号码	

收款人：　　　复核：　　　开票人：王同道　　　货运单位：（章）

第二联：发票联　付款方记账凭证

16—3

材料采购运杂费分配表

2011 年 12 月 9 日

发货单位				
材料名称	重　量	分配率	分配金额	备　注
合　计				

会计主管　　　　复核　　　　制表

16—4

关于上海华力有限责任公司的货款及往来款的批示

请财务部将此次货款连同上海华力有限责任公司的往来款一并签发 3 个月期限、月息为 4‰的商业承兑汇票。

张建一

2011.12.9

17

浙江增值税专用发票

0010055689　　　　**发票联**　　　　No **00059137**

开票日期：2011 年 12 月 9 日

购货单位	名　称：海天有限责任公司 纳税人识别号：350602004575888 地 址 、电 话：东山市康元路 162 号 0130-55374151 开户行及账号：市工商银行 160103175500100922				密码区	（略）		
货物或应税劳务名称	规格型号	单位	数量	单价	金额	税率	税额	
工作服		套	200	90.00	18 000	17%	3 060	
价税合计（大写）	贰万壹仟零陆拾元整						￥21 060.00	
销货单位	名　称：东山市劳保用品公司 纳税人识别号：162100034632152 地 址 、电 话：通祥路 0130-56020999 开户行及账号：市工商银行 120303138775002477 32				备注	东山市劳保用品公司 162100034632152 发票专用章		

收款人：　　　复核：陈　芳　　　开票人：王　红　　　销货单位：（章）

国税函[2010]102 号　东山国利实业公司

第二联：发票联　购货方记账凭证

19

东山市统一罚款收据

№ 1148579

交款单位名称：海天有限责任公司　　2011 年 12 月 10 日

项　目	单位	数量	单价	金额								
				百	十	万	千	百	十	元	角	分
噪音污染						¥	2	0	0	0	0	0
合计人民币（大写）贰仟元整				¥2 000.00								

第二联　发票联

开票人（章）张　亮　　　　收款人（章）

21

东山市商品销售统一发票

发票联

№ 1148600

客户名称：海天有限责任公司　　2011 年 12 月 10 日

项　目	单位	数量	单价	金额								
				百	十	万	千	百	十	元	角	分
润滑器	个	10	183			¥	1	8	3	0	0	0
摩擦剂	个	30	455		¥	1	3	6	5	0	0	0
合计人民币（大写）壹万伍仟肆佰捌拾零元零角零分				¥15 480.00								

第二联　发票联

开票人（章）赵　莹　　　　收款人（章）

22

代垫费用清单 1

第 80 号

日期：2011 年 12 月 11 日

单位名称	昆明西南有限责任公司	代垫费用项目	运费
金　额	人民币（大写）贰仟贰佰零元整		¥2 200.00
内容：减震器 1 000 件，仪表盘 2 000 件，东山至昆明汽车运费		附单据	2 张
备注：			

①代垫方记账

主管　　　会计　　　复核　　　制单 王　丽

24

中国工商银行　银行汇票 1　第 0120 号

出票日期 2011 年 12 月 11 日

<table>
<tr><td>付款人</td><td>深圳永安有限责任公司</td><td>收款人</td><td colspan="10">海天有限责任公司</td></tr>
<tr><td>账　号
或住址</td><td>180100112200100888</td><td>账　号
或住址</td><td colspan="10">160103175500100922</td></tr>
<tr><td>用　途</td><td>货款</td><td>代　理
付款行</td><td colspan="10"></td></tr>
<tr><td rowspan="2">汇票金额</td><td rowspan="2" colspan="2">人民币
（大写）捌拾陆万贰仟元整</td><td>千</td><td>百</td><td>十</td><td>万</td><td>千</td><td>百</td><td>十</td><td>元</td><td>角</td><td>分</td></tr>
<tr><td></td><td>¥</td><td>8</td><td>6</td><td>2</td><td>0</td><td>0</td><td>0</td><td>0</td><td>0</td></tr>
<tr><td colspan="2">备注</td><td colspan="11">科　　目＿＿＿＿＿＿＿＿
对方科目＿＿＿＿＿＿＿＿

财务主管　　　复核　　　经办</td></tr>
</table>

此联收款人留存

电脑打印　手工无效

26—1

中国电信

CHINA TELECOM

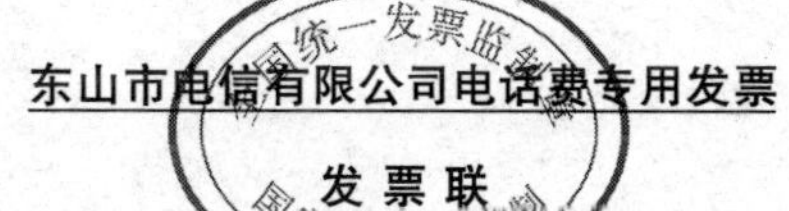

东山市电信有限公司电话费专用发票

发票联

地　税

涉税举报电话 0130-33313338　　东山　No 5347698（机 03c）

流水号：　　开票日期：2011 年 11 月 30 日

合同号		电话号码	55374151	用户	海天有限责任公司
资费项目	金额	资费项目	金额	资费项目	金额
基本月租费	25.00				
市话费	830.00				
国内长途话费	1 514.77				
人民币合计金额（大写）贰仟叁佰陆拾玖元柒角柒分					¥2 369.77

第二联　发票联

营业点　　　收款员 史小莉　　　计费周期 2011 年 11 月

26—2

委托收款 凭证（付款通知） 5

委托号码：

委托日期 2011 年 12 月 12 日

付款期限
2011 年 12 月 14 日

付款人	全称	海天有限责任公司	收款人	全称	东山市电信局	
	账号或地址	160103175500100922		账号	150611251160010085	
	开户银行	工行东山分行		开户银行	工行东山分行	行号 24555

托收金额	人民币（大写）贰仟叁佰陆拾玖元柒角柒分	千	百	十	万	千	百	十	元	角	分
					¥	2	3	6	9	7	7

款项内容	11 月份电话费	委托收款凭据名称	电话费专用发票	附寄单据张数	1

备注：	付款人注意： 1. 于见票当日通知开户银行划款。 2. 如需拒付，应在规定期限内，将拒付理由书并附债务证明退交开户银行办理。

此联是付款人开户银行通知付款方按期付款的（付款）通知

26—3

浙江增值税专用发票

发票联

0300022445 № 00059222

开票日期：2011 年 12 月 12 日

购货单位	名称：海天有限责任公司 纳税人识别号：350602004575888 地址、电话：东山市康元路 162 号 0130-55374151 开户行及账号：市工商银行 160103175500100922	密码区	（略）

货物或应税劳务名称	规格型号	单位	数量	单价	金额	税率	税额
水费		立方		1.50	25 641.82	17%	4 358.18
价税合计（大写）	叁万元整						¥30 000.00

销货单位	名称：东山市供水公司 纳税人识别号：162100034632152 地址、电话：三江路 12 号 0130-35602098 开户行及账号：市工商银行 150611251160012234	备注	东山市供水公司 162100034632152 发票专用章

收款人： 复核：王 辉 开票人：史 丽 销货单位：（章）

国税函[2010]102 号 东山国利实业公司

第二联：发票联 购货方记账凭证

26—4

委托收款 凭证（付款通知） 5

委托号码：

委托日期　2011 年 12 月 12 日

付款期限
2011 年 12 月 14 日

付款人	全　称	海天有限责任公司	收款人	全　称	东山市供水公司		
	账号或地址	160103175500100922		账　号	150611251160012234		
	开户银行	工行东山分行		开户银行	工行东山分行	行号	24555

托收金额	人民币（大写） 叁万元整	千	百	十	万	千	百	十	元	角	分
				¥	3	0	0	0	0	0	0

款项内容	11 月份水费	委托收款凭据名称	水费专用发票	附寄单据张数	1

备注：	付款人注意： 1. 于见票当日通知开户银行划款。 2. 如需拒付，应在规定期限内，将拒付理由书并附债务证明退交开户银行办理。

此联是付款人开户银行通知付款方按期付款的(付款)通知

26—5

浙江增值税专用发票

发票联

0003321156　　　　No **000196316**

开票日期：2011 年 12 月 12 日

购货单位	名　　称：海天有限责任公司 纳税人识别号：350602004575888 地 址 、电 话：东山市康元路 162 号 0130-55374151 开户行及账号：市工商银行 160103175500100922			密码区	（略）		
货物或应税劳务名称	规格型号	单位	数量	单价	金额	税率	税额
电费		度		1.40	46 889.08	17%	7 140.92
价税合计（大写）	伍万肆仟零叁拾元整						¥54 030.00
销货单位	名　　称：东山市供电公司 纳税人识别号：162100034632152 地 址 、电 话：西江路 20 号 0130-75602081 开户行及账号：市工商银行 150611251160010085			备注	东山市供电公司 162100034632152 发票专用章		

收款人：　　复核：王　强　　开票人：李　丽　　销货单位：(章)

国税函[2010]102 号　东山国利实业公司

第二联：发票联　购货方记账凭证

26—6

委托收款凭证（付款通知） 5

委托号码：

委托日期　2011年12月12日

付款期限
2011年12月14日

<table>
<tr><td rowspan="3">付款人</td><td>全　称</td><td>海天有限责任公司</td><td rowspan="3">收款人</td><td>全　称</td><td colspan="3">东山市供电公司</td></tr>
<tr><td>账号或地址</td><td>160103175500100922</td><td>账　号</td><td colspan="3">150611251160010085</td></tr>
<tr><td>开户银行</td><td>工行东山分行</td><td>开户银行</td><td>工行东山分行</td><td>行号</td><td>24555</td></tr>
<tr><td>托收金额</td><td colspan="4">人民币（大写）伍万肆仟零叁拾元整</td><td colspan="3">千 百 十 万 千 百 十 元 角 分
¥ 5 4 0 3 0 0 0</td></tr>
<tr><td>款项内容</td><td>11月份电费</td><td>委托收款凭据名称</td><td>电费专用发票</td><td>附寄单据张数</td><td colspan="3">1</td></tr>
<tr><td colspan="3">备注：</td><td colspan="5">付款人注意：
1. 于见票当日通知开户银行划款。
2. 如需拒付，应在规定期限内，将拒付理由书并附债务证明退交开户银行办理。</td></tr>
</table>

此联是付款人开户银行通知付款人按期付款的（付款）通知

28

贴　现　凭　证（收账通知） 4

申请日期　2011年12月12日　　　　第　　号

<table>
<tr><td rowspan="3">贴现汇票</td><td>种　类</td><td>商业承兑汇票</td><td>号码</td><td>0113</td><td rowspan="3">持票人</td><td>名　称</td><td colspan="3">海天有限责任公司</td></tr>
<tr><td>发票日</td><td colspan="3">2011年11月12日</td><td>账　号</td><td colspan="3">160103175500100922</td></tr>
<tr><td>到期日</td><td colspan="3">2012年01月12日</td><td>开户银行</td><td colspan="3">工行东山分行</td></tr>
<tr><td colspan="2">汇票承兑人（或银行）</td><td>名称</td><td colspan="2">海南福顺有限责任公司</td><td>账号</td><td>250012293350005178</td><td>开户银行</td><td>工行海口分行</td></tr>
<tr><td colspan="2">汇票金额（即贴现金额）</td><td colspan="6">人民币（大写）壹拾肆万叁仟元整</td><td>千 百 十 万 千 百 十 元 角 分
¥ 1 4 3 0 0 0 0 0</td></tr>
<tr><td colspan="2">贴现率每月</td><td>4.8‰</td><td>贴现利息</td><td>¥686.40</td><td colspan="3">实付贴现金额</td><td>千 百 十 万 千 百 十 元 角 分
¥ 1 4 2 3 1 3 6 0</td></tr>
<tr><td colspan="4">上述款项已入你单位账户。
此致
银行盖章
年　月　日</td><td colspan="5">备注：</td></tr>
</table>

此联是银行给贴现申请人的收账通知

说明：本表为白底红字。

30—1

江苏增值税专用发票

发票联

0013320011　　　　No 00116222

开票日期：2011 年 12 月 15 日

<table>
<tr><td rowspan="4">购货单位</td><td colspan="5">名　　称：海天有限责任公司</td><td rowspan="4">密码区</td><td rowspan="4" colspan="2">（略）</td></tr>
<tr><td colspan="5">纳税人识别号：350602004575888</td></tr>
<tr><td colspan="5">地 址 、电 话：东山市康元路 162 号 0130-55374151</td></tr>
<tr><td colspan="5">开户行及账号：市工商银行 160103175500100922</td></tr>
<tr><td colspan="2">货物或应税劳务名称</td><td>规格型号</td><td>单位</td><td>数量</td><td>单价</td><td>金额</td><td>税率</td><td>税额</td></tr>
<tr><td colspan="2">螺纹钢</td><td></td><td>吨</td><td>5</td><td>2 500</td><td>12 500</td><td>17%</td><td>2 125.00</td></tr>
<tr><td colspan="2">水泥</td><td></td><td>吨</td><td>50</td><td>295</td><td>14 750</td><td>17%</td><td>2 507.50</td></tr>
<tr><td colspan="2">价税合计（大写）</td><td colspan="5">叁万壹仟捌佰捌拾贰元伍角整</td><td colspan="2">￥31 882.50</td></tr>
<tr><td rowspan="4">销货单位</td><td colspan="5">名　　称：舞阳市物资有限责任公司</td><td rowspan="4">备注</td><td rowspan="4" colspan="2">舞阳市物资有限责任公司
132100034632100
发票专用章</td></tr>
<tr><td colspan="5">纳税人识别号：132100034632100</td></tr>
<tr><td colspan="5">地 址 、电 话：西环路 7 号 0023-85602099</td></tr>
<tr><td colspan="5">开户行及账号：市工商银行 12030313877500247732</td></tr>
</table>

收款人：　　复核：袁　强　　开票人：张小丹　　销货单位：（章）

国税函[2010]102 号　舞阳国利实业公司

第二联：发票联　购货方记账凭证

30—2

公路、内河货物运输业统一发票

发票联

备查号：　　　　发票代码：237030411102

开票日期：2011 年 12 月 15 日　　发票号码：00012450

<table>
<tr><td>机打代码
机打号码
机器编号</td><td colspan="2">237030411102
00012450</td><td>税控码</td><td colspan="2">（略）</td></tr>
<tr><td>收货人及纳税人识别号</td><td colspan="2">东山海天有限责任公司
350602004575888</td><td>承运人及纳税人识别号</td><td colspan="2">舞阳货物运输公司
100805001373301</td></tr>
<tr><td>发货人及纳税人识别号</td><td colspan="2">舞阳市物资有限责任公司
132100034632100</td><td>主管税务机关及代码</td><td colspan="2">137030502</td></tr>
<tr><td>运输项目及金额</td><td colspan="2">货物名称　数量　运费金额
螺纹钢　5 吨
水泥　50 吨</td><td>其他项目及金额</td><td></td><td>备注（手写无效）
舞阳货物运输公司
100805001373301
发票专用章
代开单位盖章</td></tr>
<tr><td>运费小计</td><td colspan="2">￥1 500.00</td><td>其他费用小计</td><td colspan="2"></td></tr>
<tr><td colspan="6">合计（大写）壹仟伍佰元整　　　（小写）￥1 500.00</td></tr>
<tr><td>代开单位及代码</td><td colspan="2"></td><td>扣缴税额、税率完税凭证号码</td><td colspan="2"></td></tr>
</table>

收款人：　　复核：　　开票人：王智慧　　货运单位：（章）

第二联：发票联　付款方记账凭证

33

收款收据

2011年12月16日　　　　№ 1158945

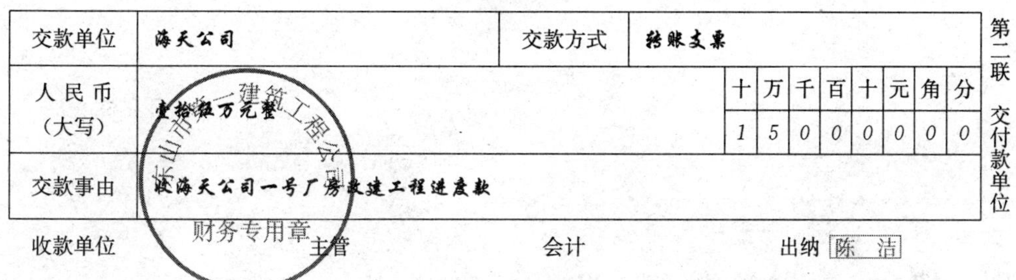

交款单位	海天公司	交款方式	转账支票
人民币（大写）	壹拾伍万元整	十 万 千 百 十 元 角 分	1 5 0 0 0 0 0 0
交款事由	收海天公司一号厂房改建工程进度款		

收款单位　　主管　　会计　　出纳 陈洁

第二联 交付款单位

34

代垫费用清单 1

第81号

日期：2011年12月16日

单位名称	武汉江丰有限责任公司	代垫费用项目	运费
金额	人民币（大写）叁仟元整	¥3 000.00	
内容：减震器500件，仪表盘900件，东山至武汉江丰汽车运费		附单据	2张
备注：			

主管　　会计　　复核　　制单 王丽

①代垫方记账

35—1

专利申报表

2011年12月16日

申请单位	海天公司	专利成本		
		技术开发费	注册登记费	合计
专利项目	新型实用专利	¥35 000	¥13 000	¥48 000
单位意见	同意申报	专利局审批	同意注册	

35—2

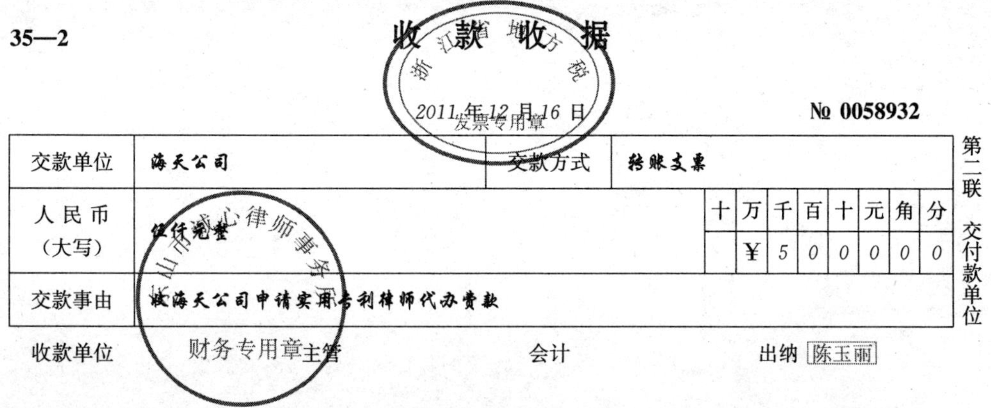

收款收据

2011年12月16日　　　　№ 0058932

交款单位	海天公司	交款方式	转账支票
人民币（大写）	伍仟元整	十 万 千 百 十 元 角 分	¥ 5 0 0 0 0 0
交款事由	收海天公司申请实用专利律师代办费款		

收款单位　　主管　　会计　　出纳 陈玉丽

第二联 交付款单位

36

海天公司固定资产拨售单

2011年12月16日

名称	单位	数量	原始价值	已提折扣	预计使用时间	已使用时间	协商作价	备注
电机	台	1	50 000	10 000	4年	1年	38 000	不需用

拨售单位：湖北潜江公司

40

固定资产报废单

2011年12月17日

报废固定资产的名称 一号仓库　规格 平方米　用途 存放材料

报废固定资产的存放地点 ____　保管或使用部门 基本生产车间

开始使用日期 2003年6月1日　原值 10万元　已提折旧 8万元　已进行大修理次数 2次

现在技术状况和报废原因 因厂房改建提前报废

申请报废部门 一号仓库　负责人 程大海

技术鉴定结论 经鉴定已无法继续使用，建议给予报废处理。

鉴定部门 生产设备部　负责人 吴明　鉴定人 吴明　胡立

最后结论

同意报废。

企业负责人 张建一

41 昆明西南公司传真：

本月11日从贵公司购入的一批仪表盘外观存在一些刮痕，要求给予销售折让。

西南公司

2011年12月17日

海天公司处理意见：

经公司业务经理认定，同意给予2%的折让。

朱子规

2011年12月17日

42

浙江增值税专用发票

发票联

0023320044 №**00126111**

开票日期：2011年12月18日

国税函[2010]102号 东山国利实业公司

购货单位	名称：海天有限责任公司 纳税人识别号：350602004575888 地址、电话：东山市康元路162号 0130-55374151 开户行及账号：市工商银行 160103175500100922				密码区	（略）		
货物或应税劳务名称		规格型号	单位	数量	单价	金额	税率	税额
橡胶盘			千克	500	55.60	27 800	17%	4 726
弹簧圈			千克	400	38.00	15 200	17%	2 584
空心线材			千克	500	23.00	11 500	17%	1 955
安装备件			件	100	15.40	1 540	17%	261.80
价税合计（大写）		陆万伍仟伍佰陆拾陆元捌角整						¥65 566.80
销货单位	名称：东山市万象物资公司 纳税人识别号：122100034633380 地址、电话：上塘路2号 0130-65602677 开户行及账号：市工商银行 120303138775002477 32				备注	东山市万象物资公司 122100034633380 发票专用章		

收款人： 复核：袁 鸣 开票人：王 成 销货单位：（章）

第二联：发票联 购货方记账凭证

43—1

江苏增值税专用发票

发票联

0012327708 №**000106333**

开票日期：2011年12月18日

国税函[2010]102号 舞阳国利实业公司

购货单位	名称：海天有限责任公司 纳税人识别号：350602004575888 地址、电话：东山市康元路162号 0130-55374151 开户行及账号：市工商银行 160103175500100922				密码区	（略）		
货物或应税劳务名称		规格型号	单位	数量	单价	金额	税率	税额
橡胶盘			千克	100	53.00	5 300	17%	901
弹簧圈			千克	500	36.00	18 000	17%	3 060
空心线材			千克	100	20.00	2 000	17%	340
安装备件			件	100	13.40	1 340	17%	227.80
价税合计（大写）		叁万壹仟壹佰陆拾捌元捌角整						¥31 168.80
销货单位	名称：舞阳市物资有限责任公司 纳税人识别号：132100034632100 地址、电话：西环路7号 0023-85602099 开户行及账号：市工商银行 120303138775002477 32				备注	舞阳市物资有限责任公司 132100034632100 发票专用章		

收款人： 复核：肖小燕 开票人：陈 丽 销货单位：（章）

第二联：发票联 购货方记账凭证

43—2

公路、内河货物运输业统一发票

发票联

国家税务总局监制

备查号：　　　　发票代码：137030411100

开票日期　2011 年 12 月 18 日　　　　发票号码：00012851

<table>
<tr><td>机打代码
机打号码
机器编号</td><td colspan="2">137030411100
00012851</td><td>税控码</td><td colspan="2">（略）</td></tr>
<tr><td>收货人及纳
税人识别号</td><td colspan="2">东山海天有限责任公司
350602004575888</td><td>承运人及纳
税人识别号</td><td colspan="2">舞阳货物运输公司
100805001373301</td></tr>
<tr><td>发货人及纳
税人识别号</td><td colspan="2">舞阳市物资有限责任公司
132100034632100</td><td>主管税务
机关及代码</td><td colspan="2">137030502</td></tr>
<tr><td>运输项目及金额</td><td colspan="2">货物名称　数量　运费金额
橡胶盘　100 千克
弹簧圈　500 千克
空心线材　100 千克
安装备件　100 件</td><td>其他项目及金额</td><td></td><td>备注（手写无效）
舞阳货物运输公司
100805001373301
发票专用章
代开单位盖章</td></tr>
<tr><td>运费小计</td><td colspan="2">¥2 000.00</td><td>其他费用小计</td><td colspan="2"></td></tr>
<tr><td colspan="6">合计（大写）贰仟元整　　　　（小写）¥2 000.00</td></tr>
<tr><td>代开单位
及代码</td><td colspan="2"></td><td>扣缴税额、税率
完税凭证号码</td><td colspan="2"></td></tr>
</table>

收款人：　　　复核：　　　开票人：陈小同　　　货运单位：（章）

第二联：发票联　付款方记账凭证

43—3

材料采购运杂费分配表

2011 年 12 月 18 日

发货单位				
材料名称	重　　量	分配率	分配金额	备　　注
合　　计				

会计主管　　　　复核　　　　制表

46—1

托收承付结算全部（部分）拒绝付款理由书 4

拒付日期 2011 年 12 月 19 日 原托收号码：

<table>
<tr><td rowspan="3">付款人</td><td>全称</td><td colspan="3">武汉江丰有限责任公司</td><td rowspan="3">收款人</td><td>全称</td><td colspan="3">海天有限责任公司</td></tr>
<tr><td>账号或地址</td><td colspan="3">25001229335000 5178</td><td>账号</td><td colspan="3">160103175500100922</td></tr>
<tr><td>开户银行</td><td>工行武汉分行</td><td>行号</td><td>32709</td><td>开户银行</td><td>工行东山分行</td><td>行号</td><td>24123</td></tr>
<tr><td>托收金额</td><td colspan="2">￥926 715.00</td><td>拒付金额</td><td colspan="2">￥29 065.00</td><td>部分付款金额</td><td colspan="3">千 百 十 万 千 百 十 元 角 分
￥ 8 9 7 6 5 0 0 0</td></tr>
<tr><td colspan="2">附寄单证</td><td>2 张</td><td colspan="2">部分付款金额（大写）</td><td colspan="5">捌拾玖万柒仟陆佰伍拾元整</td></tr>
<tr><td colspan="4">拒付理由：
经验收多发减震器 50 件。</td><td colspan="6">备注：</td></tr>
</table>

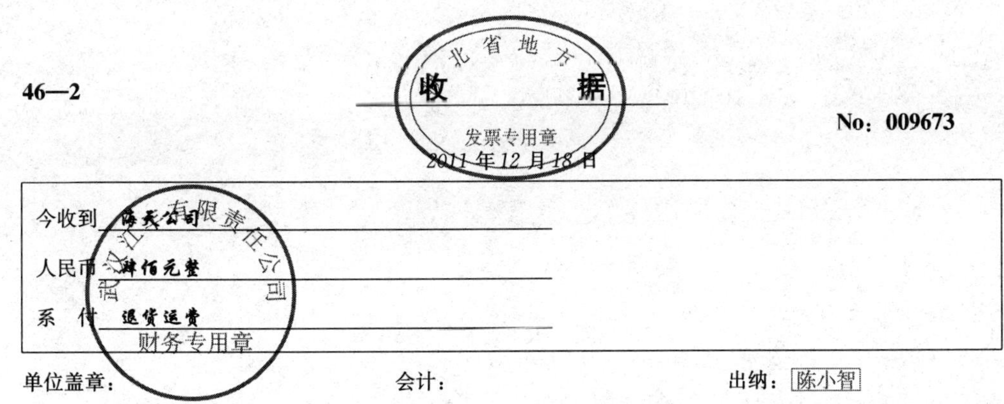

46—2

收据

No：009673

2011 年 12 月 18 日

今收到 海天公司

人民币 肆佰元整

系 付 退货运费

单位盖章： 会计： 出纳：陈小智

47—1

山东增值税专用发票

发票联

0092325503 № 000204321

开票日期：2011年12月19日

国税函[2010]102号 山东国利实业公司

购货单位	名称：海天有限责任公司 纳税人识别号：350602004575888 地址、电话：东山市康元路162号 0130-55374151 开户行及账号：市工商银行 160103175500100922	密码区	（略）

货物或应税劳务名称	规格型号	单位	数量	单价	金额	税率	税额
橡胶盘		千克	300	54.50	16 350	17%	2 779.50
弹簧圈		千克	300	36.00	10 800	17%	1 836.00
空心线材		千克	200	22.50	4 500	17%	765.00
安装备件		件	200	14.00	2 800	17%	476.00
价税合计（大写）	肆万零叁佰零陆元伍角整						￥40 306.50

销货单位	名称：山东富源物资有限责任公司 纳税人识别号：162100034632177 地址、电话：济安路27号 0221-85603826 开户行及账号：市工商银行 12030313877500247732	备注	山东富源物资有限责任公司 162100034632177 发票专用章

收款人： 复核：裴小燕 开票人：杨丽 销货单位：（章）

第二联：发票联 购货方记账凭证

47—2

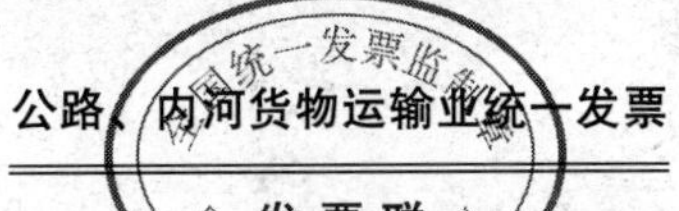

公路、内河货物运输业统一发票

发票联

备查号： 发票代码：107030412485

开票日期：2011年12月19日 发票号码：00015836

机打代码 机打号码 机器编号	107030412485 00015836	税控码	（略）
收货人及纳税人识别号	东山海天有限责任公司 350602004575888	承运人及纳税人识别号	山东货物运输公司 100805001373301
发货人及纳税人识别号	富源物资有限责任公司 162100034632177	主管税务机关及代码	137030502

运输项目及金额	货物名称	数量	运费金额	其他项目及金额	备注（手写无效）
	橡胶盘	300 千克			山东货物运输公司
	弹簧圈	300 千克			100805001373301
	空心线材	200 千克			发票专用章
	安装备件	200 件			代开单位盖章
运费小计	￥3 500.00			其他费用小计	
合计（大写）叁仟伍佰元整					（小写）￥3 500.00
代开单位及代码				扣缴税额、税率完税凭证号码	

收款人： 复核： 开票人：王飞飞 货运单位：（章）

第二联：发票联 付款方记账凭证

47—3

材料采购运杂费分配表

2011 年 12 月 19 日

发货单位				
材料名称	重　量	分配率	分配金额	备　注
合　计				

会计主管　　复核　　制表

47—4

代垫费用清单 1

第 82 号

日期：2011 年 12 月 19 日

单位名称	山东富源物资有限责任公司	代垫费用项目	运费
金　额	人民币（大写）壹仟捌佰元整　¥1 800.00		
内容：退回橡胶盘 300 千克，弹簧圈 300 千克，东山至山东汽车运费。		附单据	2 张
备注：			

①代垫方记账

主管　　会计　　复核　　制单 王秋红

48—1

吉林增值税专用发票

发票联

0009327733　　№ 000678876

开票日期：2011 年 12 月 19 日

国税函[2010]102 号　长春佳国实业公司

购货单位	名称：海天有限责任公司 纳税人识别号：350602004575888 地址、电话：东山市康元路 162 号 0130-55374151 开户行及账号：市工商银行 160103175500100922			密码区	（略）		
货物或应税劳务名称	规格型号	单位	数量	单价	金额	税率	税额
运输车	5 吨	辆	1	218 000.00	218 000.00	17%	37 060
价税合计（大写）	贰拾伍万伍仟零陆拾元整						¥255 060.00
销货单位	名称：长春汽车销售服务公司 纳税人识别号：1301000346333890 地址、电话：太安路 8 号 0121-85607743 开户行及账号：市工商银行 1203031387750024773 2			备注	长春汽车销售服务公司 1301000346333890 发票专用章		

第二联：发票联　购货方记账凭证

收款人：　　复核：张小利　　开票人：王春红　　销货单位：（章）

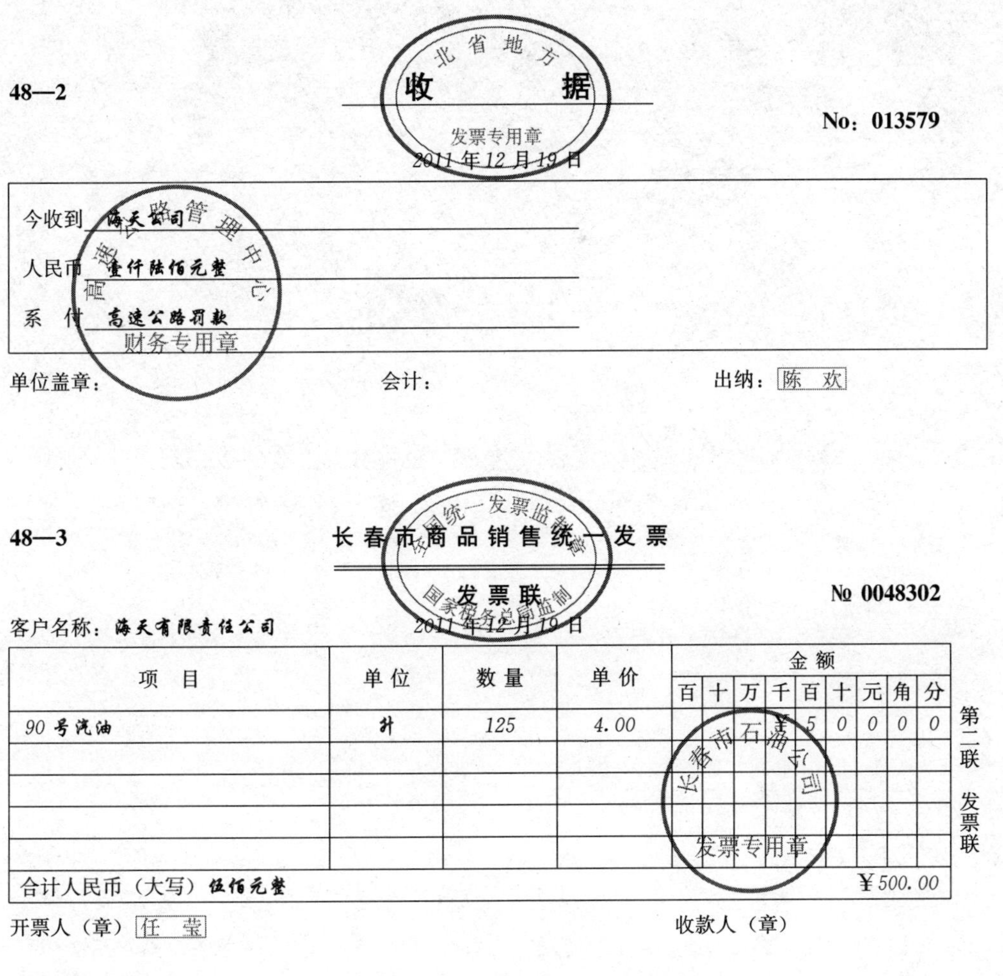

48—2

收　据

No：013579

2011年12月19日

今收到　海天公司

人民币　壹仟陆佰元整

系　付　高速公路罚款

单位盖章：　　会计：　　出纳：陈　欢

48—3

长春市商品销售统一发票

发票联

№ 0048302

客户名称：海天有限责任公司　　2011年12月19日

项　目	单位	数量	单价	金额 百	十	万	千	百	十	元	角	分
90号汽油	升	125	4.00				¥	5	0	0	0	0
合计人民币（大写）伍佰元整									¥500.00			

第二联　发票联

开票人（章）任　莹　　收款人（章）

49

中国工商银行　转账支票

支票编号	X　Ⅱ 00154160

出票日期　2011年12月19日

付款人	全　称	永康公司		收款人	全　称	海天公司	
	账号或地址	180100112200100888			账号或地址	160103175500100922	
	开户银行	工行东山分行	行号 25129		开户银行	工行东山分行	行号 25123

托收金额	人民币（大写）陆拾玖万元整	亿	千	百	十	万	千	百	十	元	角	分
				¥	6	9	0	0	0	0	0	0

摘要	永康公司财务专用章　张坤　李明　（银行盖章）	科目（贷）……………… 对方科目（借）……………… 复核　记账　制票

50 **中国工商银行 银行汇票余额退回单 2** 第 0152 号

出票日期 2011 年 12 月 22 日

付款人	海天有限责任公司	收款人	海天有限责任公司
账号或住址	160103175500100922	账号或住址	160103175500100922
用途	退回货款	代理付款行	
汇票金额	人民币（大写）肆万肆仟玖佰肆拾元整	千 百 十 万 千 百 十 元 角 分	¥ 4 4 9 4 0 0 0
备注		科目______ 对方科目______ 财务主管 复核 经办	

此联收款人留存

电脑打印 手工无效

52 **中国工商银行 转账支票**

出票日期 2011 年 12 月 22 日

支票编号 X Ⅱ 00154160

付款人	全称	大通公司			收款人	全称	海天公司		
	账号或地址	17010011220015763021				账号或地址	160103175500100922		
	开户银行	工行东山分行	行号	25129		开户银行	工行东山分行	行号	25123

托收金额	人民币（大写）壹万肆仟陆佰贰拾伍元整	亿	千	百	十	万	千	百	十	元	角	分
					¥	1	4	6	2	5	0	0

摘要	大通公司 财务专用章 金小天 张红 （银行盖章）	科目（贷）______ 对方科目（借）______ 复核 记账 制票

53

浙江增值税专用发票

发票联

0023323307　　　　　　　　　　№ 001125534

开票日期：2011年12月22日

国税函[2010]102号 东山万佳实业公司

购货单位	名　　称：海天有限责任公司 纳税人识别号：350602004575888 地址、电话：东山市康元路162号 0130-55374151 开户行及账号：市工商银行 160103175500100922				密码区	（略）	
货物或应税劳务名称	规格型号	单位	数量	单价	金额	税率	税额
包装木箱		个	200	570.00	114 000.00	17%	19 380
价税合计（大写）	壹拾叁万叁仟叁佰捌拾元整						￥133 380.00
销货单位	名　　称：东山市包装用品有限责任公司 纳税人识别号：120100034632255670 地址、电话：大义路87号 0130-85603304 开户行及账号：市工商银行 120303138775002477732				备注	东山市包装用品有限责任公司 120100034632255670 发票专用章	

收款人：　　　复核：夏小利　　　开票人：王非非　　　销货单位：（章）

第二联：发票联 购货方记账凭证

54—1

公司董事会决议（摘要）

根据公司实际，决定购买3年期一次还本、分次付息、票面利率为2.4%的凭证式国库券20万元，每年12月1日收到国库券利息一次，按面值购入，从2013年1月1日起开始计息。

海天公司董事会

2011年12月22日

54—2

有价证券代保管单

№ 2001008

2011年12月22日

申请保管人	海天有限责任公司	单位及电话	0130-55374151								保管明细表		
面值总额	（大写）贰拾万元整		十	万	千	百	十	元	角	分	名称	张数	面值
			2	0	0	0	0	0	0	0			
保管期限											国库券	4	￥50 000
保管费率‰		保管费											
备注： 1. 一年为一个保管期，不足一年按一年收费，逾期不足一年，逾期时间按一年算。 2. 本保管单不得流通、抵押、转让。 3. “名称”栏内应注明何种债券及具体发债单位。 4. 提取证券时凭身份证办理。			受托单位： 经办员： 复核员： （东山市证券公司 发票专用章）										

55

中国工商银行东山分行利息借方传票

2011 年 12 月 23 日　　传票编号

付款人	全称	海天有限责任公司			收款人	全称	工行东山分行		
	账号或地址	160103175500100922				账号或地址	180100112200100001		
	开户银行	工行东山分行	行号	25123		开户银行	工行东山分行	行号	25123

托收金额	人民币（大写）壹万捌仟元整	亿	千	百	十	万	千	百	十	元	角	分
					¥	1	8	0	0	0	0	0

摘要	（银行盖章）	科目（贷） 对方科目（借） 复核　记账　制票

代贷方传票或支款通知 附件 张

56

中国工商银行 转账支票

出票日期 2011 年 12 月 23 日　　支票编号 X Ⅱ 00154198

付款人	全称	新华机械厂			收款人	全称	海天公司		
	账号或地址	140100112200133462				账号或地址	160103175500100922		
	开户银行	工行东山分行	行号	25129		开户银行	工行东山分行	行号	25123

托收金额	人民币（大写）肆万元整	亿	千	百	十	万	千	百	十	元	角	分
					¥	4	0	0	0	0	0	0

摘要	新华机械厂 财务专用章　王立　陈小明 （银行盖章）	科目（贷） 对方科目（借） 复核　记账　制票

57

中国工商银行东海分行利息贷方传票

2011 年 12 月 23 日　　传票编号

付款人	全　称	工行东山分行			收款人	全　称	海天有限责任公司		
	账号或地址	180100112200100888				账号或地址	160103175500100922		
	开户银行	工行东山分行	行号	25123		开户银行	工行东山分行	行号	25123

托收金额	人民币（大写）壹仟捌佰元整	亿	千	百	十	万	千	百	十	元	角	分
						¥	1	8	0	0	0	0

摘要	（银行盖章）	科目（贷）…… 对方科目（借）…… 复核　　记账　　制票

代借方传票或收款通知 附件 张

59—1

东山市商品销售统一发票

发票联

（全国统一发票监制章 国家税务总局监制）

№ 1158430

客户名称：海天有限责任公司　　2011 年 12 月 24 日

项　目	单位	数量	单价	百	十	万	千	百	十	元	角	分
打印纸	本/16 开	100	8.00				¥	8	0	0	0	0
合计人民币（大写）　佰　拾　万⊗仟捌佰零元零角零分				¥800.00								

（东山市百货公司 发票专用章）

第二联　发票联

开票人（章）赵　玺　　　　收款人（章）

59—2

东山市服务业专用发票

发票联

（全国统一发票监制章 国家税务总局监制）

№ 1776709

单位：海天有限责任公司　　2011 年 12 月 24 日

项　目	单位	数量	单价	百	十	万	千	百	十	元	角	分
餐费							¥	1	5	6	0	0	0
合计人民币（大写）　佰　拾⊗万壹仟伍佰陆拾零元零角零分				¥1 560.00								
开票单位	天海酒店	开户银行	工行东山分行	账号	18010010112220956	备注						

（东山市天海酒店 发票专用章）

第二联　发票联

收款人　　复核　　开票人 李　明　　服务单位（章）

59—3

东山市商品销售统一发票

发票联

№ 1148579

客户名称：海天有限责任公司　　　　2011 年 12 月 24 日

项目	单位	数量	单价	金额 百	十	万	千	百	十	元	角	分
食品						¥	2	7	9	9	0	0
合计人民币（大写）　佰　拾⊗万贰仟柒佰玖拾玖元零角零分				¥2 799.00								

第二联　发票联

东山市百货公司　发票专用章

开票人（章）张　红　　　　收款人（章）

60—1

中国工商银行　转账支票

出票日期　2011 年 12 月 24 日

支票编号	X　Ⅱ 00154198

付款人	全称	新华机械厂		收款人	全称	海天公司
	账号或地址	140100112200133462			账号或地址	160103175500100922
	开户银行	工行东山分行	行号 25129		开户银行	工行东山分行　行号 25123

托收金额	人民币（大写）	亿	千	百	十	万	千	百	十	元	角	分
	壹万伍仟元整			¥	1	5	0	0	0	0	0	0

摘要	新华机械厂 财务专用章　王　立　陈小明（银行盖章）	科目（贷）…… 对方科目（借）…… 复核　　记账　　制票

60—2

海天公司固定资产出租单

2011 年 12 月 24 日

名称	单位	数量	原始价值	合同规定租赁时间	月租金	支付方式	备注
仓库	平方米	300	300 000	18 个月	60 000 元	按季预付	

租赁单位：新华机械厂

61

固定资产报废单

2011 年 12 月 24 日

报废固定资产的名称 包装箱　规格　用途 包装产品

报废固定资产的存放地点　保管或使用部门 出租包装物

开始使用日期 2011 年 10 月 12 日　原值 6 000 元　已提折旧　已进行大修理次数

现在技术状况和报废原因 因出租收回后报废

申请报废部门 仓库　负责人 程大海

技术鉴定结论 经鉴定已无法继续使用，建议给予报废处理。

鉴定部门 仓库　负责人 吴明　鉴定人 吴明　胡立

最后结论

同意报废。

企业负责人 张建一

62

东山市服务业专用发票

发票联

№ 1793577

单位：海天有限责任公司　2011 年 12 月 24 日

项目	单位	数量	单价	金额 百	十	万	千	百	十	元	角	分
餐费						¥	4	2	8	4	0	0
合计人民币（大写）肆万贰仟捌佰肆拾零元零角零分				¥42 840.00								
开票单位 紫金酒店	开户银行 工行东山分行	账号 18010010112220956		备注								

第二联 发票联

收款人　复核　开票人 李明　服务单位（章）

63

代垫费用清单 1

第 83 号

日期：2011 年 12 月 24 日

单位名称	沈阳伟星有限责任公司	代垫费用项目	运费
金额	人民币（大写）贰仟元整　¥2 000.00		
内容：销售减震器 700 件，仪表盘 700 件，东山至沈阳汽车运费。		附单据	2 张
备注：			

①代垫方记账

主管　会计　复核　制单 王小红

64

银行承兑汇票 2

汇票号码

出票日期 2011 年 12 月 24 日

第　号

出票人全称	上海华联有限责任公司			收款人	全称	海天有限责任公司		
出票人账号	250012293350005178				账号	160103175500100922		
付款行全称	工行上海景中分行	行号	22036		开户行	工行东山分行	行号	25123

汇票金额	人民币（大写）壹佰柒拾玖万零叁拾元整	千	百	十	万	千	百	十	元	角	分
		¥	1	7	9	0	0	3	0	0	0

汇票到期日	2012 年 2 月 23 日	本汇票已经承兑，到期日由本行付款 承兑行签章 2011.12.24 转讫（1） 承兑日期　年　月　日	承兑协议编号	086
请你行承兑，到期无条件付款 上海华联有限责任公司财务专用章　叶晓伟印　林志颖印 出票人签章 2011 年 12 月 24 日			科目（借） 对方科目（贷） 转账　年　月　日 复核　记账	

此联是收款人开户行随委托收款凭证寄付款行作借方凭证

65

东山市商品销售统一发票

发票联

№ 118579

客户名称：海天有限责任公司　　2011 年 12 月 25 日

项目	单位	数量	单价	百	十	万	千	百	十	元	角	分
水果、海鲜					¥	2	2	4	6	7	2	5
合计人民币（大写）贰万贰仟肆佰陆拾柒元贰角伍分				¥22 467.25								

第二联　发票联

开票人（章）李红　　收款人（章）

东山市好又多商贩店 发票专用章

66

浙江增值税专用发票

发票联

0023320044　　　　　　　　　　№ 000126111

开票日期：2011年12月25日

国税函[2010]102号　东山国利实业公司

购货单位	名称：海天有限责任公司 纳税人识别号：350602004575888 地址、电话：东山市康元路162号 0130-55374151 开户行及账号：市工商银行 160103175500100922				密码区	（略）		
货物或应税劳务名称	规格型号	单位	数量	单价	金额	税率	税额	
焊条		千克	1 000	7.50	7 500	17%	1 275.00	
砂布		千克	500	3.60	1 800	17%	306.00	
螺丝螺帽		千克	500	4.70	2 350	17%	399.50	
价税合计（大写）	壹万叁仟陆佰叁拾元伍角整						￥13 630.50	
销货单位	名称：东山市常化五金公司 纳税人识别号：132100034622100 地址、电话：池塘路12号 0130-65602003 开户行及账号：市工商银行 120303138775002477322				备注	东山市常化五金公司 1321000346221000 发票专用章		

收款人：　　复核：袁燕　　开票人：王小华　　销货单位：（章）

第二联：发票联　购货方记账凭证

67

收据

第二联　交款单位

No：010248

2011年12月25日

今收到 海天公司

人民币 壹仟叁佰伍拾元整

系　付 2005年报刊款

（东山市邮政局 财务专用章）

单位盖章：　　会计：　　出纳：王欢

68

中国工商银行　银行汇票1　第0139号

出票日期 2011年12月25日

付款人	湖北潜江有限责任公司	收款人	海天有限责任公司
账号或住址	180100112200100888	账号或住址	160103175500100922
用途	预付货款	代理付款行	
汇票金额	人民币（大写）壹佰万元整	千 百 十 万 千 百 十 元 角 分	￥ 1 0 0 0 0 0 0 0 0
备注		科目______ 对方科目______ 财务主管　　复核　　经办	

此联收款人留存

电脑打印　手工无效

69—1

中国工商银行东海分行贷方传票

2011年12月25日 传票编号

<table>
<tr><td rowspan="3">付款人</td><td>全　称</td><td colspan="3">工行东山分行</td><td rowspan="3">收款人</td><td>全　称</td><td colspan="3">海天有限责任公司</td></tr>
<tr><td>账号或地址</td><td colspan="3">180100112200100888</td><td>账号或地址</td><td colspan="3">160103175500100922</td></tr>
<tr><td>开户银行</td><td>工行东山分行</td><td>行号</td><td>25123</td><td>开户银行</td><td>工行东山分行</td><td>行号</td><td>25123</td></tr>
<tr><td>托收金额</td><td colspan="4">人民币（大写） 叁拾玖万元整</td><td colspan="5">亿 千 百 十 万 千 百 十 元 角 分
¥ 3 9 0 0 0 0 0 0</td></tr>
<tr><td>摘要</td><td colspan="4">（银行盖章）</td><td colspan="5">科目（贷）
对方科目（借）
复核　记账　制票</td></tr>
</table>

代借方传票或收款通知 附件 张

69—2

中国工商银行东山分行利息借方传票

2011年12月25日 传票编号

<table>
<tr><td rowspan="3">付款人</td><td>全　称</td><td colspan="3">海天有限责任公司</td><td rowspan="3">收款人</td><td>全　称</td><td colspan="3">工行东山分行</td></tr>
<tr><td>账号或地址</td><td colspan="3">160103175500100922</td><td>账号或地址</td><td colspan="3">180100112200100001</td></tr>
<tr><td>开户银行</td><td>工行东山分行</td><td>行号</td><td>25123</td><td>开户银行</td><td>工行南海分行</td><td>行号</td><td>25123</td></tr>
<tr><td>托收金额</td><td colspan="4">人民币（大写） 壹万元整</td><td colspan="5">亿 千 百 十 万 千 百 十 元 角 分
¥ 1 0 0 0 0 0 0</td></tr>
<tr><td>摘要</td><td colspan="4">（银行盖章）</td><td colspan="5">科目（贷）
对方科目（借）
复核　记账　制票</td></tr>
</table>

代贷方传票或支款通知 附件 张

70

代售有价证券款 保管单

№ 00765490

2011 年 12 月 25 日

申请保管人	海天有限责任公司	单位及电话	0130-55374151	代售证券明细表		
面值总额	（大写）贰拾万玖仟陆佰柒拾元整		十万千百十元角分 2 0 9 6 7 0 0 0	名称	张数	面值
保管期限				银河钢铁股票	2 万股	20 000
保管费率‰		保管费				
备注： 1. 一年为一个保管期，不足一年按一年收费，逾期不足一年，逾期时间按一年算。 2. 本保管单不得流通、抵押、转让。 3. “名称”栏内应注明何种债券及具体发债单位。 4. 提取证券时凭身份证办理。			受托单位： 经办员： 复核员：			

71—1

上海增值税专用发票

发票联

0001326688

№ 0001722330

开票日期：2011 年 12 月 25 日

购货单位	名称：海天有限责任公司 纳税人识别号：350602004575888 地址、电话：东山市康元路 162 号 0130-55374151 开户行及账号：市工商银行 160103175500100922				密码区	（略）		
货物或应税劳务名称	规格型号	单位	数量	单价	金额	税率	税额	
轿车		辆	1	23.08 万元	230 800.00	17%	39 236.00	
价税合计（大写）	贰拾柒万零叁拾陆元整					¥270 360.00		
销货单位	名称：上海通用汽车销售服务公司 纳税人识别号：1001000346222770 地址、电话：浦东路 18 号 021-85601111 开户行及账号：市工商银行 1203031387750024773 2				备注	上海通用汽车销售服务公司 1001000346222770 发票专用章		

收款人： 复核：张华利 开票人：李小丽 销货单位：（章）

国税函[2010]102号 上海佳国实业公司

第二联：发票联 购货方记账凭证

71—2 **中国工商银行人行电子联行电划贷方补充报单（第三联）**

工行东山市运行分中心城区核算组 2011 年 12 月 25 日 凭证编号：330

<table>
<tr><td>汇出行行号</td><td>23435</td><td>汇入行行号</td><td>25123</td><td>凭证提交号</td><td colspan="2">38127899</td></tr>
<tr><td rowspan="3">付款人</td><td>账号</td><td colspan="2">1001000346222770</td><td rowspan="3">收款人</td><td>账号</td><td>160103175500100922</td></tr>
<tr><td>名称</td><td colspan="2">上海通用汽车销售服务公司</td><td>名称</td><td>海天有限责任公司</td></tr>
<tr><td></td><td colspan="2"></td><td></td><td></td></tr>
<tr><td colspan="2">金额大写</td><td colspan="2">肆万玖仟元整</td><td colspan="2">金　额</td><td>49 000.00</td></tr>
<tr><td colspan="2">事　由</td><td colspan="2">货款</td><td colspan="3">应解汇款编号：</td></tr>
<tr><td colspan="2">上列款项已代进账，如有误，请持此联来行商洽。
此致</td><td colspan="2">（银 行 盖 章）</td><td colspan="3">科　目（贷）________
对方科目（借）________
解汇日期：2011 年 12 月 25 日
复核：　记账：　出纳：</td></tr>
</table>

（此联送收款人代收款通知或取款收据） 电脑打印 手工无效

72—1

固定资产报废单

2011 年 12 月 26 日

报废固定资产的名称 东风 5 吨运输车 规格________ 用途________

报废固定资产的存放地点________ 保管或使用部门________

开始使用日期 2009 年 1 月 12 日 原值 200 000 元 已提折旧 90 000 元 已进行大修理次数____

现在技术状况和报废原因 因交通事故报废

申请报废部门________ 负责人 程大海

技术鉴定结论 经鉴定已无法继续使用，建议给予报废处理。

鉴定部门________ 负责人 程 明 鉴定人 程 明 李 立

最后结论

同意报废。

企业负责人 张建一

72—2

东山废旧物资回收公司 3

收购凭证

№ 02021413

出售单位：海天有限责任公司　　2011 年 12 月 26 日

物资名称	规格	单位	数量	单价	金额							
					十	万	千	百	十	元	角	分
东风 5 吨运输车		辆	1	7 000.00		¥	7	0	0	0	0	0
合计						¥	7	0	0	0	0	0
人民币（大写） 柒仟元整					¥ 7 000.00							

出售人留存

东山废旧物资回收公司收购专用章

单位：　主管：　会计：　付款：　复核：　开票：周德标

73

中国工商银行东山分行利息借方传票

2011 年 12 月 26 日　　传票编号

付款人	全称	海天有限责任公司			收款人	全称	工行东山分行		
	账号或地址	160103175500100922				账号或地址	180100112200100001		
	开户银行	工行东山分行	行号	25123		开户银行	工行东山分行	行号	25123

托收金额	人民币（大写） 叁万陆仟元整	亿	千	百	十	万	千	百	十	元	角	分
					¥	3	6	0	0	0	0	0

摘要		
	（银行盖章）	科目（贷）…… 对方科目（借）…… 复核　记账　制票

代贷方传票或支款通知　附件　张

74

东山市商品销售统一发票

发票联

№ 2248570

客户名称：海天有限责任公司　　2011年12月26日

项目	单位	数量	单价	金额 百	十	万	千	百	十	元	角	分
衣柜	套	30			¥	1	1	0	0	0	0	0
盥洗设备	套	100		¥	1	5	0	0	0	0	0	0
合计人民币（大写）壹拾陆万壹仟元整				¥161 000.00								

东山市家具大世界 发票专用章

第二联　发票联

开票人（章）张丽红　　收款人（章）

77

中国工商银行转账支票

出票日期　2011年12月29日

支票编号　X Ⅱ 00163274

付款人	全称	商业公司	收款人	全称	海天公司	
	账号或地址	130100112200100779		账号或地址	160103175500100922	
	开户银行	工行东山分行　行号 25129		开户银行	工行东山分行	行号 25123

托收金额	人民币（大写）伍仟元整	亿	千	百	十	万	千	百	十	元	角	分
						¥	5	0	0	0	0	0

摘要	
东山市商业公司 财务专用章　王金祥　陈红明（银行盖章）	科目（贷）…… 对方科目（借）…… 复核　　记账　　制票

78

东山市人民医院医疗费汇总结算单

2011 年 12 月 29 日　　　　No 42486

单　位	海天机械制造加工有限责任公司	医疗合同号	225
医疗人次	12 人次	联单张数	25 张
医疗费总计	人民币（大写）叁仟玖佰肆拾元整		
		东山市人民医院（公章）	

附件略

主管　　　　会计　　　　制单 周晓红

82

待摊费用分配表

2011 年 12 月 31 日

车间或部门	房屋租赁费	财产保险费	广告费
基本生产车间			
动力车间			
机修车间			
管理部门			
业务部门			
合　计			

会计　　　　复核　　　　制表

84

坏账准备提取表

2011 年 12 月 31 日　　　　提取率：　‰

项　目	应收账款	坏账准备
年初结存金额		
年末结存金额及提取数		
本年应提坏账准备金额		

制单：

85—1

工资结算汇总表

单位：元

部 门	应付工资	代垫职工食堂伙食	个人负担养老保险	个人负担医疗保险	代交个人所得税
车间生产工人		（略）	（略）	（略）	（略）
车间管理人员					
机修车间					
动力车间					
公司管理部门					
浴室、医务室					
一号厂房改建工程管理人员					
合计					

制单：

85—2

产品产量及耗用工时记录表

产 品	工时（机器小时）	产 量
减震器		
仪表盘		
合 计		

制单：

85—3

工资费用分配表

分配对象	分配标准	分 配 率	分 配 额
仪表盘			
减震器			
合 计			

制单：

85—4 工资费用分配汇总表

应借账户		应贷账户	
总分类账户	明细分类账户	应付工资	应付福利费
基本生产成本	仪表盘		
	减震器		
辅助生产成本	机修车间		
	动力车间		
制造费用			
管理费用			
应付福利费			
在建工程			
合　计			

制单：

87—1 工会经费计算表

2011年12月31日

月　份	工资总额	提取率	应拨工会经费额
12			

制单：

87—2 职工教育经费计算表

2011年12月31日

月　份	工资总额	提取率	应提取职工教育费
12			

制单：

88

月末材料成本差异率计算表

2011年12月

总账科目	明细科目	借方差异（超支）	贷方差异（节约）	差异率（%）
物资采购	原材料			
	包装物			
	低耗品及辅材			
合　计				

制单：

89

材料盘盈（亏）报告表

仓库：3号材料仓库　　2011年12月31日　　差异率：

品　名	单　位	计划单价	数　量		金　额	原因及处理
			盘　盈	盘　亏		
橡胶盘	千克					
安装备件	千克					
合　计						

主管　　会计　　仓库负责人　　保管

90—1

原料及主要材料发料数量记录表

总账科目	明细科目	橡胶盘	弹簧圈	空心线材	安装备件	辅助材料	包装物
生产成本——基本生产成本	仪表盘						
	减震器						
生产成本——辅助生产成本	动力车间						
	机修车间						
制造费用	物料消耗						
管理费用	公司经费						
其他业务支出	材料销售						
营业费用	物料消耗						
在建工程	一号厂房改建工程						
合　计							

制单：

90—2

发料凭证分配汇总表

单位：元

总账科目	明细科目	原料及主要材料计划成本	辅助材料计划成本	包装物	材料成本差异	总　计
生产成本——基本生产成本	仪表盘					
	减震器					
生产成本——辅助生产成本	动力车间					
	机修车间					
制造费用	物料消耗					
管理费用	公司经费					
其他业务支出	材料销售					
营业费用	物料消耗					
在建工程	一号厂房改建工程					
合　　计						

（原材料成本差异率________；包装物成本差异率________；辅材及低耗品成本差异率________。）

制单：

91—1

东山市电力公司电费结算通知单

单　　位	用电量（度）	类　　型（单价）	工业用电（金额）	月　　份
海天公司				12 月份
电表起讫数码	33 081	1.40	46 313.40	
金额人民币（大写）				

东山市电力公司财务专用章

主管　　　　　　　　复核　　　　　　　　经办

91—2

外购动力费分配表

产品、部门、项目	产 量（件）	单位消耗定额（度）	定额耗用量（度）	分 配 率	应分配金额
仪表盘					
减震器					
动力车间					
机修车间					
基本生产车间					
管理部门					
在建工程					
浴室和医务室					
合　　计					

制单：

91—3

东山市供水公司水费结算通知单

单　位	海天公司		计费月份	12月份
水表起讫数码	用水量（立方米）	单　价	金　额	备　注
354678-3366974	12 296	1.50	18 444.00	
金额人民币（大写）				

主管　　　　复核　　　　经办

91—4

东山市财政局排水设施有偿使用收据

单　位	海天公司				计费月份	12月份
水表起讫数码	用水量（立方米）	折排水量80%	单　价	金　额		备　注
354678-3366974	12 296		0.50	6 148.00		计入管理费用
金额人民币（大写）						

主管　　　　复核　　　　经办

91—5

水　费　分　配　表

部门、项目	耗用量（立方米）	分配率	应分配金额	备　注
动力车间				
机修车间				
基本生产车间				
管理部门				
在建工程				
浴室和医务室				
合　计				

制单：

92

固定资产折旧计算表

部门	固定资产类型	固定资产原值（元）	预计净残值率	使用年限	年折旧额（元）	月折旧额（元）
基本车间	房屋	5 140 000	5%	20		
	机床加工设备	2 695 540	3%	10		
	专用电子设备	2 200 400	3%	10		
	其他专用设备	270 300	3%	5		
	合　计	10 306 240				
机修车间	房屋	439 400	5%	20		
	机床加工设备	1 077 600	3%	10		
	其他专用设备	600 090	3%	5		
	合　计	2 117 090				
动力车间	房屋	609 000	5%	20		
	内燃发电组	1 055 900	3%	10		
	其他专用设备	865 000	3%	5		
	合　计	2 529 900				
管理部门房屋		1 700 000.00		15		
管理部门设备		521 875.00		5		
出租房屋		800 000.00		15		
不需用固定资产		. 47 093.00		5		
总　计		18 022 198.00				

制单：

93—1

辅助生产提供的劳务、作业量汇总表

部门＼项目	机修车间（机器小时）	动力车间（燃气度）
机修车间	—	200
运输车间	100	—
基本生产车间	700	12 000
管理部门	200	15 000
浴室	100	6 000
合计	1 100	33 200

制单：

93—2 **辅助生产费用分配表**

辅助生产车间	应分配费用	提供劳务总量	单位成本	各受益单位的受益数量和应分配费用					
				基本生产车间		管理部门		浴室	
				数量	金额	数量	金额	数量	金额
机修									
动力									
合计									

制单：

94 **基本生产车间制造费用分配表**

2011 年 12 月 31 日

分配对象	分配标准	分配率	应分配金额
仪表盘			
减震器			
合 计			

制单：

95—1 **生 产 情 况 报 告 表**

编报单位：基本生产车间 2011 年 12 月

产品名称	单 位	月 初在产品	本月投产	本月完工入库	月 末在产品	在产品完工程度
	件					
	件					
合 计						

说明：原材料均为一次投料。 制单：

95—2 **产 品 入 库 汇 总 表**

编报单位：成品仓库 2011 年 12 月

编 号	品 名	规 格	单 位	数 量	备 注
			件		
			件		

主管： 记账： 保管：

95—3

产品成本计算单

完工产品：

产品名称：　　2011 年 12 月　　在产品：　件　完工程度：

摘　要	成本项目			合　计
	直接材料	直接人工	制造费用	
月初在产品成本				

制单：

95—4

产品成本计算单

完工产品：

产品名称：　　2011 年 12 月　　在产品：　件　完工程度：

摘　要	成本项目			合　计
	直接材料	直接人工	制造费用	
月初在产品成本				

制单：

96

产品销售成本汇总表

2011 年 12 月 31 日

项　目	仪表盘		减震器		合　计
	数　量	金　额	数　量	金　额	
月初结存					
本月入库					
加权平均单价					
本月销售产品制造成本					

制单：

97

内 部 转 账 单

2011 年 12 月 31 日

摘 要	金 额	备 注
		经批准，“待处理财产损溢”账户按计量差错转销。
合 计		

制单：

98

内 部 转 账 单

2011 年 12 月 31 日

摘 要	金 额	备 注
		经批准，“固定资产清理”账户按正常报废损失转销。
合 计		

制单：

99—1

内 部 转 账 单

转账日期 2011 年 12 月 31 日　　No **04171**

摘 要	转 账 项 目	金 额
合 计		

制单：

99—2

内部转账单

转账日期 2011 年 12 月 31 日　　　　No 04172

摘要	转账项目	金额
合计		

制单：

99—3

内部转账单

转账日期 2011 年 12 月 31 日

摘要	金额
金额大写：	

制单：

100

利润分配计算表

2011 年 12 月 31 日

分配项目	分配依据	分配率	应分配金额
合计			

制单：

第三板块　财务会计制度范文

第一部分　会计工作制度

1　企业财务管理制度

第一章　总　则

第一条　为加强财务管理，规范财务工作，促进公司经营业务的发展，提高公司经济效益，根据国家有关财务管理法规、制度，结合公司实际情况，特制定本制度。

第二条　公司会计核算遵循权责发生制原则。

第三条　财务管理的基本任务和方法。

1. 筹集资金和有效使用资金，监督资金正常运行，维护资金安全，努力提高公司经济效益。

2. 做好财务管理基础工作，建立健全财务管理制度，认真做好财务收支的计划、控制、核算、分析和考核工作。

3. 加强财务核算的管理，提高会计信息的及时性和准确性。

4. 监督公司财产的构建、保管和使用，配合综合管理部门定期进行财产清查。

5. 按期编制各类会计报表和财务说明书，做好分析、考核工作。

第四条　财务管理是公司经营管理的一个重要方面，公司财务管理中心对财务管理工作负有组织、实施、检查的责任，财会人员要认真执行《会计法》，坚决按财务制度办事，并严守公司秘密。

第二章　财务管理的基础工作

第五条　加强原始凭证管理，做到制度化、规范化。原始凭证是公司发生的每项经营活动不可缺少的书面证明，是会计记录的主要依据。

第六条　公司应根据审核无误的原始凭证编制记账凭证。记账凭证的内容必须具备：填制凭证的日期、凭证编号、经济业务摘要、会计科目、金额、所附原始凭证张数、填制凭证人员，复核人员、会计主管人员签名或盖章。收款和付款记账凭证还应当由出纳人员签名或盖章。

第七条　健全会计核算，按照国家统一会计制度的规定和会计业务的需要设置会计账簿。会计核算应以实际发生的经济业务为依据，按照规定的会计处理方法进行，保证会计指标的口径一致、相互可比和会计处理方法前后一致。

第八条 做好会计审核工作，经办财会人员应认真审核每项业务的合法性、真实性、手续完整性和数据的准确性。编制会计凭证、报表时应经专人复核，重大事项应由财务负责人复核。

第九条 会计人员根据不同的账务内容采用定期对会计账簿记录的有关数字与库存实物、货币资金、有价证券、往来单位或个人等进行相互核对，保证账证相符、账实相符、账表相符。

第十条 建立会计档案，包括对会计凭证、会计账簿、会计报表和其他会计资料都应建立档案，按《会计档案管理办法》的规定进行保管和销毁。

第十一条 会计人员因工作变动或离职，必须将本人所经管的会计工作全部移交给接替人员。会计人员办理交接手续，必须有监交人负责监交，交接人员及监交人员应分别在交接清单上签字后，移交人员方可调离或离职。

第三章 资本金和负债管理

第十二条 资本金是公司经营的核心资本，必须加强资本金管理。公司筹集的资本金必须聘请中国注册会计师验资，并根据验资报告向投资者开具出资证明，并据此入账。

第十三条 经公司董事会提议、股东会批准，可以按章程规定增加资本，财务部门应及时调整实收资本。

第十四条 公司股东之间可相互转让其全部或部分出资，股东应按公司章程规定，向股东以外的人转让出资或购买其他股东转让的出资，财务部门应据实调整。

第十五条 公司以负债形式筹集资金，应当努力降低融资成本，同时应按月计提利息支出。

第十六条 加强应付账款和其他应付款的管理，及时核对余额，保证负债的真实性和准确性。凡1年以上应付而未付的款项应查找原因，对确实无法付出的应付款项报公司总经理批准后处理。

第十七条 公司对外担保业务，按公司规定的审批程序报批后，由财务管理中心登记后才能正式对外签发，财务管理中心据此纳入公司或有负债管理，在担保期满后及时督促有关业务部门撤销担保。

第四章 流动资产管理

第十八条 现金的管理，严格执行央行颁布的《现金管理暂行条例》，根据公司实际需要，合理核实现金的库存限额，超出限额部分要及时送存银行。

第十九条 严禁白条抵库和任意挪用现金，出纳人员必须每日结出现金日记账的账面余额，并与库存现金相核对，发现不符要及时查明原因。财务管理中心经理对库存现金进行定期或不定期检查，以保证现金的安全和完整。公司的一切现金收付都必须有合法的原始凭证。

第二十条 银行存款的管理，加强对银行账户及其他账户的保密工作，非因业务需要不准外泄，银行账户印鉴实行分管、并用制，不得一人统一保管使用。严禁在任何空白合同上加盖银行账户印鉴。

第二十一条 出纳人员要随时掌握银行存款余额，不准签发空头支票，不准将银行账户出借给任何单位和个人办理结算或套取现金。每月末要做好与银行的对账工作，并编制银行存款余额调节表，对未达账项进行分析，查找原因，并报财务部门负责人。

第二十二条 对应收账款，每季末做一次账龄和清收情况的分析，并报有关领导和分管业务部门，督促业务部门积极催收，避免形成坏账。

第二十三条 其他应收款的管理，应按账户分页记账。

第二十四条 短期投资的管理，短期投资是指一年内能够并准备变现的投资，短期投资必须在公司授权范围内进行，按现行财务制度规定记账、核算收入成本和损益。

第五章　长期资产管理

第二十五条 长期投资的管理。长期投资是指不准备在一年内变现的投资，分为股权投资和债权投资。公司进行长期投资应认真做好可行性分析和认证，按公司审批权限的规定批准后，由财务管理中心办理入账手续。公司对被投资单位没有实际控制权的长期投资采用成本法核算；拥有实际控制权的，采用权益法核算。

第二十六条 固定资产的管理。有下列情况之一的资产应纳入固定资产进行核算：

1. 使用期限在1年以上的房屋、建筑物、机器、机械、运输工具和其他与经营有关的设备器具、工具等。

2. 不属于经营主要设备的物品，单位价值在2 000元以上，并且使用期限超过2年的。

第二十七条 固定资产要做到有账、有卡，账实相符。财务部负责固定资产的价值核算与管理，综合管理部负责实物的记录、保管和卡片登记工作，财务部应建立固定资产明细账。

第二十八条 固定资产的购置和调入均按实际成本入账，固定资产折旧采用直线法分类计提，分类折旧年限为：

1. 房屋、营业用房30年。

2. 通信设备、交通运输设备3年。

3. 电子计算机、办公及文字处理设备3年。

4. 电器设备、安全保卫设备3年。

第二十九条 已经提足折旧、继续使用的固定资产不再提取折旧；提前报废的固定资产，不再补提折旧。当月增加的固定资产，当月不提折旧；当月减少的固定资产，当月照提折旧。

第三十条 对固定资产和其他资产要进行定期盘点，每年末由综合管理部负责盘点一次，盘点中发现短缺或盈余，应及时查明原因，并编制盘盈盘亏表，报财务部审核后，经总经理批准后进行账务处理。

第三十一条 无形资产是指被公司长期使用而没有实物形态的资产，包括：专利权、土地使用权、商誉等。无形资产按实际成本入账，在受益期内或有效期内按不短于10年的期限摊销。

第三十二条 递延资产是不能全部计入当期损益，需要在以后年度内分期摊销的各项费用，包括开办费，租入固定资产的改良支出和摊销期限超过1年、金额较大的修理费支出。开办费自营业之日起，分期摊入成本；分摊期不短于5年、以经营租入的固定资产改良支出，在有效租赁期内分期摊销。

第六章 收入管理

第三十三条 公司的营业收入包括手续费收入、其他营业收入等。营业收入要严格按照权责发生制原则确认，并认真核实、正确反映，以保证公司损益的真实性。

第三十四条 营业收入要按照规定列入相关的收入项目，不得截留到账外或作其他处理。

第七章 成本费用管理

第三十五条 公司在业务经营活动中发生的与业务有关的支出，按规定计入成本费用。控制好成本费用，对堵塞管理漏洞、提高公司经济效益具有重要作用。

第三十六条 成本费用开支范围包括：利息支出、营业费用、其他营业支出等。

第三十七条 职工福利费按工资总额的14%计提，工会经费按工资总额的2%计提，教育经费按工资总额的3%计提。住房公积金经批准后，由公司按职工工资总额的一定比例逐月交纳。

第三十八条 加强对费用的总额控制，严格制定各项费用的开支标准和审批权限，财务人员应认真审核有关支出凭证，未经领导签字或审批手续不全的，不予报销，对违反有关制度规定的行为应及时向领导反映。

第三十九条 公司各项成本费用由财务管理中心负责管理和核算，费用支出的管理实行预算控制，财务管理中心要定期进行成本费用的检查与分析，并制定降低成本的措施。

第八章 利润及利润分配管理

第四十条 公司利润按下式计算：

营业利润＝营业收入－营业税金及附加－营业支出

利润总额＝营业利润＋投资收益＋营业外收入－营业外支出

1. 投资收益包括对外投资分得的利润、股利等。

2. 营业外收入是指与公司业务经营无直接关系的各项收入，具体包括：固定资产盘盈、处理固定资产净收益、教育费附加返还款、罚没收入、罚款收入，确实无法支付而按规定程序经批准的应付款项等。

3. 营业外支出是指与公司业务经营无直接关系的各项支出，具体包括：固定资产盘亏、毁损报废净损失、非常损失、公益救济性捐赠、赔偿金、违约金等。

第四十一条 公司利润总额按国家有关规定作相应调整后，依法缴纳所得税，缴纳所得税后的利润，按以下顺序分配：

1. 被没收的财物损失，支付各项税收的滞纳金和罚款。

2. 弥补公司以前年度亏损。

3. 提取法定盈余公积金，法定盈余公积金按照税后利润扣除前两项后的10％提取，盈余公积金已达注册资本的50％时不再提取。

4. 提取公积金、公益金按税后利润的5％计提，主要用于公司的职工集体福利支出。

5. 向投资者分配利润，根据股东会决议，向投资者分配利润。

第九章 财务报告与财务分析

第四十二条 财务报表分月报和年报，月报财务报表包括资产负债表、损益表，年度财务报表包括资产负债表、损益表、现金流量表、营业费用明细表、利润分配表。公司财务月报表应于次月15日内完成，年度财务会计报告应于次年90日内制作，必要时聘请会计师事务所进行审计。

第四十三条 年末还应报送财务情况说明书。财务情况说明书主要内容包括：

1. 业务、经营情况，利润实现情况，资金增减及周转情况，财务收支情况等。

2. 财务会计方法变动情况及原因，对本期或下期财务状况变动有重大影响的事项，资产负债表制表日至报出期之间发生的对公司财务状况有重大影响的事项，以及为正确理解财务报表需要说明的其他事项。

第四十四条 财务分析是公司财务管理的重要组成部分，财务管理中心应对公司经营状况和经营成果进行总结、评价和考核，通过财务分析促进增收节支，充分发挥资金效能，通过对财务活动不同方案和经济效益的比较，为领导或有关部门的决策提供依据。

第四十五条 总结和评价本公司财务状况及经营成果的财务报告指标包括：

1. 经营状况指标：流动比率、负债比率、所有者权益比率。

2. 经营成果指标：利润率、资本利润率、成本费用利润率。

第十章 会计电算化

第四十六条 会计电算化硬件设备是指专门用于会计电算化的微机及其配套设备，包括服务器、工作站、网线、打印机、UPS 电源等。会计电算化硬件设备由财务管理中心统一管理和使用，非会计电算化工作人员一般情况下不得使用，特殊情况确需使用时，应经财务管理中心经理批准，在不影响会计电算化正常工作情况下进行。

第四十七条 财务软件是用于完成会计核算、处理会计业务的软件。操作人员在实际工作中发现软件的设计功能不能正常实现时，应立即与软件开发商联系，进行修改、调试，完成调试后，应及时检查、核对，以确保相应账务数据和功能模块的正确性。

第四十八条 每月 10 日前对上个月的会计数据进行备份。操作人员运用财务软件必须通过系统菜单选项进入系统操作，应根据工作需要设置操作权限和密码。操作人员对使用的硬件设备的安全负责，下班时，应关闭设备的电源。设备的开启和关闭应严格按规范程序进行。

第四十九条 公司会计电算化未通过财政部门评审之前，采用微机和手工账并行的办法。每月末，会计核算人员必须将手工账与微机账进行核对，保持手工账与微机账一致。

第五十条 企业银行电子支付系统的管理，严格按照企业银行电子支付程序和权限的规定执行。电子支付密码器、智能 IC 卡、账户密码和操作人员密码是使用企业银行系统的关键要素，应妥善保管，主管卡和操作员卡应按照分管并用的原则，由财务管理中心负责人和操作员分别设置密码，不得一人统管使用。

第十一章 会计监督

第五十一条 财务会计人员有权依法监督本单位的会计行为，对不真实、不合法的原始凭证，不予受理；对记载不准确、不完整的原始凭证，予以退回，并要求更正、补充。

第五十二条 财务会计人员发现账簿记录与实物、款项等实际情形不符时，应积极查明原因并及时向财务负责人报告，请求做出处理，重大事项由财务负责人报总经理、董事长处理。

第五十三条 公司应加强会计稽核工作，以提高会计核算工作质量。

1. 公司的会计稽核工作以各级财务部门为中心，各职能部门应予配合。

2. 各级财务部门负责人具体组织会计稽核工作，并对计划指标的衔接、财务收支、成本费用、财产增减变化等重大事项负责稽核。

3. 各级财务部门设稽核会计工作岗位，通过稽核，对日常核算工作中所出现的疏忽、错误或不合规行为，及时加以纠正或制止，其日常工作主要包括：会计凭证的审核、账簿的核对、会计报表的复核以及会计基础工作规范执行情况的审核等。具体来说，稽核工作包括以下内容：

(1) 审核实际发生的经济业务或财务收支是否符合国家有关法律、法规、规章制度和公司内部规章的规定。

(2) 审核成本、费用、利润等预算指标是否齐全，编制依据是否可靠，有关计算是否正确，各项预算指标是否衔接等。

(3) 审核会计凭证、会计账簿、会计报表和其他会计资料的内容是否合法、真实、准确、完整，手续是否齐全，是否符合有关法律、法规、规章制度规定的要求。

(4) 审核各项财产物资的增减变动和结存情况，并与账面记录进行核对，确定账实是否相符，并查明账实不符的原因。

(5) 审核会计档案的管理是否符合有关规定。

4. 稽核人员对所稽核的凭证、账簿、报表、财务收支等的合规性、真实性、准确性负责。

第十二章 附 则

第五十四条 本办法由公司财务管理中心负责解释。

第五十五条 本办法自董事会通过之日起开始施行。

2 会计核算基础工作规定

第一条 为适应公司经济的发展，充分体现会计信息的可检验性，特制定本规定。

第二条 会计科目的运用及账户的设置，按《会计管理制度》执行，不得任意更改或自行设置，个别企业因业务需要新增科目时，须报总公司财务部批准。

第三条 凭证一般采用记账凭证或收、付、转凭证。

第四条 会计核算组织程序采用记账凭证汇总表核算程序。记账凭证汇总表核算组织程序如下：

1. 根据审核后的原始凭证填制记账凭证。

2. 根据记账凭证编制记账凭证汇总表。

3. 根据记账凭证汇总表登记总分类账。

4. 根据原始收、付款凭证登记现金日记账和银行日记账。

5. 根据记账凭证及所附的原始凭证登记各明细分类账。

6. 月终，根据总分类账和各明细分类账编制会计报表。

第五条 记账规划。

1. 记账须根据审核过的会计凭证。除按照会计核算要求进行转账时，用记账员写的转账说明作记账依据外，其他记账凭证都必须以合法的原始凭证为依据。没有合法的凭证，不能登记账簿，且每张记账凭证必须由制单、复核、记账、会计主管分别签名，不得省略。

2. 登记账簿时用碳素笔写（除了复写的以外，不得使用铅笔和圆珠笔）。

3. 记账凭证和账簿上的会计科目以及子、细目用全称，不得随意简化或使用代号。

4. 会计分录的科目对应关系，原则上一种经济事项分别或汇总编一套分录，不得将不同内容的多种经济事项合并编制一套分录。

5. 明细账应随时登记，总账定期登记，一般不超过 10 天。

6. 每一笔账须记明日期、凭证号码和摘要，经济事项的摘要不能过分简略，以保证第三者能看清楚。

7. 记账的文字和数字应端正、清楚，严禁刮擦、挖补或涂改，不得跳行隔页。应将空行或空页划斜红线注销。

8. 记账发生错误，用以下方法更正：

（1）记账前发现记账凭证有错误，应先更正或重制记账凭证。记账凭证或账簿上的数字差错，应在错误的全部数字正中划红线，表示注销，并由经办人员加盖图章后，将正确的数字写在应记的栏或行内。

（2）记账后发现记账凭证中会计科目、借贷方式或金额错误时，先用红字填制一套与原用科目、借贷方向和金额相同的记账凭证，以冲销原来的记录，然后重新填制正确的记账凭证，一并登记入账。如果会计科目和借贷方向正确，只是金额错误，也可另行填制记账凭证，增加或冲减相差的金额。更正后应在摘要中注明原记账凭证的日期和号码，以及更正的理由和依据。

（3）报出会计报表后发现记账差错时，如不需要变更原来报表的，可以填制正确的记账凭证，一并登记入账。如果会计科目和借贷方向正确，只是金额错误，也可另行填制记账凭证，增加或冲减相差的金额。更正后应在摘要中注明原记账凭证的日期和号码，以及更正的理由和依据。

9. 红字冲账除了用于更正错误外，还可以用于下列事项：

(1) 经济业务完成后，发生退回或退出。

(2) 经济业务计算错误而发生多付或多收。

(3) 账户的借方或贷方发生额需要保持一个方向。

(4) 其他必须冲销原记数字的事项。

10. 各账户在一张账页记满后接记次页时，需要加计发生额的账户，应将加计的借贷发生总额和结出的余额记在次页的第一行内。

11. 月、季、年度末，记完账后应办理结账，为了便于结转成本和编制会计报表，需要发生额的账户，应分别结出月份、季度和年度发生额，在摘要栏注明"本月合计"、"本季合计"和"本年合计"的字样，在月结、季结数字上端和下端均划单红线，在年结数字下端划双红线。总结的数字本身均不得用红字书写。发生笔数不多的账户，也可不结总。不需要加计发生额的账户，应随时结出余额，并在月份、季度余额下端划单红线，在年度余额下端划双红线。

12. 编制会计报表前，必须把总账和明细账记载齐全，试算平衡，每个科目的明细账各账户的数额相加总和同该科目的总账数额核对相符。不准先出报表，后补记账簿。

13. 年度更换新账时，需要结转新年度的余额，可直接过到新账各个账户的第一行，并在摘要栏内注明"上年结转"字样。必要时，详细注明余额组成内容，在旧账的最后一行数字下面注明"结转下年"字样。结转以后的空白行包括不结转余额的账户，划一条斜线注销或盖戳注销。

第六条 结账、对账。

1. 结账是结算各种账簿记录，它是在一定时期内所发生的经济业务全部登记入账的基础上进行的，具体内容如下：

(1) 在结账时，首先应将本期内所发生的经济业务记入有关账簿。

(2) 本期内所有的转账业务，应编成记账凭证记入有关账簿，以调整账簿记录。如待摊、预提费用应按规定标准予以摊销提取。

(3) 在全部业务登记入账的基础上，应结算所有的账簿。

2. 对账是为了保证账证相符、账账相符、账实相符。具体内容如下：

(1) 账证核对是指各种账簿（总账、明细分类账以及现金和银行存款日记账等）的记录与会计凭证（记账凭证及其所附的原始凭证）的核对，这种核对主要是在日常编制凭证和记账过程中进行。月终如果发现账账不符，就应对账簿记录与会计凭证进行核对，以保证账证相符。

(2) 账账核对每月一次，主要是指总分类账各账户期末余额与各明细分类账账面余额相核对，现金、银行存款二级账与出纳的现金、银行存款日记账相核对，会计部门各种财产物资明细类账期末余额与财产物资管理部门和使用部门的保管账相核对等。

（3）账实核对分两类：第一类是现金日记账账面余额与现金实际库存数额相核对、银行存款日记账账面余额与开户银行对账单相核对，要求每月核对一次；第二类是各种财产物资明细分类账账面余额与财产物资实有数额相核对、各种往来账款明细账账面余额与有关债权债务单位的账目相核对等，要求每季核对一次。

3 印章管理制度

第一条　会计人员管理的印章必须妥善保管，严格按照规定用途使用。各类印章必须由专人保管使用，不得擅自将自己保管的印章交他人使用，也不得私自接受他人保管、使用的印章。

第二条　应严格按规定的业务范围和批准程序使用各类印章，不得乱用、错用。印章保管人应负起监印责任，在监印中应严格审查，注意内容，防止漏洞。

第三条　各类印章不用时放在上锁的铁皮箱内，做到人走章收。财务专业印章和法人代表名章应放入保险柜保管，如果放入同一个保险柜，必须由双人持不同的钥匙才可以打开；如果是一把钥匙的保险柜，则应由两人分别放入两个保险柜管理。

第四条　严禁将支票印章和单位主管人员的名章一并交由出纳人员保管和使用，否则会给违法、违纪行为造成可乘之机。

第五条　如果需要更换预留银行印章，应填写“印章更换申请书”，同时出具证明情况的公函一并交开户银行，经银行同意后，在银行发给的新印章卡的背面加盖原预留银行印鉴，在正面加盖新启用的印章。

第六条　会计人员离任时，交接人员应尽早做好接替准备，特别是做好存款印章的更换准备，以便到任后就能开始工作。移交银行存款及有关票据、票证以及更换印章时，交接人员应首先进行存款日记账与银行存款对账单的核对，交接双方有疑问要一同到开户银行复核，核对无误后，再移交票据、票证，同时更换预留在银行的私人印章。

第七条　会计人员遗失预留银行印章中的个人名章，应由本单位出具函证，会计人员遗失单位公章，应由上级主管部门出具函证，经开户银行同意后，再办理更换印鉴的手续。

4 发票管理制度

第一条　各部门对发票实行专人管理，领取发票由专人负责，责任到人。财务部设发票管理台账，由领用人签字。

第二条 不准转借、转让发票，发票只准本单位的开票人按规定用途使用。

第三条 发票启用前，应先清点，如有缺联、少份、缺号、错号等问题，应整本退回。

第四条 填开发票时，应按顺序号全份复写，并盖单位发票印章。各栏目内容应填写真实、完整，包括客户名称、项目、数量、单位、金额。未填写的大写金额单位应划上“⊗”符号封项；作废的发票应整份保存，并注明“作废”字样。

第五条 严禁超范围或携往外市使用发票，严禁伪造、涂改、撕毁、挖补、转借、代开、买卖、拆本和单联填写。

第六条 开具发票后，如发生销货退回情况需开红字发票的，必须收回原发票，并注明“作废”字样或取得对方有效证明。

第七条 使用发票的部门和个人应妥善保管发票，如发票丢失，应于丢失当日用书面报告通知财务部，再由财务部上报处理。

第八条 增值税发票有特殊规定的，按相应的规定执行。

第九条 如因发票管理不善而发生被税务部门罚款的情况，公司将直接追究有关部门和人员的经济责任。

第十条 公司内部使用的各种单据参照本制度管理。

5 会计人员交接管理制度

第一章 总 则

第一条 会计人员调动工作或离职，必须与接管人员办理交接手续。

第二条 一般会计人员办理交接手续，由会计机构负责人（会计主管人员）监交；会计机构负责人（会计主管人员）办理交接手续，由单位负责人监交，必要时主管单位可以派人会同监交。

第二章 会计交接工作的程序

第三条 会计人员在办理会计工作交接前，必须做好以下准备工作：

1. 已经受理的经济业务尚未填制会计凭证的应当填制完毕。

2. 尚未登记的账目应当登记完毕，结出余额，并在最后一笔余额后加盖经办人印章。

3. 整理好应该移交的各项资料，对未了事项和遗留问题要写出书面说明材料。

4. 编制移交清册，列明应该移交的会计凭证、会计账簿、财务会计报告、公章、现金、有价证券、支票簿、发票、文件、其他会计资料和物品等内容；实行会计电算化的单位，从事该项工作的移交人员应在移交清册上列明会计软件及密码、会计软件数据盘、磁带等内容。

5. 会计机构负责人（会计主管人员）移交时，应将财务会计工作、重大财务收支问题和会计人员的情况等向接替人员介绍清楚。

第四条 移交点收。移交人员离职前，必须将本人经管的会计工作在规定的期限内，全部向接管人员移交清楚。接管人员应认真按照移交清册逐项点收。具体要求是：

1. 现金要根据会计账簿记录余额进行当面点交，不得短缺，接替人员发现有不一致或白条抵库现象时，移交人员在规定期限内负责查清处理。

2. 有价证券的数量要与会计账簿记录一致，有价证券面额与发行价不一致时，按照会计账簿余额交接。

3. 会计凭证、会计账簿、财务会计报告和其他会计资料必须完整无缺，不得遗漏。如有短缺，必须查清原因，并在移交清册中加以说明，由移交人负责。

4. 银行存款账户余额要与银行对账单核对相符，如有未达账项，应编制银行存款余额调节表调节相符；各种财产物资和债权债务的明细账户余额，要与总账有关账户的余额核对相符；对重要实物要实地盘点，对余额较大的往来账项要与往来单位、个人核对。

5. 公章、收据、空白支票、发票、科目印章以及其他物品等必须交接清楚。

6. 实行会计电算化的单位，交接双方应在电子计算机上对有关数据进行实际操作，确认有关数字正确无误后，方可交接。

第五条 专人负责监交。为了明确责任，会计人员办理工作交接时，必须有专人负责监交。通过监交，保证双方都按照国家有关规定认真办理交接手续，防止流于形式，保证会计工作不因人员变动而受影响。移交清册应当经过监交人员审查和签名、盖章。对监交的具体要求是：

1. 一般会计人员办理交接手续，由会计机构负责人（会计主管人员）监交。

2. 会计机构负责人（会计主管人员）办理交接手续，由单位负责人监交，必要时主管单位可以派人会同监交。

第三章 交接后的有关事宜

第六条 会计工作交接完毕后，交接双方和监交人在移交清册上签名或盖章，并应在移交清册上注明：单位名称，交接日期，交接双方和监交人的职务、姓名，移交清册页数以及需要说明的问题和意见等。

第七条 接管人员应继续使用移交前的账簿，不得擅自另立账簿，以保证会计记录前后衔接，内容完整。

第八条 移交清册一般应填制一式三份，交接双方各执一份，存档一份。

第四章 会计交接注意事项

第九条 交接表要写清楚，交接表上的内容要与事实相符。

第十条 仔细审阅发票，发票本数与事实相符。

第五章 附 则

第十一条 本制度自公布之日起实施。

6 财产盘点制度

第一条 目的。

为加强公司财务管理，使盘点事务处理有所遵循，并保证其存货及财产盘点的准确性，明确相关人员的管理职责，特制定本制度。

第二条 盘点范围。

1. 存货盘点：包括原料、物料、在制品、制成品、商品、零件保养材料、外协加工料品、下脚品的盘点。

2. 财务盘点：包括现金、票据、有价证券、租赁契约的盘点。

3. 财产盘点：包括固定资产、保管资产、保管品等的盘点。

(1) 固定资产：包括土地、建筑物、机器设备、运输设备、生产器具等资本支出购置的资产。

(2) 保管资产：凡属固定资产性质，但以费用报支的杂项设备。

(3) 保管品：以费用购置的资产。

第三条 盘点方式。

1. 年中、年终盘点。

(1) 存货：由资产部或经管部会同财务部于年（中）终时，实施全面总清点一次。

(2) 财务：由财务部与会计室共同盘点。

(3) 财产：由经管部会同财务部于年（中）终时，实施全面总清点一次。

2. 月末盘点。每月末所有存货，由经管部会同财务部实施全面清点一次（当经管项目多于500项时，应采取重点盘点)。

3. 月份检查。由检核部（总经理室）或财务部，会同经管部，做存货随机抽样盘点。

第四条 人员及职责。

1. 总盘人：由总经理担任，负责盘点工作的总指挥，督导盘点工作的进行及其异常事项的裁决。

2. 主盘人：由各部门主管担任，负责盘点的实际工作。

3. 复盘人：由总经理视需要指派事业部经管部门的主管，负责盘点的监督。

4. 盘点人：由各事业部财务经管部门指派，负责点计数量。

5. 会点人：由财务部指派（人员不足时，间接部门支援），负责会点并记录，与盘点人分段核对、确实数据工作。

6. 协点人：由各事业部财务经管部门指派，负责盘点时料品的搬运及整理工作。

7. 特定项目按月盘点及不定期抽点的盘点工作，亦应设置盘点人、会点人、抽点人，其职责亦同。

8. 监点人：由总经理室派员担任。

第五条 准备工作。

1. 盘点编组。由财务部主管于每次盘点前，依盘点种类、项目编排“盘点人员编组表”（略），呈总经理核定后，公布实施。

2. 经管部将应该盘点的财物及盘点用具预先准备妥当，并由财务部准备盘点表格。

（1）存货的堆置，应力求整齐、集中、分类，并予以标示。

（2）现金、有价证券及租赁契约等，应按类别整理并列清单。

（3）各项财产卡依编号顺序，事先准备妥当，以备盘点。

3. 盘点期间已收料而未办妥入账手续者，应另行分别存放，并予以标示。

第六条 年中、年终全面盘点。

1. 财务部经总经理批准，签发盘点通知，并负责召集各部门的盘点负责人召开盘点协调会后，拟订盘点计划表，通知各有关部门，限期办理盘点工作。

2. 盘点期间除紧急用料外，暂停收发料，各生产单位于盘点期间所需用的领料、材料可不移动，但必须标示出。

3. 原则上应采取全面盘点方式，特殊情况应呈报总经理核准后，方可改变盘点方式。

4. 盘点应尽量采用精确的计量器，避免用主观的目测方式，每项财务数量应于确定后，再继续进行下一项，盘点后不得更改。

5. 盘点物品时，会点人应依据盘点人实际盘点数，翔实记录“盘点统计表”（略），每小段应核对一次，无误者于该表上互相签名确认后，将该表编列同一流水号码，各自存一联备日后查核。有出入者，必须再重点盘点。盘点完毕，盘点人应将“盘点统计表”汇总编制“盘存表”（略）一式两联，第一联由经管部自存，第二联送财务部，供核算盘点盈亏金额。

第七条 不定期抽点。

1. 由总经理室根据实际需要，随时指派人员抽点。可由财务部填制“财物抽点通知单”（略）呈报总经理核准后办理。

2. 盘点日期及项目，原则上不能预先通知经营部。

3. 盘点前应由会计室利用“结存调整表”将账面数先行调整至盘点的实际账面结存数，再行盘点。

4. 不定期抽点应填列“盘存表”。

第八条 盘点报告。

1. 财务部应根据“盘存表”编制“盘点盈亏报告表”（略）一式三联，送经管部填列差异原因的说明及对策后，送回财务部汇总，转呈总经理签核，第一联送经管部，第二联转送总经理室，第三联自存财务部作为账项调整的依据。

2. 不定期抽点，应于盘点后一星期内将“盘点盈亏报告表”呈报上级核示。年中、年终盘点，应由财务部于盘点后两星期内将“盘点盈亏报告表”呈报上级核示。

3. 盘点盈亏金额，平时仅列入暂估科目，年终时始以净额转入本期营业外收入的“盘点盈余”或营业外支出的“盘点亏损”。

第九条 现金、票据及有价证券盘点。

1. 现金、银行存款、零用金、票据、有价证券、租赁契约等项目，除年中、年终盘点时，应由财务部会同经营部共同盘点外，平时总经理室或财务部至少每月抽查一次。

2. 现金及票据的盘点，应于盘点当日上下班未行收支前，或当日下午结账后进行。

3. 盘点前应先将现金存放处封锁，并于核对账册后开启，由会点人员与经管人员共同盘点。

4. 会点人员根据实际盘点数翔实填列“现金（票据）盘点报告表”（略）一式三联，经双方签认后呈核，第一联经营部存，第二联财务部存，第三联送总经理室。

5. 有价证券及各项所有权等应确定核对认定，会点人员根据实际盘点数翔实填列“有价证券盘点报告表”（略）一式三联，经双方签订后呈核。第一联经管部存，第二联财务部存，第三联送总经理室，如有出入，应即呈报总经理批示。

第十条 存货盘点。

1. 存货的盘点，应于当月最末一日进行。

2. 存货原则上采用全面盘点，如因成本计算方式无需全面盘点，或实施上有困难者，应呈报总经理核准后方可改变盘点方式。

第十一条 其他项目盘点。

1. 外协加工料品：由各外协加工料品经办人员，会同财务人员，共同赴外盘点，其“外协加工料品盘点表”（略）一式三联，应由代加工厂商签认。第一联存经营部，第二联存财务部，第三联送总经理室。

2. 销货退回的成品，应于盘点前办妥退货手续，含验收及列账。

3. 经营部应将新增加土地、房屋的所有权证的影印本，送交财务部核查。

第十二条 注意事项。

1. 所有参加盘点工作的盘点人员，必须深入了解本身的工作职责及应行准备事项。

2. 盘点人员盘点当日一律停止休假，必须依规定时间提早到达指定的工作地点，向该组复盘人报到，接受工作安排。如有特殊情况应事先找妥代理人，并报备核准。

3. 所有盘点财务都以静态盘点为原则，盘点开始后应停止财务的进出及移动。

4. 盘点使用的单据、报表内所有栏位如果有修改处，须经盘点人员签字方能生效，否则应查究其责任。

5. 所有盘点数据必须以实际清点、磅秤或换算的确定资料为依据，不得以猜想数据、伪造数据登记。

6. 盘点人员超时工作时间，可报加班或经主管核准轮流编排补休。

7. 盘点开始至工作终了期间，各组盘点人员均受复盘人指挥监督。

8. 盘点终了，由各组复盘人向主盘人报告，经核准后方可离开工作岗位。

第十三条 奖惩。

1. 盘点工作事务人员须依照本办法的规定，严格遵守执行。表现优异者，经主盘人签报，给予奖励。

2. 违反本办法的，视其情节轻重，由主盘人签报人力资源部处理。

第十四条 账载错误处理。

1. 账面数量如因漏账、记错、算错、未结账或账面记载不清者，记账人员应视情节轻重予以警告以上处分，情节严重者，应呈报总经理议处。

2. 账面数字如有涂改、未盖章、签章、签证等凭证可查，凭证未整理难以查核或有虚构数字者，均由直接主管签报总经理议处。

第十五条 赔偿处理：财、物料管理人员与保管人员有下列情况之一者，应呈报总经理议处或赔偿相同的金额。

1. 未尽保管责任或由于过失致使财物遭受盗窃、损失或盘亏者。

2. 对所保管的财物有盗卖、掉换或化公为私等营私舞弊者。

3. 对所保管的财务未经报准而擅自移转、借出或损坏不报告者。

第十六条 本制度经总经理核准后实施。

7 出纳员点钞基本程序

出纳员在办理现金收付业务时，一般应按下列程序办理。

第一条 首先应审查现金收、付款凭证及其所附原始凭证的内容，看其是否填写齐全、清楚，两者内容是否一致。

第二条 依据现金收、付款凭证的金额，先点数整数（即大数）再点数零数（即小数），具体说是先点数大额票面金额，再点数小额票面金额，结合先点数成捆的（暂不拆捆）、成把（卷、指铸币）的（暂不拆把、卷），再点数零数。

第三条 在点数过程中，一般应连点数，同时在算盘或计算器上加计金额，点数完毕，算盘或计算器上的数字，和现金收、付款凭证上的金额和点数数额三者应相同。

第四条 从整数至零数、逐捆、逐把、逐卷地拆捆点数，在拆捆、拆把、拆卷时应暂时保存原有的封签、封条和封纸，点数无误后方可扔掉。

第五条 点数无误后，即可办理具体的现金收存业务。

8 会计电算化管理制度

第一章 总 则

第一条 为规范财务工作，加强会计电算化管理，促进公司经营业务的发展，特制定本制度。

第二条 公司及所属单位实行会计电算化。公司及所属单位应根据会计电算化的要求，配备专用或主要用于会计核算工作的计算机或计算机终端，配备与会计电算化工作相适应的专职人员，上机操作人员应具有会计电算化初级以上专业知识和操作技能，保证会计电算化工作的顺利开展。

第二章 会计电算化岗位责任制

第三条 电算主管负责协调计算机及会计软件系统的运行工作。根据现行会计制度和财务软件的特点，结合本单位会计核算的需要，建立会计电算化体系；对软件操作进行组织和管理，分配操作人员的工作权限，保证会计电算化工作合法、有序进行。电算化主管由财务部经理兼任。

第四条 数据操作负责输入记账凭证和原始凭证等会计数据，记账（要记账的所有凭证必须经过审核）、结账，输出记账凭证、会计账簿、报表以及其他会计数据处理工作。数据操作岗位由基本会计岗位的会计人员兼任。

第五条 电算审查负责对输入的计算机的会计数据（记账凭证和原始凭证）进行审核；对打印输出的账簿、报表进行确认；监督计算机及会计软件运行，防止利用计算机进行舞弊。电算审查由会计稽核人员兼任。

第六条 数据分析负责对计算机内的会计数据进行分析。此岗由财务分析岗位的会计人员兼任。

第七条 电算维护负责保证计算机硬件、软件的正常运行，管理机内会计数据。此岗由专职人员担任。

第三章 会计电算化操作管理制度

第八条 明确规定上机操作人员对会计软件的操作内容和权限，对操作密码要严格管理，定期更换密码，杜绝未经授权人员操作会计软件。

第九条 原始凭证的审核、纸质会计档案资料的保管、转账凭证的编制等仍按手工账中有关规定进行。

第十条 记账凭证的编录。记账凭证由数据操作员输入计算机，每次录完后应及时进行备份与打印，打印出的记账凭证与所附原始凭证交由电算审查员复核。

第十一条 记账凭证的复核。电算审查员根据数据操作员交来的记账凭证及所附原始凭证进行复核，复核后应及时进行备份；凭证录入和审核不能为同一人。

第十二条 记账凭证的修改。录入记账凭证和经复核发现的错误必须由数据操作员自行修改；修改已审核未记账的记账凭证，由电算审查员先取消审核签章，数据操作员再行修改；凭证修改后应及时备份并按规定再行复核。

第十三条 凭证汇总、记账与结账。根据软件功能和公司实际情况选择按日期或凭证种类进行凭证汇总，要记账的所有凭证必须经过审核，结账后的数据才能取到财务报表中。

第十四条 数据的查询。根据会计工作的需要在授权范围内进行数据的查询，以保证会计数据的安全。

第十五条 数据的备份、恢复与整理。

1. 每次操作都应及时备份，会计数据和重要的软件资料要双备份并及时填写清楚所备份的内容并分处存放。

2. 只有在数据因意外等情况受到破坏必须进行数据恢复时，方可将原有的备份数据进行恢复，但恢复将覆盖机内所有数据且只保留恢复后的数据，因此在使用数据恢复功能时要特别慎重。

第十六条 上机操作记录。

1. 由专人保存必要的上机操作记录，记录所有上机操作情况，包括操作时间、操作人、操作内容和运行情况等。

2. 电算维护员对在维护过程中发现的异常现象的处理方法和处理结果应及时登记；对重大故障，除按规定登记外还须另行填写故障报告单。

3. 操作记录每年装订成册，日常由档案管理人员妥善保管，年终归档。

第四章　会计电算化硬件、软件维护和数据的管理

第十七条　为保证会计电算化工作的正常进行和会计数据的安全，应为会计电算化配备专用微机及相关设备，机房应具备一定的通风、防火、防尘、防磁、防盗条件。

第十八条　电算维护员负责硬件的维护、保管工作，以确保硬件的正常运行。

第十九条　任何人不得将专用微机用于与会计电算化无关的工作，非财务部门和非授权人员不得使用，所有软盘使用前须经电算主管批准，并经病毒检测和消除病毒操作后方可使用。

第二十条　建立硬件定期检测维护制度，定期对配件进行检测并做好检查记录，以便在遇到故障时硬件系统得以尽快修复。定期检测计算机病毒，严禁在微机上玩游戏。

第二十一条　做好微机设备的用电工作，应配用不间断电源支持主机工作，严禁非计算机设备搭用不间断电源。

第二十二条　操作员应严格按操作规程进行操作，操作完毕，及时退出会计软件或关机，关机时应先退出会计软件，再实施关机。

第二十三条　对正在使用的会计核算软件进行改版、升级和计算机硬件设备进行更换等工作，要按照规定进行审批，在软件修改、升级和硬件更换过程中，要保证实际会计数据的连续和安全，并由有关人员进行监督。

第二十四条　存有会计数据的磁性介质及其他介质保管要安全规范，应写明标识、分类编号并建立目录，重要的会计数据进行双备份并分处存放，存放地点要具备一定的防磁、防潮、防火等功能。

第五章　上岗培训

第二十五条　上机操作人员应具有会计电算化初级以上专业知识和技能。上岗前，操作人员必须经过有关岗位培训，考核合格后方可上岗工作。

第二十六条　操作人员上岗后，根据会计电算化运作需要，定期接受培训、考核。

第二部分 财务部门与人员岗位职责

1 财务部经理岗位职责

第一条 全面负责财务部的工作，向总经理汇报工作。经常检查、督导分管部门的经济活动、财务状况和业务拓展活动，努力完成公司下达的经济指标和各项工作任务。

第二条 负责对公司各项资金的计划、运用和管理，审查企业经营管理投资方案的效益，加强对财务活动状况的控制，协助总经理审批公司各部门的成本计划、费用支出计划，开源节流，努力提高公司综合经济效益。

第三条 检查、督导认真履行国家及地方的财经法规、法纪，建立和健全财务部门的岗位责任制和各项管理制度，堵塞漏洞，保证公司经济活动顺利健康运行。

第四条 负责监督经济合同的执行情况，保存公司关于财务工作方面的文件、资料、合同和协议。督促本部员工完整地保管企业合作期内的一切账册、报表、凭证和原始单据。

第五条 编制财务计划，做好预决算工作，监督检查企业的财务收支情况，对总经理负责。

第六条 负责企业内部财政工作的控制、协调和平衡，定期检查固定资产和流动资金，负责经济核算，合理掌握控制成本和费用水平，对各部门的财务收支、成本核算、资金使用和财产管理等进行监督和检查，对账目做到日清月结。

第七条 在管辖范围内的工作任务涉及公司其他部门时，做好组织协调工作，以加强沟通配合，保证任务顺利完成。

第八条 负责银行短期贷款过程的管理工作，密切与银行信贷部门联系，保证按期归还银行贷款的本息。

第九条 定期向公司董事会及总经理汇报公司财务状况，提出改进意见和建议。

第十条 经总经理授权，代表总经理处理专项任务或与财政、税务、工商、金融等有关的管理、业务部门联络、沟通和协调。

第十一条 开展部门员工思想教育和业务培训，使各岗位员工熟练掌握本岗位的业务知识、规范、程序、做法、环节，能独立工作，并基本了解本部门其他岗位的业务环节。

2 会计主管岗位职责

第一条 公司会计主管要按照有关财经法规、政策和制度的规定，负责组织本公司的财会人员办理会计事务，实行会计监督；协助总会计师工作，支持会计人员行使职权，发挥公司会计机构的核算职能、监督职能、规划职能、控制职能、调节职能和评价职能的作用。

第二条 会计主管应该具体组织公司的财务会计、管理会计、成本会计工作。严格执行总公司统一的财务制度和会计制度，依照本公司的实际情况，制定公司内部办理会计事务和财产物资管理的各项规章制度，并监督有关部门严格执行。

第三条 根据有关规定，制定公司内部会计人员责任制度。结合公司会计运作情况和经营管理的需要，制定出分工合理、职责明确的岗位责任制度，并坚持严格考核。

第四条 会计主管应尽力搞好市场容量预测、市场占有率预测、保本点预测、成本预测、利润预测和资金需要量预测等各项财务预测。充分运用会计信息和资料，向公司决策者提供生产决策、短期经营决策、长期投资决策的依据。参与审查或拟订重要的经济合同和经济协议，提高公司的盈利能力和营运能力。

第五条 根据公司的经营目标和整体经营规划，定期编制财务收支预算、成本计划和期间费用计划。将已制定的计划指标归口分级，按经济责任范围下达给各责任单位，作为控制标准定期进行检查。认真核算分析，进行经营预测和业绩评价。

第六条 积极调度资金，提高资金的利用率。

第七条 负责企业日常财务活动的管理。按期编制各种长短期负债的偿还计划，开展全面预算管理，严格控制财务收支；建立现金和各种银行存款的内部控制制度，检查货币资金收支和管理情况。

第八条 严格审查应交税金、应交利润和其他应交款项，督促有关部门办理转交手续。

第九条 定期或不定期地向公司董事会和监事会汇报企业财务状况和经营成果，提报企业财务评价。按总公司会计制度规定，及时向有关方面报送会计报表，认真审查对外报出的会计报表和其他会计资料。

第十条 按有关规定，指定有关部门专门保管暂存于财务部门的会计档案，定期立卷，按期移交档案部门归档。

第十一条 监督调动工作或因故离职的会计工作人员，及时办好会计交接手续，保证会计记录的连续性和会计资料的完整性。

第十二条 负责建立财产盘点、稽核制度。定期组织有关部门共同进行财产清查工作。结合财产清查，督促有关部门不断完善管理制度，改进管理方法。协助有关部门做好核定机器设备需要量和物资储备定额等工作。

第十三条 办理公司主要负责人及决策者交办的其他工作。

第十四条 本制度自公布之日起实施。

3 综合会计岗位职责

第一条 本岗位员工应全面熟悉有关财经法律、法规和政策，熟悉并掌握公司生产经营情况；协助会计主管管理好企业财务并按会计制度规定，设置会计科目、会计凭证和会计账簿；在会计主管指导下，会同各会计岗位人员拟定本企业有关会计核算的各项规章制度；设置与掌管总分类账簿。

第二条 负责设计本公司的会计核算形式，建立会计凭证的传递程序；进行有关业务的综合汇总工作，定期编制总账科目汇总表试算平衡；核对各级明细账和日记账，确保账账相符，记账、结账工作符合规定要求。

第三条 定期调整账项，在应结账户结清的基础上，依据账簿记录和有关资料，编制资产负债表和财务状况变动表；结合企业的有关计划资料和生产经营的趋势，对企业财务运行状况进行总体分析；按制度规定撰写财务分析资料。

第四条 依据财务分析资料，编写财务状况说明书，并连同规定的全部会计报表加具封面装订成册，报经会计主管、总会计师审阅签署后，按期报送指定单位。

第五条 协助会计主管运用现代化管理和会议方法进行各种财务预测（包括目标销售收入预测、目标利润预测、存货预测、资金需要量预测、保本点预测、投资回收期和投资收益率预测），以及市场容量预测、市场占有率预测和市场价格预测等，从而为公司投资决策和生产经营提供可靠的依据。

第六条 参与规划本公司中长期远景工作，并按照总会计师、会计主管的委托对企业改扩建、更新改造工程的可行性研究进行科学论证和审查，确保各项可行性研究的效益，避免损失和浪费。

第七条 依据有关会计岗位提供的数据和财务预测，编制或汇总全公司月份、季度和年度的财务计划。

第八条 执行会计档案管理有关法规，对保存在会计部门的会计档案统一管理；按法规要求，科学分类，造册登记，集中保管；并建立借阅、保密以及保护档案安全完整的制度；在移交档案部门时，须编制移交清册，认真办理移交手续。

第九条 承办总会计师、会计主管交办的其他工作。

4 货币资金会计岗位职责

第一条 负责管理库存现金、银行存款、其他货币资金及各种外币，并在现金管理规定的范围内使用现金。依照银行结算规定，办理转账结算业务。

第二条 依据会计制度规定，设置掌管现金日记账、银行存款日记账及其他货币资金明细账，并进行总分类核算；反映各项货币资金的收付结存情况，做到现金日记账日清月结、账款相符；严格遵守核定的库存现金限额，做到不任意坐支；不以白条抵充库存现金；不保管账外现金，保证银行存款日记账每日结出余额；月终逐笔核对账面余额与银行对账单，如有错记漏记，应查明原因，及时更正；如有未达账项，应按月编制“银行存款余额调节表”（略）调节相符，逐笔列示未达账项并及时查询。对其他货币资金明细账，应按制度规定设置明细账户，做到及时登记、经常核对、定期结账。

第三条 遵守有关财会法规，不兼管稽核、会计档案保管和收入、费用、债权债务账目的登记工作；不受理不真实、不合法和违反会计制度的收支业务。

第四条 根据经审核无误的收付凭证，办理款项收付业务。坚持复核制度，办理款项收付必须根据稽核岗位审核编制并签章的收付款凭证，进行复核后再行办理。重大开支项目要严格执行授权人审批制度。整理装订经办的收付凭证及有关会计资料，定期移交保管会计档案的岗位。

第五条 确保库存现金、外币、有价证券和经批准代为保管的贵重物品的安全完整。严守保险柜密码的秘密，不随意将保险柜钥匙交给他人。

第六条 妥善保管和按规定使用有关印章，按制度规定，对签发票据所使用的全部印章妥善保管。

第七条 加强对空白支票和空白收据的管理，专设备查簿，登记票据领用和注销手续。票据作废加盖作废戳记后与存根一起保存。支票遗失时，应按银行规定办理挂失手续。

第八条 按规定负责办理外币的收付、折算和保管业务。并依据会计制度规定，设置和掌管各种外币的银行存款日记账，进行序时及明细核算，保证日清月结、账款相符。

5 成本会计岗位职责

第一条 按照国家财会法规、公司财会制度和成本管理有关规定，负责拟订公司各处成本核算实施细则，经上级批准后组织执行。

第二条 主动会同有关人员对公司重大项目、产品等进行成本预算，编制项目成本计划，提供有关的成本资料。

第三条 当公司推行全面成本核算管理时，应协助有关主管制定总体方案和实施办法，确定各类成本定额、标准，并协助各部门和下属企业的推广培训。

第四条 不断监督、调查各部门执行成本计划情况，并就出现的问题及时上报。

第五条 学习、掌握先进的成本管理和成本核算方法及计算机操作，提出降低成本的控制措施和建议。

第六条 做好相关成本资料的整理、归档、数据库建立、查询、更新工作。

第七条 完成财务部部长临时交办的其他任务。

6 明细账会计岗位职责

第一条 熟悉和掌握有关财会会计法规，登记、填写企业各营业部门的各种会计明细账、会计报表和装订会计凭证等工作。

第二条 对经营科目的经济事项办理收支结算时，按财务管理制度和开支标准等有关规定严格进行审查，包括内容、用途、审批手续和原始单据金额的大小等，并填制相对应的会计科目的记账凭证。

第三条 认真按照记账规定和审定的会计凭证进行登记，做到数字真实、内容完整、账物相符，并定期结账。

第四条 账务记载必须日清月结，不得积压，借贷发生额每页账上均须有累计数，余额必须及时结出，月终必须做好月结工作。

第五条 经管财产账务的人员，每季按账面数量核对实物，做到账实相符，发生不符时必须查明情况并向上级报告。

第六条 经营的各科目明细账，每月终结时，均须做出科目余额表。

第七条 记账凭证的摘要一栏必须抓住重点，简明扼要又能说明问题。

第八条 严格执行财务管理制度，遵守财经纪律，按照规定填写各种明细账簿账目。

第九条 严格遵守企业各项规章制度，工作时间不擅离职守，业务上精益求精，不断提高工作水平和工作能力。

第十条 参与企业财务部的清查盘点工作。

7 出纳员岗位职责

第一条 在总出纳的领导下，负责企业现金收支工作，直接对财务部经理负责。

第二条 按照现金管理制度，认真做好现金和各种票据的收付、保管工作。

第三条 收付现金必须迅速、准确，在交款人面前点清，如有异议应及时解决；保持适当的库存现金限额，超额的库存现金要及时送存银行。

第四条 严格把好现金支付关。只有经上级主管审批、责任会计盖章后的合法凭证，才可办理付款手续，并要加盖“现金付讫”戳记。

第五条 每日及时登记现金日记账，并结出金额，现金的账面额要同实际库存现金相符；对于现金和各种有价证券，要确保安全和完整无缺，如有短缺，应承担后果。

第六条 出纳人员保管的印章要严格管理，按照规定用途使用，但签发支票所使用的各印章应由两人保管。

第七条 每日盘点库存现金，做到账款相符，收入的现金、票据必须与账单核对相符，并填写营业日报表，交主管会计签收审核。

第八条 每日收入现金，必须切实执行“长缴短补”的规定，不得以长补短，发现长款或短款，必须如实向会计汇报。

第九条 督促各营业收款点收款后，按时上交营业款，收款完毕后认真核对缴款凭证，并清理现金，将当天的营业收入及时送交银行。

第十条 备用周转金必须天天核对，不得以白条抵库，一切营业收入现金不准坐支，未经财务经理批准，不能随意挪用现金，不得将营业现金借出给任何部门或个人。

第十一条 保存好现金支票，并专设登记簿登记，认真办理领用注销手续，不得将空白现金支票交给外单位及个人签发，对于填写错误或作废的支票，必须加盖“作废”戳与存根一并保存。

第十二条 编制和发放员工工资、奖金，办理工资结算，编制现金记账凭证和有关报表。

第三部分 财务控制制度

1 财务内部控制制度

第一章 总 则

第一条 为加强公司财务管理和内部控制，规范企业财务行为，提高经营管理水平和效益，适应企业发展的需要，根据有关的规定，结合本公司实际情况，特制定本制度。

第二条 本公司财务内部控制制度由财务部负责，其基本任务和方法是：做好各项财务收支的计划、控制、核算、分析和考核等内部控制工作，以达到合理筹集资金、参与经营投资决算、有效利用公司各项资产、努力提高公司的经济效益的目的。

第三条 建立和健全公司的内部控制制度。

第四条 本公司内部控制的基本原则。

1. 权力分隔，每一项经济业务的处理程序，不能由一个部门和一个人全部包办，以防止出现差错和舞弊现象。

2. 合理分管，实行账物分管、钱账分管、印鉴分管及钥匙分管等。

3. 审批稽核，任何经济业务的处理都要有明确的授权与审批，同时要经过财务部门的审核与稽核。

4. 责任明确，各部门和人员要职责分明，以便在任何情况下都能将责任落实到个人。

5. 凭证控制，建立和健全凭证制度及严格传递程序，直到会计资料归档。

6. 例行核对，对每一项经济业务和会计记录，都要进行例行核对，以保证账证、账账、账表、账物及账款核对一致。

第二章 财务收支内部控制

第五条 实行财务收支预算控制。

1. 在财务部的指导下，公司各部门要编好月份和年度现金（包括银行）收支预算。月份提前一周、年度提前一个月编报财务部。

2. 在财务部的指导下，公司所属企业要编好月份和年度资金上缴与下拨及业务往来的财务收支预算。月份提前一周、年度提前一个月编报财务部。

3. 财务部和所属企业财务收支预算汇总，加上公司现金和转账部分，即为全公司的财务收支预算，经总经理批准后执行。

4. 凡预算外的财务收支，需单列项目呈报总经理批准后办理。

第六条 建立定额备用金制度。

1. 各部门零用金定额规定如下：

生产部 ××元

经销部 ××元

综合部 ××元

工程部 ××元

办公室 ××元

2. 对各部门零用金实行限额开支审核报销办法。

(1) 各部门单项支出低于1 000元的，先备用现金开支，然后汇总填制“备用金支付单”(略)，将取得合法的发票单据附在后面，经本部门负责人签批后，再到财务部办理审核报销手续，由会计填制“付款凭证”，凭此证到出纳处领取现金，以补充部门备用金。

(2) 各部门单项支出高于1 000元的，不能在备用金中支付，应由用款部门填制“请款单”，经归口的负责人签批后，到财务部办理预支款手续，由会计填制“付款凭证”，凭此单到出纳处领取支票或现金。

(3) 用款部门办妥购置物品验收或付费等业务手续后，应及时将取得合法的发票单据（在发票背面要注明用途，有经办人、验收人、主管签字）附在原“请款单”存根联后面，到财务部办理单项报销审核手续。如预支款与实际支付不符，应在报销时办理多退款（或少补款）手续。

(4) 单项低于1 000元的零用金支出，所取得的发票单据要在月末之前及时报销，不得跨月。单项在1 000元以上的支出，所取得的发票单据要及时报销，不得挂账。

第七条 执行按签批金额权限审批付款。

1. 2 000元以上支出，由各部门负责人审核后报总经理审核批准。

2. 2 000元以下办公支出，由财务部审核批准。

3. 专项用途资金支出，在确定的金额内，由总经理或分管副总经理审核批准。

4. 因经营需要代收、代付款项，由财务部审核批准，必须坚持先收后付，不改变原款形式及用途原则。

第三章 货币资金内部控制

第八条 建立会计和出纳职责分工制度。财务部应设置专职出纳员，负责办理货币资金（现金、银行存款）的收付业务。会计不得兼任出纳，出纳不得兼任其他业务工作，除登记现金、银行日记账外，不得保管凭证及其他账目。

第九条 加强对现金的稽核管理。所有现金（包括银行存款）业务收入，应凭收入凭证和收入日报表，并经内部稽核和兑换外币。

第十条 控制现金的使用范围。依照有关部门现金管理规定，库存现金只能用于工资支出、个人福利、劳保支出、农副产品收购、差旅费、零星开支、备用金及银行结算金额起点以下的小额款项。其他特殊情况需经总经理和财务部批准后方可使用现金。

第十一条 严格付款审批和支票的签发。所有付款均应按审批金额权限及两人以上有关人员办理。付款支票必须经过两人或两人以上的签章方为有效。财务和支票专用图章，须分别掌管，不得由一人包办。不准开空头票和空白支票，开出支票要进行登记。

第十二条 收付款项要通过会计填制记账凭证。所有现金和银行存款的收支，均须通过经办会计审核原始凭证无误后填制收付款凭证，由出纳检查所属原始凭证是否齐备后办理收付款，并在收付凭证及所附原始凭证上加盖“收讫”或“付讫”戳记。

第十三条 遵守核定的现金库存限额和银行结算纪律。按日常3～5天开支的现金需要核定现金库存限额，不得超额，不准以白条抵库存；企业单位间的经济往来，一般应通过银行进行转账结算；不准出借银行账户和套取现金。

第十四条 及时登记现金、银行存款日记账和结账。现金日记账按币种设置，银行日记账按账号分别设置，每日均须结出余额。由出纳每日核对库存现金账面余额与实际库存现金是否相符，由会计每月核对银行存款账面余额与银行对账单，并调节使其相符。

第四章 对外投资内部控制

第十五条 长期投资包括股票投资、债券投资和其他投资。

1. 长期投资项目要在市场预测的基础上，立项进行可行性研究，考虑资金的时间价值和投资的风险，经过经理办公会研究决定后方可实施。财务部门要为决策提出参考意见，履行严格的财务手续，督促、检查项目的执行和效益情况。

2. 健全股票、债券和投资凭证登记保管和严格记名登记制度。主管长期投资的部门，要有两人以上的人员共同管理，对股票、债券和投资凭证的名称、数量、价值及存放日期做好详细记录，分别建立登记簿。除无记名证券外，企业购入的应登记于企业名下，切忌登记于经办人员名下。

3. 对长期投资项目做好详细记录，实施定期盘点。对投资企业，每隔半年（经营年度）清点（清理）一次资产负债和检查经营情况；对非控股企业，必须每年检查一次投资收益情况。对股票和债券投资，由财务部门做好会计记录，对每一种股票和债券分别设立明细账，并记录其名称、面值、证券编号、数量、取得日期、经纪人（证券商名称）、购入成本、收取的股息或利息等。对个别其他投资应设置明细账，核算投资及其投资收回等业务。每年至少一次清查盘点，保证账实相符。

4. 如长期投资出现亏损或总经理认为有必要，公司视具体情况授权财务部或委托会计师事务所，对亏损单位或项目进行审计，并据此对亏损予以确认，做出相应处理。

第十六条 短期投资。

1. 短期投资业务，要由总经理授权的主管业务部门和主要负责人办理。一般按照经办提出—主管审核—总经理批准—实际投资—验收登记—到期收回的程序办理。

2. 有价证券的会计记录、登记保管和定期盘点等制度可参照长期投资办法进行。

3. 若短期投资出现亏损，公司应授权财务部对业务部门经营情况进行审计，并呈报总经理批准列亏；若亏损较大，公司可委托会计师事务所对该项目进行审计。

第十七条 对外大额存款。

1. 对外大额存款业务，由总经理授权财务部负责办理。一般按信用调查—利息比较—主管审查—总经理批准—对外存款—到期收回的程序办理。

2. 对大额存款利息商定要有两人以上在场，还款收回、利息收入等要做好详细记录，及时入账。

第五章 销货与收款内部控制

第十八条 销货业务应统一归口由营业部办理，其他部门及人员未经授权不得兼办。销售业务一般按接受订单—通知生产—销货通知—赊销审查—发（送）货—开票—收票结算等程序办理。

第十九条 营业部根据生产经营目标和市场预测，编制营业收入计划，承接购货客户的订货单，通知生产部门组织生产、加工等业务工作。

第二十条 销售发票由财务部专人登记保管，营业部负责开票，发出销货通知给仓库发货和运输部门发运或送货。

第二十一条 销货业务的货款，应全部通过财务部审核结算收款，在发票上加盖财务收款专用章。赊销业务应经过信用审查，财务部应相互核对销货发票、销货单、订货单、运货单。

第二十二条 由营业部制定价格目录或定价办法及退货、折扣和折让等问题的处理规定，由财务部进行审核监督。

第二十三条 销货业务发生的退货、调换、修理和补件等三包事项，由营业部按规定办好业务手续后，凭证到财务部办理结算或转账手续。

第六章 购货与付款内部控制

第二十四条 企业的购货业务应统一归口由供应部负责办理，其他部门人员未经授权不得兼办。购货和付款业务一般按申购—订货—到货—验收—付款等程序办理，按合同承付货款有据，拒付有理。

第二十五条 供应部应根据生产经营需要和库存情况编制采购供应计划，对计划采购订货要签订合同或订货单。合同订单要求条款清楚、责任明确、内容全面。

第二十六条 市场临时采购，由使用部门根据需求提出请购单，报经供应部审批后办理，较大采购项目须报总经理审批。

第二十七条 所有购货业务须做到情报准、质量好、价格低、数量清、供货及时、运输方便等。

第二十八条 采购到货，要由仓库和质量检验部门进行验收，并由仓库保管员、质量检查员及有关负责人在验收单上签章。

第二十九条 不论是计划合同订货还是市场临时采购，购货付款手续均由供应部办理。

第三十条 到货验收付款后，由供应部请款经办人将审核无误的订货单、验收单、发票账单附在请款单第一联后，经有关业务主管审批，到财务部办理审核报销转账手续。

第三十一条 财务部核对从仓库签收的验收单和供应部报销转来的发票账单所附的验收单，以掌握购货业务的请款、报销及在途物资的情况。

第七章 生产与费用内部控制

第三十二条 有关生产业务由生产部负责。对于原材料的消耗及成本费用的发生和控制，应由生产部和财务部及所有有关部门建立成本责任制，严格管理成本费用的开支范围和开支标准。

第三十三条 建立严格的领退料制度，按技术消耗定额发料，按实际消耗计算材料成本。

第三十四条 加强人事和工资管理，核实工资的计算与发放，正确处理工资及福利费的核算与分配。

第三十五条 重视制造费用发生的核算与分配。注意物料消耗、折旧费的计算、费用项目的设置等是否合法合理。

第三十六条 生产成本、运输成本、营业成本的计算要真实合理，不得乱挤乱摊成本。要划清在产品与完工产品和本期成本与下期成本及各种产品成本之间的界限。

第三十七条 期间费用、管理费用、财务费用、营业费用、销售费用的计算要合法合理，支出要符合开支范围和开支标准，凭证手续要合规。

第八章 存货与仓库内部控制

第三十八条 加强存货和仓库的管理，建立仓库经济核算，必须做到账、卡、物和资金的一致。

第三十九条 对存货数量较大的企业，应实行永续盘存制。建立收发存和领退的计量、计价、检验及定期盘存（每半年一次）与账面结存核对的办法。其本期耗用或销货成本，按领发货凭证计价确定。

第四十条 对存货实行永续盘存制有困难的企业，可实行实地盘存制。

第四十一条 存货计价方法。

1. 按实际成本进行日常核算的，采用加权平均法计价。

2. 按计划成本进行日常核算的，采用计划价格计价，期末分摊价格差异。

第四十二条 低值易耗品，采用一次摊销。如一次领用数额较大，影响当期成本费用，可通过待摊费用分次摊销。

第九章 工资与人事内部控制

第四十三条 职工的聘用、解聘、离职和起薪、停薪及工资变动等事项，应由人力资源部及时以书面凭证通知财务部和员工所在单位，作为人事管理和计算发放工资的依据。

第四十四条 工资的计算和支付，要严格按照考勤制度、工时产量记录、工资标准及有关规定进行。并根据工资总额和有关部门规定的标准，正确计提应付职工福利费、职工教育经费、工会经费。

第四十五条 对职工的责任赔款，应由有关业务部门和人力资源部依据有关法规，并经职工本人签字同意后，方可转财务部扣款。

第四十六条 领取工资均应由本人签章。本人不在应由其指定人员或其同组人员代领并签章。在规定期限内未领取的工资，应退回财务部并记入“其他应付款”账户。

第四十七条 根据成本核算办法，将工资及职工福利，按职工类别、工时产量统计和单位工资标准，合理分配记入产品直接工资成本、制造费用、销售费用和管理费用等有关账户。

第十章 收入利润内部控制

第四十八条 当期实现的主营业务收入包括销售收入、运输收入、营业收入和经营收入，要全部及时入账，并和与之对应的销售成本、运输成本、营业成本和经营成本相互配比，减去当期应变的营业税金及附加和期间费用后的余额，即为主营业务利润。

第四十九条 当期实现的其他业务收入要全部及时入账，并和与之对应的其他业务支出相配比，求出其他业务利润。

第五十条 按规定计算投资收益，对投资收益的取得要合法，确定要符合权责发生制，计算要合规、入账要及时、处理要恰当；对投资损失的计算要合法、正确和实事求是。

第五十一条 对营业外收支项目的设置要合法、合理，收支项目的数额要真实、正确，账务处理要恰当。

第五十二条 企业利润总额依照有关部门规定作相应调整后依法缴纳所得税，再按规定的顺序和一定比例进行分配。

第五十三条 企业发生年度亏损，可用下一年度的税前利润等弥补；下一年度的利润不足弥补的，可以在5年内延续弥补；5年内仍不足弥补的，用税后利润等弥补。

第十一章 固定资产内部控制

第五十四条 实行财产主管部门、财产使用部门和财务核算管理部门综合核算管理的分工负责制。

1. 财产主管部门，是指本公司工程部，负责固定资产登记管理、建设和购置、处置和报废等业务。

2. 财产使用部门，是指占有、使用固定资产的各部门，负责固定资产的合理使用、保管与维修。

3. 财产核算管理部门，是指本公司财务部，负责固定资产的核算、综合价值的管理，每年组织清查盘点一次。

第五十五条 固定资产的建设与购置，一般按下列程序办理。

1. 申请购建：由各使用部门提出增加固定资产的报告，交工程部进行可行性研究后，提出购建报告。

2. 审核批准：呈报总经理审核批准。

3. 对外订货：由工程部负责对外订货，签订建设安装工程合同。

4. 建设安装：由工程部负责监督施工单位施工，按工程进度付款。

5. 验收使用：由工程部组织验收，交付使用部门使用。

6. 结算付款：根据固定资产购建报告，以订货、验收单、工程合同、完工交接单、竣工决算、发票收据等凭证单据，经工程部审核无误后报总经理批准，到财务部办理付款结算手续。

第五十六条 固定资产的处理与报废。

固定资产的停用、出售或报废处理，均由各保管使用部门提出意见，交工程部审核，报总经理批准后进行处理，并报财务部审核后作财务处理。

第十二章 分析和考核

第五十七条 本公司和所属企业，可按照行业的特点，使用下列财务评价指标：

1. 流动比率＝流动资产/流动负债×100％

2. 速动比率＝（流动资产－存货）/流动负债×100％

3. 应收账款周转率＝赊销收入/应收账款平均余额×100％

4. 存货周转率＝销货成本/平均存货×100％

5. 资产负债率＝负债总额/资产总额×100％

6. 资本利润率＝利润总额/资本金总额×100％

7. 营业收入利税率＝利税总额/营业收入×100％

8. 成本费用利润率＝利润总额/成本费用总额×100％

第五十八条 本公司和所属各分公司内部，实行分部核算。核算单位实行自定目标、核定收入、控制成本、责任考核、资产承包及超额有奖的办法。

第十三章 内部审计

第五十九条 公司设专职内部审计机构和人员，负责公司各部门和所属各分公司的内部审计工作。

第六十条 公司每年对所属企业进行一次年度例行审计。

第六十一条 如董事会或总经理认为有必要，可随时对所属公司进行专项审计。

第十四章 附 则

第六十二条 本制度经公司董事会批准，于公布之日起实行。

第六十三条 本制度解释和修订权归公司财务部。

2 货币资金内部控制制度

第一条 货币资金业务内部控制的基本要求。货币资金业务是指现金、银行存款和其他货币资金的收支业务。它具有业务数量大、发生范围广的特点。货币资金收支业务的内部控制，是整个内部控制制度设计的关键。

1. 实现钱账分管，出纳员不得负责总账的记录。

2. 各种收付款业务均应集中于出纳部门办理，任何部门和个人不得擅自出具收款凭证或付款凭证。

3. 现金收入和支出必须立即记账，应定期或不定期检查现金记账情况并进行账务核对。

4. 一切货币资金收入都要入账，不得将出售残料、废料的收入以及罚款、赔款的收入等列作账外处理。

5. 银行存款收付业务必须定期与对账单核对（至少每月一次），并由出纳员以外的人员编制或审核银行调节表。

6. 库存现金除日常周转需要外，应每日解交银行，库存现金必须存放于保险柜。

7. 发票与收据必须按编号顺序使用，领用空白发票（银行票据）和收据必须进行登记。

8. 支票签发必须由出纳员和财务部负责人两个以上签字，并应设置支票签发登记簿进行记录，空白支票不得签名盖章。

9. 所有付款业务只有经过审核批准后方可支付。

10. 一切收付款必须凭证齐全，收付业务完成后必须加盖收讫和（或）付讫的印章。

11. 所有与现金或银行存款收付业务有关的人员在业务处理后都必须在相关文件上签字，以备追溯责任。

12. 出纳员在每天工作结束时要清点现金、核对账目，主管部门应进行不定期检查。

第二条 货币资金收入业务的内部控制方式。企业的现金收入主要有销售货物收入现金和回收欠款收入现金。

1. 销售货物收入现金的内部控制主要采用填制“销货单”的方式。

2. 回收欠款收入现金的内部控制单位在办理回收各种应收及暂付款项的业务时，应尽可能通过开户银行。如果采用收取现金的方式，应采取以下措施：

(1) 出纳员直接向交款人收取现金时，必须由出纳员开具事先印有连续编号的“现金收据”，采用复写方式，一式三张。在加盖财务专用章和出纳章以及交款人签章后，将其中一张给交款人作为交款凭证，一张送交会计部门作为记账依据，一张留作存根。

(2) 为保证现金收据的规范使用，应重点检查其编号是否连续，如有短缺，应及时查明原因，即使是作废的收据，也应将三张收据加盖“作废”字样后，一并送交会计部门检查、归档保管。

“现金收据”也可以由会计员开具，然后交给出纳员加盖公章和出纳章，同时收取现金。

第三条 货币资金支出业务的内部控制方式。

1. 建立严密完善的结算凭证管理制度，妥善保管各种凭证，尤其是现金支票和转账支票。

2. 严把各种凭证的使用关，出纳员开具支票时，财务主管应当审查批准，而不能让其独自办理。

3. 对已用和未用凭证应当由非保管人员定期检查。

4. 严格限制签发空白支票。

5. 随时与开户银行对账。

3 零用金管理细则

第一条 有关零用金的设置划分如下：

1. 财务部负责本企业零用金支付。

2. 总务组负责设置零用金管理人员，尽可能由原有办理总务人员兼办，必要时再研究设置专人办理。

第二条 企业每月零用金要经常保持固定数目，将来视实际状况或减或增，可另作规定。

第三条 企业零用金借支程序如下：

1. 企业零星费用开支，如需预备现金，应填具零用金借款通知单，交零用金管理人员，即凭单支给现金。

2. 零用金的暂支，不得超过 1 000 元，特别情况应由企业经理核准。

3. 零用金的借支，经手人应在一星期内取得正式发票或收据并加盖经手人与主管的签章后，交零用金管理人冲转借支；如超过一星期尚未办理冲转手续，将该款转入经手人私人借款，并于当月发工资时一次扣还。

第四条 零用金保管及作业程序如下：

1. 零用金的收支应设立零用金账户，并编制收支日报送呈经理核阅。

2. 零用金每星期应将收到的发票或收据，编制零用金支出传票结报一次，送交财务部。

3. 财务部收到零用金支出传票后，应于当天即行付款，以期保持零用金总额与周转。

4. 财务部收到零用金支付传票，补足零用金后，如发现所附单据有疑问，可直接通知各部经手人办理补正手续；如经手人延迟不办，可照企业有关规定处理。

5. 零用金账户应逐月清结。

第五条　零用金应由保管人出具保管收据，存财务部，如有短少，概由保管人员负责赔偿。

第六条　本细则经总经理批准后实施。

4　销售业务内部控制制度

第一条　现销业务的内部控制。

1. 客户购货时，由销售部门填制一式数联的销货单，注明购货单位和货物名称、规格、数量、单价、金额等，经部门负责人审核签章后，留一联作为存根，进行业务核算，其余交客户办理货款结算和提货。

2. 客户持销货单向财会部门交款。财会部门对销货单认真审核后，办理收取货款的手续，并加盖财务专用章和有关人员的签章，留一张编制记账凭证，其余退给客户。

3. 客户持销货单中的提货联向仓库提货。仓库保管人员对销货单复核，确认已办妥交款手续后，予以发货，并将提货联留下登记仓库台账。

第二条　赊销业务的内部控制。

1. 严格订货单制度，强化销售合同的作用。凡赊销业务，采用订货方式，订单确定后列入销售计划，作为日后发货的依据，防止无计划地发出货物。

2. 建立赊销业务批准制度，赊销业务应经过财务负责人的批准，未经批准，销售部门不得指令仓库发货，以防止因不了解客户信用度而造成损失。

3. 及时登记销售明细账和应收账款明细账。在发出货物后，会计部门应对销售部门开具的销货单以及相关的合同、订单等进行审查核对，正确无误后编制记账凭证，并及时登记销售明细账和应收账款明细账，以充分发挥账簿的控制作用。

4. 定期与购货单位核对账目，并按有关规定及时收取货物。对账中发现的问题应及时查明原因处理，收回货款应及时登记应收账款明细账，确保双方账目相符。

5　采购业务内部控制制度

第一条　填写请购单，办理申请手续。

请购单一般采用两张复写方式，详细注明请购部门、请购物资名称、规格、数量、要求、到货日期及用途等内容，一并交供应部门。供应部门据此办理订货手续后，将其中一张退回请购部门，以示答复。

第二条 签订订货单，规范采购活动。

企业中除零星物品的采购可随时办理外，大宗购买业务应尽可能签订合同并采用订货单制度，以保证采购活动的规范化。

订货单可据实际情况，采用数张复写方式，其中一张送交供货单位，请求发货；一张转交仓库保管部门，作为核收物品时与发票核对的依据，即验收货物的依据；一张留作存根，在供应部门归档保存，以便对订货与到货情况进行查对、分析。

第三条 填制入库单，严格验收制度。

采购部门购买回的各种材料物品，都应及时送交仓库验收。验收人员应当对照销货单位的发货票和购货订单等，对每一种货物的品名、规格、数量、质量等进行严格查验，在保证正确、相符的基础上填写入库单（或收料单）。

6 生产成本内部控制制度

第一条 生产成本内部控制的基本要求。

1. 成本的计算必须以原始记录为依据。
2. 成本计算必须具有健全的原始凭证。
3. 应该进行定额管理。
4. 在产品、产成品的转移必须有严格的交接手续。
5. 必须定期对在产品和完工产品进行清点。
6. 费用分配表必须进行审核方可进行转账处理。
7. 成本计算表必须经过审核。

第二条 生产成本内部控制的具体方式。

1. 制定成本开支范围和标准。
2. 制定成本计算原始记录。
3. 制定消耗定额。
4. 制定其他有关制度，如领料退料制度、在产品和产成品盘点制度等。
5. 确定成本计算的截止日，作为本期费用与下期费用划分的标准。

第三条 生产成本计算方法。

1. 确定成本项目。成本项目反映了产品成本的构成情况，并有利于成本分析与控制。成本项目按费用要素确定，设置原材料、燃料、动力、辅助材料、工资、制造费用等项目。

2. 确定成本计算对象和方法。企业生产有单件生产、小批量生产、大量生产等情况，生产工艺有装配式和连续式的情况。根据这些特点，可以分别以品种、类别、加工步骤为成本计算对象，并分别选择品种法、分步法、定额比例法（分批法）等成本计算方法。各种计算方法一旦确定，财务必须备案，不得随意调整。

3. 确定费用确认和分配的标准。费用确认的标准如固定资产折旧方法、低值易耗品摊销方法、大修理费用的计提与摊销方法。费用分配的标准指间接费用的分配方法，如制造费用分配时可采用工时比例法、直接费用比例法、消耗定额比例法等，各车间按具体情况分别确定，一旦确定，不得随意变动。

4. 确定产成品、在产品划分的标准。在划分时可以按实际情况选用不同的方法，如在产品很少的情况，可不计在产品成本；在产品比较稳定时，在产品成本可确定为一个定量；在产品波动较大时，按一定的比例分配。分配时主要可采用约当产量法和定额比例法。

5. 确定成本计算的程序。成本计算主要在车间和会计部门进行，各种转账、分配计算等分别在车间和会计部门进行。成本计算所需原始凭证应定期传交会计部门。

7 财务报销操作管理制度

第一条　固定资产报销。

1. 购置固定资产，必须先有批准的购置计划，控购商品必须经董事会向有关部门办理专项控制证明单才能购买。

2. 在当日内购置，经领导批准可借用空白支票在计划范围购置，如能事先知道价格、单位名称及账号，可办理借款手续，经领导批准，由财务部开支票。

3. 固定资产报销时须建立固定资产卡片，并有资产编号，财务才准予报销。

4. 固定资产经财务报销后，财务部列入“内部往来成本费用”科目。

第二条　材料采购报销。

1. 采购部门提出次月原材料及备用品、备件购置的购料计划，经领导批准后报财务部做出次月定额用款计划。

2. 凡购入材料物品，必须填写入库验收单（一式三联，采购、仓库、财务部各一联）后，才予以报销。

3. 材料物品领用时，必须填领料单（一式三联，领用人、仓库、财务部各一联）。

4. 仓库保管员兼材料会计，每月与财务核对账目，发现问题及时找出原因并更正。

5. 年终物资部应盘点一次，列出材料清单与财务部核对，并作出盈亏表。

6. 采购部门可借支备用金，作为零星购料周转，工程部也可以借支备用金，作为急需采购维修物品用，年终备用金全部交财务部，第二年再借。

7. 采购人员经领导批准可借支空白支票（限制一定数额内开支），必须在三天内到财务报销。如果取得正式发票，可办理报销手续，不再借支空白支票。

8. 各项预付款先填借款单，经企业主管领导批准，按合同要求付款。

第三条 费用报销。

1. 本条所称费用，主要指管理费用中的办公费、差旅费、业务招待费等可控费用。

2. 费用实行预算管理，严格控制支出。各责任部门、单位在费用使用限额内安排使用。

3. 公司人员出差、办理业务、购买需用品等需要在公司借款时，应填制借款凭证，标明借款理由、借款金额、出差地点等事项，经部门经理及规定的必要审批、审核人签字确认后，到财务部门办理借款。

4. 费用报销时，经办人应提供完整、真实的原始凭证，经办人、经办部门经理及规定的必要审批、审核人应依次在发票、差旅费报销单等凭证上签字，财务部门报销人员应认真审核原始凭证的合法性、真实性、完整性，并按照有关规定和标准予以报销付款，以前有借款的应当首先冲减前期借款，原则上前清后报，不得占用公司资金。

5. 虚假发票不能报销、超标准且无审批或审核不能报销、白条不能报销。

第四条 财务部门应当根据报销凭证按照部门、业务性质核算和考核相关部门责任费用。各部门应建立统计台账，有效控制费用支出。公司各单位应严格对各责任部门、人员执行费用预算情况进行考核、奖惩。

8 借款及费用报销审批制度

第一章 总 则

第一条 为完善财务控制制度，充分发挥财务部门的监督控制作用，特制定以下审批标准及程序。

第二章 借款审批及标准

第二条 出差人员借款，应先到财务部领取借款凭证，填写好该凭证后，先经部门经理同意，再由各级主管领导批准，最后由财务经理审核后，方予借支。前次借支在出差返回时间超过三天无故而未报销者，不得再借款。

第三条 外单位、个人因私借款，在填写借款凭证后，一律由财务总监审批，经财务经理审核后，方予借支。凡借用公款的员工，在原借款未还清前，不得再借。

第四条 试用人员如果借支差旅费或临时借款，必须由正式员工出具担保书或签认担保，方能办理。若借款人未能偿还借款，担保人应负连带责任。

第五条 各项借款金额在3 000元以内的按上述程序办理，超过3 000元的须报请财务总监审批。

第六条 借款出差人员回公司后，应在三天内按规定到财务部报账，报账后结清借款。如三天内不办理报销手续的欠款部分，财务部有权在其当月工资中扣回。

第三章 出差开支标准及报销审批

第七条 住宿。公司部门副经理以上人员，平均每天不能超过××元，业务主管每天不能超过××元，业务员平均每天不能超过××元。高层领导如果因工作需要住宿费超过每天××元标准，经财务总监批准后，可给予报销。

第八条 出差补助。按出差起止时间每天补助××元。

第九条 市内短途交通费。费用控制在人均每天××元以内，凭票据报销。

第十条 其他杂费。如存包裹费、电话费和其他杂项费用，控制在平均每人每天××元内，费用凭单据报销。

第十一条 车船票。按出差规定的往返地点、里程，凭票据核准后，给予报销。

第十二条 出差人员应事先整理好报销单据，由主管会计对单据进行全面审核，同时按出差天数填上住勤补贴，然后由部门经理签字并报有关各级主管领导批准，经财务经理审核后，方能报销。

第十三条 出差坐飞机，需由部门经理批准；连续三个月亏损的单位人员出差，一律不准乘坐飞机（特殊情况报上一级领导批准）。

第四章 业务招待费标准及审批

第十四条 总公司本部各业务部的业务招待费，应控制在各部门完成的营业收入的2.5‰以内，由部门经理掌握开支，超过部分一律在年终利润分配留成公益金中相应予以扣除。

第十五条 凡属指标内的业务招待费，报销单据必须为税务部门的正式发票，由经手人签名，并注明用途，由部门经理加签证实后，再报财务经理审核，方能付款报销。

第十六条 超出指标外的业务招待费，一般不予报销，如果出现特殊情况，须经总经理审核、董事长批准，方能报销。

第五章 其他有关费用的开支标准及审批

第十七条 属生产经营性的各项费用，2 000元以内的应凭税务部门的正式发票，先由经办人和部门经理签名后，报分管领导批准，然后送财务经理审核报销；费用超过 2 000 元时，须报财务总监批准。

第十八条 属非生产经营性的各项费用，2 000 元～5 000 元的则应报财务总监批准，超过 5 000 元的报董事长批准。

第六章 附 则

第十九条 如经费开支审批人出差在外，则应由审批人指定代理人签署，并交财务部备案，指定代理人可在此期间内行使相应的审批权力。

第二十条 本规定自颁布之日起实施。

9 备用金管理制度

第一条 为了加强项目部备用金的管理，提高资金使用效率，有效控制资金占用，特制定本制度。

第二条 备用金是单位内部各部门工作人员用作零星开支、业务采购、差旅费等以现金方式借用的款项。

第三条 实行备用金制度有利于各部门工作人员积极灵活地开展业务，从而提高工作效率，但必须做到专款专用，不得挪用和贪污，一经发现严肃处理。

第四条 备用金借款和报销手续。

1. 工作人员需临时借用备用金时，先到财务部索取借款单，借款单一式三联，借款人应按规定的格式内容填写借款日期、借款部门、借款人、借款用途和借款金额等事项，经项目主管经理签字同意，再由财务负责人签字批准后，方可到财务部办事处办理借款手续。

2. 借款人员完成业务后应在三日内到财务部办事处索取报销单，填写好报销单的各项规定内容，并经主管经理审批后，再将报销单返回财务部办事处，财务人员根据财务制度规定认真审核，审核无误后，办理报销手续。

3. 借款人办理报销手续时，财务人员应查阅备用金台账，查明报销人员原借款金额，对报销的超支款项应及时付现退还本人，对报销后低于备用金金额款项的，应让其退回余额以结清原借款单所借账款。

第五条 因业务原因长期借用备用金的人员可由财务部根据实际情况核定，拨出一笔固定数额的现金并规定使用范围；使用部门必须设立专人经管定额备用金，备用金经管人员必须妥善保存支付备用金的收据、发票以及各种报销凭证，并设备用金登记簿，记录各种零星支出。

第六条 财务部应当按照借款日期、借款部门、借款人、用途、金额、注销日期建立备用金台账，按月及时清理。

第七条 借用备用金的人员应及时冲账，对无故拖延者，财务部将从下月起直接从借款人工资中抵扣，不再另行通知。

第八条 跨年度使用备用金时，年底必须重新办理借款手续，并冲销年借款。

10 电算化内部控制制度

第一条 加强程序操作控制。为了保证信息处理质量，减少产生差错和事故的概率，制定上机守则与操作规程的办法如下：

1. 无关人员不能随便进入机房。
2. 各种录入的数据均需经过严格的审批并具有完整、真实的原始凭证。
3. 数据录入员对输入数据有疑问，应及时核对，不能擅自修改。
4. 机房工作人员不能擅自向任何人提供任何资料和数据。
5. 不准把外来的软盘带进机房。
6. 发生输入内容有误的，需按系统提供的功能加以改正，如编制补充登记或负数冲正的凭证加以改正。
7. 开机后，操作人员不能擅自离开工作现场。
8. 要做好数据日备份，同时还要有周备份、月备份。

第二条 加强人员职能控制。企业必须制定相应的组织和管理控制，明确职责分工，加强组织控制。

第三条 加强系统安全控制。主要包括接触控制和环境保护、安全控制。主要的控制措施包括：

1. 禁止非电脑操作人员操作公司电脑。
2. 设置操作权限。
3. 数据存储和处理相隔离。
4. 设置接触与操作的日志控制。
5. 注意环境保护控制，注重机房环境保护，配备保护性设备，以及安全供电系统的安装等。

第四条 加强内部审计。

1. 对会计资料定期进行审计。
2. 审查机内数据与书面资料的一致性。
3. 监督数据保存方式的安全、合法性，防止发生非法修改历史数据的现象。
4. 对系统运行各环节进行审查，防止存在漏洞。

第四部分　中小企业会计账务管理制度

1 原始凭证规范化管理制度

第一条　所有用以证明会计事项发生及经过的文书、单据，统称为原始凭证。

第二条　会计业务的处理程序，应根据合法的原始凭证，登记记账凭证；根据合法的记账凭证，登记会计账簿；根据符合规定的会计账簿，编制会计报告。如原始凭证的格式及其所载的项目具备记账凭证条件，可代替记账凭证。

第三条　各种特殊会计事项，依本公司规定处理难以进行时，须参照一般会计的原理、原则、方法或习惯，在不违背政府法令范围内进行处理。

第四条　原始凭证的内容必须具备：凭证的名称，填制凭证的日期，填制凭证单位名称或者填制人姓名，经办人员的签名或者盖章，接受凭证单位名称，经济业务内容、数量、单价和金额。

第五条　从外单位取得的原始凭证，必须盖有填制单位的公章；从个人取得的原始凭证，必须有填制人员的签名或者盖章；自制原始凭证必须有经办单位领导人或者其指定的人员签名或者盖章；对外开出的原始凭证，必须加盖本单位公章。

第六条　凡填有大写和小写金额的原始凭证，大写与小写金额必须相符。购买实物的原始凭证，必须有验收证明。支付款项的原始凭证，必须有收款单位和收款人的收款证明。

第七条　一式几联的原始凭证，应当注明各联的用途，只能以一联作为报销凭证。

第八条　原始凭证不得涂改、挖补。发现原始凭证有错误的，应当由开出单位重开或者更正，更正处应当加盖开出单位的公章。

第九条　对于数量过多的原始凭证，可以单独装订保管，并在封面上注明记账凭证日期、编号、种类，同时在记账凭证上注明“附件另订”和原始凭证名称及编号。

第十条　各种经济合同、存出保证金收据以及涉外文件等重要原始凭证，应当另编目录，单独登记保管，并在有关的记账凭证和原始凭证上相互注明日期和编号。

第十一条　原始凭证不得外借，其他单位如因特殊原因需要使用原始凭证时，经本单位会计机构负责人、会计主管人员批准，可以复制。向外单位提供的原始凭证复印件，应当在专设的登记簿上登记，并由提供人员和收取人员共同签名或者盖章。

第十二条 发生销货退回的，除填制退货发票外，还必须有退货验收证明；退款时，必须取得对方的收款收据或者汇款银行的凭证，不得以退货发票代替收据。

第十三条 经上级有关部门批准的经济业务，应当将批准文件作为原始凭证附件，如果批准文件需要单独归档，应当在凭证上注明批准机关名称、日期和文件字号。

第十四条 从外单位取得的原始凭证如有遗失，应当取得原开出单位盖有公章的证明，并注明原来凭证的号码、金额和内容等，由经办单位会计机构负责人、会计主管人员和单位领导人批准后，才能代作原始凭证。如果确实无法取得证明，如火车、轮船、飞机票等凭证，由当事人写出详细情况，由经办单位会计机构负责人、会计主管人员和单位领导人批准后，代作原始凭证。

第十五条 会计机构、会计人员应当对原始凭证进行审核和监督。

第十六条 原始凭证如有下列情形者，当视为不合法：法令明定为不当支出者，数据、数字、计算错误的，收支数字与规定及事实经过不符的，与公司有关规定抵触的。

第十七条 对不真实、不合法的原始凭证，不予受理；对弄虚作假、严重违法的原始凭证，在不予受理的同时，应当予以扣留，并及时向单位领导人报告，请求查明原因，追究当事人的责任。

第十八条 对记载不明确、不完整的原始凭证，予以退回，并要求经办人员更正、补充。

第十九条 除结账和更正错误的记账凭证可以不附原始凭证外，其他记账凭证必须附有原始凭证。

第二十条 如果一张原始凭证涉及几张记账凭证，可以把原始凭证附在一张主要的记账凭证后面，并在其他记账凭证上注明附有该原始凭证的记账凭证的编号或者附原始凭证复印件。

第二十一条 一张原始凭证所列支出需要几个单位共同负担的，应当将其他单位负担的部分，开给对方原始凭证分割单，进行结算。原始凭证分割单必须具备原始凭证的基本内容：凭证名称、填制凭证日期、填制凭证单位名称或者填制人姓名、经办人的签名或者盖章、接受凭证单位名称、经济业务内容、数量、单价、金额和费用分摊情况等。

第二十二条 会计机构、会计人员要根据审核无误的原始凭证填制记账凭证。

2 记账凭证规范化管理制度

第一条 凡不规范或不合法的原始凭证不得作为登记记账凭证的根据。

第二条 记账凭证的编制，应根据原始凭证进行。

第三条 应该具备原始凭证而事实上没有原始凭证或原始凭证无法取得的会计事项，应由经办人员签报，并经主管各层的核准及主管会计的会签，送与主管部门批准后，才可以编制记账凭证。事后如取得原始凭证时应检附。

第四条 记账凭证内所记载的会计事项及金额，均应与原始凭证内所表示者相符。原始凭证的余额，如不以分位为止，应将分位以下的数字四舍五入记入记账凭证。

第五条 凡从一科目转入其他科目时，借贷双方的会计科目虽属相同，而会计事项的内容并不相同，或总分类科目虽属相同，而明细分类账科目并不相同者，均应根据项目记账凭证转正。但属于成本计算科目另有规定处理方法者不在此限。

第六条 现金、票据、证券及财产增减、保管、转移，应随时根据合法的原始凭证填具记账凭证。但有关生产成本已随时根据合法的原始凭证而直接记入明细分类账者，须按期分类汇总填具记账凭证。

第七条 记账凭证有下列情形者，视为不合法的凭证，应更正：

1. 记账凭证根据不合法的原始凭证填制者。
2. 未依规定程序编制者。
3. 记载内容与原始凭证不符者。
4. 会计法规定应行记载事项未记明者。
5. 依照规定，应经各级人员签章，但未经其签名盖章者。
6. 有记载、抄写、计算错误而未遵照规定更正者。
7. 其他与法令、公司规章不合者。

3 会计账簿规范化管理制度

第一条 除公司另有规定外，会计人员均应依据记账凭证登记会计账簿。

第二条 根据记账凭证登记账簿时，总分类账应先汇编“日记余额试算表”，然后根据该表转入，其明细分类账应根据记账凭证登记。

第三条 登记时，其账簿内所记载的会计科目、金额及其他事项，均应与记账凭证内所载者相同。

第四条 日记余额试算表的编制及各种账簿的登记，应每日进行。

第五条 账簿有以下情形者，视为不合法的账簿，应予更正。否则，不得据以编制会计报告。

1. 不依据正确的记账凭证或原始凭证进行登记的账簿。

2. 日记试算表及账簿的内容与计账凭证或原始凭证不符，或总分类账的内容与日记试算表不符的。

3. 记载、抄写、计算等错误，不依规定更正者。

4. 其他不合法的情况。

第六条 总分类账及明细账，原则上均应按日结算借贷的余额，如果事实上无须此要求，可根据实际情况改为每周进行。但每月终了时，必须办理一次结总，计算各账户“本月合计”和“截至本月累计”，以利于月报的编制。

第七条 公司有以下情况之一时，应办理结账：

1. 会计年度终了时。

2. 公司改组合并时。

3. 公司解散时。

4. 主管部门认为公司有需要或配合利润中心的制度实施时，每三个月需结账一次。

第八条 结账前要对下列各项整理分录：

1. 所有预付、预收、应收、应付各科目及其他权责已发生而尚未入账的各项事务的整理分类。

2. 折旧、坏账及其他属于本结账期内的费用整理记录。

3. 材料、成品等实际存量与账面不符的整理记录。

4. 其他应列为本结账期内的损益和截至本结账期结束已发生的债权债务而尚未入账的。

第九条 账簿和重要备查簿内记载错误而当时被发现，应由原记账人员划双红线注销更正，并于更正处盖章证明，不得挖补、刮擦或用药水涂抹。

如事后才发现错误，而其错误不影响结款的，应由发现人员将情况呈明主管人员更正；若其错误影响结款或相对账户的余额者，应另制传票更正。数字书写错误，无论写错一位或数位，均应将该错误数据全部用双红线划去，另行书写正确数字，并由记账人员盖章证明。

第十条 账簿及重要备查簿内有重揭两页产生空白页时，应将空白页划斜红线注销，如跳过一行或两行，应将误空的行划红线注销，划线注销的账页空行均应由记账人员盖章证明。

第十一条 各种账簿总的首页，应列启用单，说明公司名称或各厂名称、账簿名称、年度、册次页数、启用日期，并由负责人和主办会计盖章。各种账簿的末页，应附经营人员一览表，填明记账人员的姓名、职别、经管日期。凡经管账簿人员遇有职务调离时，须将各项账簿由原经管人员与接管人员在账簿“经营人员一览表”内写明交接年、月、日，并盖章证明。

第十二条 各种账簿账页的编号，除订本式应按账页顺序编号外，活页式账簿应按各账户所用的账页顺序编号，年度终了时应予装订成册，总分类账和明细分类账应在各账本前加一目录。

第十三条 各种账簿除已经用尽外，在决算期前不得更换新账簿。其可长期连续记载的，在决算期后，不用更换。

第十四条 各种账簿在使用前应检查页数编号，并贴足印花税票，其主要账簿应送当地税务机构检印。

4 记账凭证核算组织程序

第一条 根据一定时期的所有原始凭证和汇总原始凭证，编制记账凭证（包括收款凭证、付款凭证、转账凭证）。

第二条 根据记账凭证中的收、付款凭证，逐笔登记现金和银行存款日记账。

第三条 根据原始凭证、汇总原始凭证和记账凭证，登记明细分类账。

第四条 根据记账凭证，登记总分类账。

第五条 月末，将现金日记账、银行存款日记账、明细分类账与总分类账进行核对，确定各种账簿记录是否相符。

第六条 根据核对无误的总分类账和明细分类账记录，编制会计报表。

5 科目汇总表核算组织程序

第一条 根据原始凭证填制记账凭证。

第二条 根据收、付凭证登记收、付、余三栏式的现金日记账和银行存款日记账。

第三条 根据原始凭证和记账凭证，登记各种明细分类账。

第四条 根据记账凭证定期汇总编制科目汇总表。

第五条 将一定期间的全部记账凭证按照相同科目的借方与贷方归类，定期汇总每一会计科目的借方本期发生额和贷方发生额，填写在科目汇总表的相关栏内。

第六条 根据科目汇总表登记总分类账。

第七条 月末，将现金日记账、银行存款日记账和各明细分类账的余额与总分类账的有关账户余额进行核对。

第八条 月末，根据总分类账和明细分类账编制财务报表。

6 记账凭证交接和系统操作管理制度

第一条 制证人员必须依据国家有关法规、财务基础工作和系统技术要求审核原始凭证、编制记账凭证，并及时交审核员审核。

第二条　审核员应认真审核记账凭证，审核无误后在记账凭证上用打号机打连续号码，并对现金凭证填写消号单；将编好号码的凭证交出纳员。

第三条　出纳员每天按时将记账凭证整理好，在记账凭证传递及系统操作记录表（以下简称交接表）上填写凭证类型和起止凭证编号，并交微机管理员。

第四条　微机管理员将出纳员交来的记账凭证与交接表所填份数进行核对，验收无误后在交接表上签章并及时将记录输入微机，将列印出的凭证清单交账务管理员校对。

第五条　账务管理员收到记账凭证清单，验收份数无误后，及时校对记账凭证与清单内容是否相符，如有不符的情况，应将其凭证编号填入交接表有关栏目，并在凭证清单上更正，最后在交接表上签章。

第六条　微机管理员根据账务管理员反馈回来的数据，录入日记账及其他操作并将现金、银行日记账交出纳员。

第七条　档案管理员将账务管理员交来的凭证进行验收，确认无误后在交接表上签章，并装订存档。

第八条　为严格记账凭证的审核，尽可能地减少编制、输入记账凭证的差错，应实行逐级把关的责任制，即编制、审核、输入、校对各岗位的人员，除对本岗位工作负主要责任外，对其以前工作流程的工作质量负一定的责任。

7　会计档案管理制度

第一章　总　则

第一条　为加强财务部门未移交公司档案室的会计档案的管理，规范会计档案归档、使用行为，制定本制度。

第二章　会计档案的分类

第二条　会计档案是指会计凭证、会计账簿、会计报表等会计核算专业材料以及其他与财务管理、会计核算业务有关的各种资料，它是记录和反映经济业务的重要史料和证据，分类如下：

1. 会计凭证。

（1）现金凭证。

（2）银行存款凭证。

（3）转账凭证。

(4) 材料领用单等单独装订的凭证附件。

2. 会计账簿。

(1) 总账、明细账：包括日记账及各种明细分类账。

(2) 备查账：包括应收应付票据备查账以及银行结算单据传递登记簿等各种备查账、登记簿。

3. 报表。

(1) 会计报表：包括快报、月报、季报、年报等。

(2) 成本报表。

(3) 基建报表。

(4) 预算报表。

(5) 纳税申报表：包括各种税费及出口退税的纳税申报表。

(6) 各子公司会计报表。

4. 发票。

(1) 发票存根：包括专用发票、普通发票、税务收据等已开具发票的存根。

(2) 抵扣联。

5. 合同。

(1) 借款合同：包括基建借款、技改借款、流动资金借款、银行承兑汇票等各种银行贷款合同、抵押合同。

(2) 技术合同：包括技术开发、转让、咨询、服务等合同。

(3) 购销合同及加工、劳务合同。

(4) 运输合同。

(5) 财产租赁合同。

(6) 其他合同。

6. 计算机软件、数据盘。

(1) 计算机安装盘、说明书。

(2) 应用软件：包括“用友”财务软件、预算软件、决算软件、企业基础信息填报软件、出口退税填报软件等各种应用软件。

(3) 数据备份：会计电算化数据备份、财务预算决算数据备份、企业基础材料数据备份等各种计算机数据备份。

7. 其他资料。

(1) 工资表。

(2) 应收、应付款项对账资料。

(3) 银行存款对账单及余额调节表。

(4) 企业基础材料。

(5) 产权登记、变动、年检资料。

(6) 会计工作移交表。

第三章　会计档案的整理和装订

第三条　“计算机软件、数据盘”类中的计算机安装盘、说明书，以及各种应用软件由财务部门系统管理人员保管。

第四条　会计报表、年度成本报表、预算报表除按保管期限交公司档案室归档保管外，财务部门经办的各岗位会计人员还应留存一份。

第五条　以下资料各经办人可以留存，并应报送会计主管留存保管。

1. 上报集团公司、三线办等外单位及上级单位的各种材料。

2. 各种债权债务诉讼纠纷的复印件。

3. 各项资产财务会计制度，包括财税部门、集团公司以及公司的各项资产财务会计制度。

4. 除贷款、抵押合同之外的各种与银行贷款有关的资料，以及银行贷款停计息挂账优惠政策等各种贷款资料。

5. 涉税文件，包括企业税收优惠政策、出口退税政策等各种文件资料以及纳税检查的各种资料。

6. 各子公司除会计报表外的各种资料。

7. 审计资料，包括集团公司对工厂审计、内部审计、工程审计以及其他专项审计材料。

第六条　每年形成的财务资料应及时汇集、整理，财务部门应分门别类立卷装订成册。

第七条　原始凭证大于记账凭证，应将原始凭证逐张折齐于记账凭证，防止原始凭证破碎损坏。

第八条　根据记账凭证编辑顺序整理，用蜡线装订成册，加盖贴封签，在封面上应写明凭证的起讫号、装订日期，并由会计主管盖章。

第九条　装订成册、总账、银行和现金日记账都应有编号，在年度终了后，必须检查有无缺页或漏页、错号和重复号。

第十条　在年度终了后，活页账必须另行装订，装订前由记账人员认真检查有无缺页，然后编号，加封面和封底，用蜡线装订成册。

第四章　会计档案的移交

第十一条　当年财务档案在年度终了后，暂时由财务部门保管一年，至第二年第一月，由财务部门按归档要求，立卷成册，编制清册后移交档案室。

第十二条　财务部门与档案室交接档案时，必须认真核对，做到账物相符，双方签名盖章，各留清单一份。

第十三条 财务部门必须按时将应归档的全部档案移交档案室，不得自行封包保存。档案室必须按期点收，不得推诿拒绝。

第十四条 档案室接收保管的会计档案，应保持原卷册的封装，如特殊原因必须拆封或抽出附页时，需经财务部门领导同意后，会同原经办人共同拆封，以分清责任。

第十五条 尚未履行完毕的合同，仍由经办会计人员保管，待履行完毕后交档案管理人员保管。

第五章 会计档案的查阅

第十六条 查阅会计档案，应在专设的登记簿上登记，查阅完毕，查阅人应按原归档位置放置。

第十七条 凡本公司有关人员，因工作需要借阅档案者，应做好登记，一般只允许在档案室阅档室查阅。查阅协议、合同及其他重要技术资料，必须经总经理同意。

第十八条 本公司有关人员如有实际情况必须借出者，须办好手续，当天归还，如超过两天以上者，须经领导批准签字后才能借出，但须如期归还。

第十九条 向外单位（包括公司其他部门）提供时，档案原件原则上不得借出，如有特殊需要，须经会计主管批准，但不得拆散原卷册，并应限期归还。

第二十条 经会计主管批准，可以向外单位提供原始凭证复制件，并应当在专设的登记簿上登记，由提供人员和收取人员共同签名或者盖章。借出的档案不得擅自复制、涂改、拆散、损坏，不得转借他人或外单位，如有违反者，视情节轻重严肃处理。

第二十一条 凡属不成熟的现行技术资料及保密文件，一律不外借。

第六章 附 则

第二十二条 本制度由财务部解释、补充，由公司总经理批准颁行。

第二十三条 本制度自公布之日起实施。

8 会计档案保管和销毁制度

第一条 为了加强会计档案的管理工作，特制定本制度。

第二条 会计档案是指会计凭证、会计账簿和会计报表等会计核算专业材料，它是记录和反映经济业务的重要史料和证据。档案管理部门必须加强对会计档案工作的管理，建立和健全会计档案的立卷、归档、保管、调阅和销毁等管理制度，切实地把会计档案管好。

第三条 每年形成的会计档案，都应由财务会计部门按照归档的要求，负责整理立卷或装订成册。

第四条 当年会计档案，在会计年度终了后，可暂由本单位财务会计部门保管一年。期满之后，原则上应由财务会计部门编造清册移交本单位的档案部门保管。

第五条 财务会计部门和经办人必须按期将应当归档的会计档案，全部移交档案部门，不得自行封包保存。档案部门必须按期点收，不得推诿拒绝。

第六条 档案部门接收保管的会计档案，原则上应当保持原卷册的封装，个别需要拆封重新整理的，应当会同原财务会计部门和经办人共同拆封整理，以分清责任。档案部门对于违反会计档案管理制度的，有权进行检查纠正，情节严重的，应当报告本单位领导或财政、审计机关严肃处理。

第七条 对会计档案必须进行科学管理，做到妥善保管，存放有序，查找方便。同时，严格执行安全和保密制度，不得随意堆放，严防毁损、散失和泄密。

第八条 会计档案要保管在清洁卫生、干燥通风的地方，注意防盗、防火、防蛀虫。以下几种特殊情况的会计档案，应按以下规定进行保管：

1. 公司如因撤销、解散、破产或者其他原因而终止时，在终止和办理注销登记手续之前形成的会计档案，应当由终止公司的业务主管部门或财产所有者代管或移交有关档案馆代管。法律、行政法规另有规定的，从其规定。

2. 分立后在原公司存续的，其会计档案应当由分立后的存续方统一保管，其他方可查阅、复制与其业务相关的会计档案；公司分立后原单位解散的，其会计档案应当经各方协商后由其中一方代管或移交档案馆代管，各方可查阅、复制与其业务相关的会计档案。公司分立中未结清的会计事项所涉及的原始凭证，应当单独抽出由业务相关方保存，并按规定办理交接手续。

3. 公司因业务移交其他单位办理所涉及的会计档案，应当由原单位保管，承接业务单位可查阅、复制与其业务相关的会计档案，对其中未结清的会计事项所涉及的原始凭证，应当单独抽出由业务承接单位保存，并按规定办理交接手续。

4. 公司合并后原各部门解散或一方存续其他方解散的，原各单位的会计档案应当由合并后的公司统一保管；公司合并后原各单位仍存续的，其会计档案仍应由原各单位保管。

5. 如有在建项目建设期间形成的会计档案，应当在办理竣工决算后移交给建设项目的接受单位，并按规定办理交接手续。

6. 公司之间交接会计档案的，交接双方应当办理会计档案交接手续。

第九条 各种会计档案的保管期限，根据其特点，分为永久、定期二类。定期保管期限分为3年、5年、10年、15年、25年5种。各种会计档案的保管期限，从会计年度终了后的第一天算起。

1. 会计凭证类。

(1) 原始凭证、记账凭证：15 年。其中，涉及外来和对私改造的会计凭证：永久。

(2) 银行存款余额调节表：3 年。

2. 会计账簿类。

(1) 日记账：15 年。其中，现金和银行存款日记账：25 年。

(2) 明细账、总账、辅助账：15 年。

(3) 涉及外来和对私改造的会计账簿：永久。

3. 会计报表类。

(1) 主要财务指标报表：3 年。

(2) 月、季度会计报表：15 年。

(3) 年度会计报表：永久。

4. 其他类。

(1) 会计档案保管清册及销毁清册：永久。

(2) 财务成本计划：3 年。

(3) 主要财务会计文件、合同、协议：永久。

第十条 会计档案保管期满，需要销毁时，可以按下列程序销毁：

1. 由本公司档案机构会同会计机构提出销毁意见，编制会计档案销毁清册，列明销毁会计档案的名称、卷号、册数、起止年度和档案编号、应保管期限、已保管期限、销毁时间等内容。

2. 公司负责人在会计档案销毁清册上签署意见。

3. 销毁会计档案时，应由档案机构和会计机构共同派员监销。

4. 监销人员在销毁会计档案前，应按照会计档案销毁清册所列内容清点核对所要销毁的会计档案；销毁后，应在会计档案销毁清册上签名盖章，并将监销情况报告本公司负责人，其销毁清册由档案部门另行保存。

第十一条 对于其中未了结的债权债务的原始凭证，应单独抽出，另行立卷，由档案部门保管到结清债权债务时为止。

第五部分 中小企业银行结算管理制度

1 支票管理制度

第一条 支票是付款单位签发通知银行从其账户中支付款项的凭证，分为现金支票和转账支票两种。支票起点为100元，支票从签发之日起有效期为10天，遇节假日顺延。

第二条 收取外单位支票时，出纳员要认真审核有效期，以及各项内容填写是否符合银行要求。有银行密码的支票不得遗漏密码，及时送存银行。如支票被银行退回，出纳员要尽快通知经办人向出票单位索换。

第三条 现金支票是向银行提取现金时使用，要在支票背面加盖印鉴；转账支票是用于同城各单位之间的商品交易、劳务供应及其他款项往来的结算。

第四条 支票签发一律记名，签发支票时，必须填齐所有项目。收款单位名称、签发日期、大小写金额及用途一律不得涂改，加盖银行预留印鉴必须清晰，带密码支票要核清密码号，如签发错误不得撕毁，应加盖“作废”戳记，连同存根一起妥善保存，并在支票使用登记簿上注明作废。

第五条 签发支票必须在银行账户余额内按规定向收款人签发，不准签发空头支票，如因特殊情况确须签发时，必须在支票上写明收款单位、款项用途、签发日期、规定限额、归还期限。

第六条 不准将支票转借他人或擅自改变用途及扩大使用限额，否则会计人员有权不予报销。

第七条 经办人如因管理不善遗失支票，要立即到银行办理挂失手续，同时向有关领导报告。对造成损失的，由经办人负责赔偿。

第八条 支票领用时手续齐备，支票领用单各项要填写清楚。领用人不准弄脏、撕毁，使用时不能超出限额。

第九条 逾期未用的空白支票要及时收回注销，严禁将支票转交其他单位或个人签发，对于错填支票、退票，须加盖作废戳记，由专人妥善保存。

第十条 银行返还的结算单据，应及时到有关部门请经办人、部门主要负责人和财务处处长审核签字，方可入账。

第十一条 每月定期与银行、财政的对账单进行账面余额的核对，编制余额调节表，调整未达账项，将预算外资金及时到账。

第十二条 妥善保管各种支票，对银行账及余额要严格保密。各种印鉴由财务科专人保管，不允许一人既保管印鉴又保管支票。

2 支票结算的基本规定

第一条 支票一律记名。

第二条 支票付款期为10天，遇节假日顺延。

第三条 签发支票应使用墨汁或碳素墨水填写，各项目按规定填写、被涂改冒领的，由签发人负责。

第四条 支票大小写金额和收款人不得更改，其他内容如有更改，必须由签发人加盖银行预留印鉴之一证明。

第五条 签发人必须在银行账户余额内按照规定向收款人签发支票。对签发空头支票或印章与预留印鉴不符的支票，银行除退票外并按票面金额处以5%但不低于1 000元的罚款。对屡次签发的，银行根据情节给予警告、通报批评，直至停止其向收款人签发支票。

第六条 收款人应当受理的转账支票连同填制的进账单送交开户银行，他行支票银行通过票据交换收妥后入账。

第七条 收款人凭现金支票支取现金，须在支票背面背书，持票到签发人的开户银行支取现金，并按照银行的需要交验证件。

第八条 支票的持票人应当自支票出票日起10日内提示付款；异地使用的支票，其提示付款的期限由中国人民银行另行规定。

第九条 超过提示付款期限的，依照《票据法》的规定，付款人可以不予付款，但是付款人不予付款的，出票人仍应当对持票人承担票据责任。

第十条 已签发的现金支票遗失，可以向银行申请挂失。挂失前已经支付，银行不予受理。已签发的转账支票遗失，银行不受理挂失，可请求收款人协助防范。

第十一条 存款人领用支票，必须填写支票领用单并加签银行预留印鉴。账户结清时，必须将全部剩余空白支票交回银行注销。

3 支票结算的基本程序

第一条 现金支票结算的基本程序。

1. 开户单位用现金支票提取现金时，由单位出纳人员签发现金支票并加盖银行预留印鉴后，到开户银行提取现金。

2. 开户单位用现金支票向外单位或个人支付现金时，由付款单位出纳人员签发现金支票并加盖银行预留印鉴和注明收款人后交收款人，收款人持现金支票到付款单位开户银行提取现金，并按照银行的要求交验相关证件。

第二条 转账支票结算的基本程序。

1. 由签发人交收款人办理结算，其结算程序为：

(1) 付款人签发转账支票交收款人；

(2) 收款人持票并填进账单到开户行办理入账；

(3) 银行间办理划拨；

(4) 收款人开户银行下收款通知。

2. 由签发人交签发人开户银行办理结算，其结算程序如下：

(1) 签发转账支票并填进账单办理转账；

(2) 银行间办理划拨；

(3) 收款人开户银行下收款通知。

第三条 定额支票结算的基本程序。

1. 将款项交存银行申请签发定额支票，银行签发后交给付款人。

2. 付款人将定额支票交收款人。

3. 收款人将定额支票交银行。

4. 收款人为个人的，银行支付给收款人现金；收款人为单位的，通过银行划拨。

4 使用银行账户的基本规定

第一条 认真贯彻执行国家的政策法令，遵守银行信贷结算和现金管理规定。银行检查时，开户单位应提供账户使用情况的有关资料。

第二条 各企业在银行开立的账户只供本单位业务经营范围内的资金收付，不得出租、出借或转让给其他单位或个人使用。

第三条 一个企业只能开立一个基本存款账户，开户时必须有中国人民银行当地分支机构核发的开户许可证。企业的工资、资金等现金的支出，只能通过基本存款账户办理。

第四条 一般存款账户是企业在基本存款账户以外的银行借款转存账户，该账户可以办理转账结算和存入现金，但不能办理现金支出。

第五条 临时存款账户是企业因临时经营活动需要开立的账户。企业可以通过该账户办理转账结算和现金收付。

第六条 专用存款账户是企业按照法律、法规和规章，对有特定用途资金进行专项管理而开立的银行结算账户。

第七条 各种收支凭证必须如实填明款项来源和用途，不许套取现金。

第八条 各单位在银行的账户必须有足够的资金保证支付，不准签发中头或远期支票，不允许套取银行信用。

第九条 银行在办理结算过程中，必须严格执行银行结算办法的规定，及时办理结算凭证，不准延误、积压结算凭证，不准挪用、截留客户和他行的结算资金。

5 现金支票填制要求

第一条 在填写现金支票时，应按有关规定认真填写支票中的有关栏目。

第二条 现金支票需要填写的内容有收款人和开户银行名称、支票号码、签发日期、签发人账号、大小写金额、用途等项目，填写时必须要素齐全、内容真实、数字正确、字迹清晰，做到标准、规范，防止涂改。

第三条 签发日期应填写实际出票日期，支票正联出票日期必须使用中文大写，支票存根部分出票日期可用阿拉伯数字书写。在支票正联填写出票日期时，为防止变造的出票日期，在填写月、日时应注意：

1. 日、月为壹至玖的，应在其前加“零”。

2. 日为拾至拾玖的，应在其前加“壹”。

第四条 现金支票收款人可写本单位名称，现金支票背面被背书人栏内加盖本单位的财务专用章和法人章，之后收款人可凭现金支票直接到开户银行提取现金。

第五条 大写金额应紧接“人民币”书写，不得留有空白，以防加填；大小写金额要对应，要按规定书写。

第六条 阿拉伯小写金额数字前面，均应填写人民币符号“¥”。阿拉伯小写金额数字要认真填写，不得连写。

第七条 如实写明用途，存根联与支票正联填写的用途应一致。

第八条 在签发人签章处按预留银行印鉴分别签章，签章不能缺漏。

第九条 现金支票签发后，将支票从存根联与正联之间骑缝线剪开，正联交给收款人办理提现，存根联留下作为记账依据。

第十条 签发支票应使用蓝黑墨水或碳素墨水填写，未按规定填写，被涂改冒领的，由签发人负责。

第十一条 支票大小写金额和收款人不得更改。如有错误，不得更改，必须作废重填。

6 银行收支结算管理制度

第一条 根据中国人民银行规定，本公司目前采用银行汇票、商业汇票、汇兑、支票、委托收款等结算方式，在国际贸易业务和对外经济合作业务中采用信用证结算方式。

第二条 银行结算资金管理。

1. 银行结算收入的管理。

（1）通过银行转来的非支票结算方式的营业收入凭证，财务部转交业务经办部门，由经办部门填写收款说明书，并附有关凭证，交财务部稽核员审核后，由主管会计办理有关手续，并进行会计处理。

（2）由银行转来的与其他单位及本公司所属企业的往来款的单据，收到后交经办部门，由经办部门填写收款说明书，并附带结算凭证，交财务部稽核员审核后，交主管会计处理。

（3）业务部门收到外单位开具的支票，连同有关凭证、收款说明书，送交财务部，由稽核员审核，交银行出纳员于当日送交银行并作会计处理。

（4）信用证结算按公司制度中的相关规定办理。

2. 银行结算支出的管理。

（1）根据合同、协议的规定，由业务部门申办的对外投资、对内贸易等需要银行办理汇票、电汇、银行本票等方式支出时，由经办业务部门填写经费支出报审表，交财务部稽核员按计划项目审核用途后，交财务部经理签字。需签报本公司领导的，由财务部签署意见后签报。

（2）日常采购物资或支出费用领用支票按预算报财务部审批。

（3）严格控制签发空白支票，如因特殊情况确需签发，必须在支票上写明收款单位名称、用途、签发日期和规定限额，在银行规定的开空白支票的范围内可以开出。

（4）专设领用空白支票登记簿，由领用人签字。逾期一周未用的空白转账支票要及时交回财务部。财务部根据空白支票登记簿，对逾期未交的空白支票进行查询。

（5）一个部门已领用三张支票，不按规定时间报账，财务部书面通知该部门启行查询，一周内仍无反馈，财务部门停止向该部门签发新的支票。

7 空白支票管理制度

第一条 为了使企业规范地使用空白支票，特制定本制度。

第二条 本企业存有的空白支票，必须明确指定专人妥善保管。要贯彻票、印分管的原则，空白支票和印章不得由同一人负责保管。

第三条 空白支票由出纳人员向银行购买，并按顺序填入支票备查簿，然后将备查簿交会计人员保管，签发支票所需的财务章由主管会计保管，人名章可由出纳保管。

第四条 出纳人员根据经领导批准的支票领用单按规定要求签发支票，并登记空白支票签发登记簿。支票领用人应在支票领用之日起 10 日内到财务部办理报销手续，其程序与现金支出报销程序相同。

第五条 支票领用人应妥善保管已签发的支票，如有丢失应立即通知财务部门并对造成的后果承担责任。

第六条 为方便外出采购等工作，经单位领导批准后，准许领用半空白结算支票，但必须填明收款人名称，签发日期，受票单位全称、用途，只空出金额栏，并注明最高限额。同时，一个人领用的支票不得超过两张。凡领用半空白支票者，必须在办完事后回到公司的第二天即报账。

第七条 经单位领导批准，会计人员签发空白支票后，应在支票领用登记簿上登记。

第八条 领用人领取支票时要在空白支票签发登记簿的“领用人”栏里签名或盖章，领用人将支票存根（已使用支票）或未使用支票交回时，应在“销号”栏里销号，并注明销号日期。

第九条 会计人员不得在支票签发前预先加盖签发支票的印章，签发支票时必须按编号顺序使用，对签错的支票或退票必须加盖“作废”戳记并与存根一起保管。

第十条 单位存款账户结清时，必须将全部剩余空白支票交回银行注销。

第六部分 中小企业现金管理制度

1 现金管理制度

第一章 总 则

第一条 为加强现金管理，依据国务院发布的《现金管理暂行条例》及中国人民银行发布的《现金管理暂行条例实施细则》，结合本公司实际情况，制定本制度。

第二条 财务部和各所属企业财务部负责本制度的具体贯彻实施，并设专职稽核员负责现金的收支计划和审核管理工作。

第二章 现金的收入、支出范围

第三条 现金收入包括：公司经济业务范围内的一切现金收入以及支用款项的退回现金等。

第四条 现金支出范围。

1. 职工工资、各种工资性津贴。
2. 个人劳务报酬，包括稿费和讲课费及其他专门工作的报酬。
3. 支付给个人的奖金，包括根据国家规定颁发给个人的科学技术、文化艺术、体育等各种奖金。
4. 各种劳保、福利费以及国家规定的对个人的其他支出，如转业、复员、退伍、退职、退休费和其他按规定发给个人的费用。
5. 出差人员必须随身携带的差旅费。
6. 向个人购买农副产品和其他物资支付的价款。
7. 支付各单位间在转账结算起点以下的零星支出。
8. 中国人民银行确定的需要支付现金的其他支出。
9. 企业与其他单位的经济业务，除在上述规定的范围内可进行现金结算外，都要通过银行进行转账结算。

第三章 库存现金管理

第五条 库存现金实行限额管理，公司按国家规定保留一定数额的库存现金。

库存现金限额一般为三天的日常零星开支需要。

第六条 库存现金不得超过规定限额，超过部分必须于当日存入银行，每日下班前结余现金必须放入保险箱。库存限额不足时从银行存款账户提取。

第四章 现金收付业务的日常管理

第七条 公司现金收付由出纳人员负责。现金收付必须根据合法的凭证由出纳人员认真核对后办理。

第八条 对于违反规定的收支，出纳人员有权拒绝办理。

第九条 对于内容不详、手续不全、数字有误的凭证，应当予以退回，要求补办手续，更正错误；遇有伪造、涂改凭证等虚报冒领的，应及时向领导反映。

第十条 收付完毕，出纳人员应在原始凭证上加盖“现金收讫”或“现金付讫”戳记。

第十一条 现金收入当日送存开户银行，当日送存确有困难的，按开户银行确定的时间送存。

第十二条 不得坐支现金。公司支付现金，只可以从库存现金限额中支付或从开户银行提取，不得从本公司的现金收入中直接支付。收支的现金必须及时入账。

第十三条 公司提取现金，应注明用途，经有效审批后，出纳人员方可提取。

第十四条 公司派人到外地采购，应通过银行签发汇票或将款项汇往采购地开立采购专户。

第十五条 不准挪用现金，不准利用银行账户代其他单位和个人存取现金，不准白条抵库，不准套取库存现金，不准保留账外公款，不准公款私存，不准私设小金库。

第十六条 出纳人员进行现金收付时根据会计人员填制的，经稽核人员审核的有效记账凭证收付款，并按记账凭证逐日逐笔序时登记现金日记账，每日业务终了，应盘点现金并与现金日记账当日余额进行核对，做到日清月结，账款相符。

第十七条 出纳人员与会计人员应定期将总账的现金账户余额与现金日记账余额进行核对，做到账账相符。

第十八条 为了及时发现和防止现金收付差额，财务部经理或指定的其他财务人员每月终了必须会同出纳人员盘点库存现金一次，保证账账相符、账款相符。发现长短款应查明原因及时处理。财务负责人应定期或不定期地抽查盘点库存现金。

第十九条 无论是否签合同、协议，公司的所有现金收入，经办部门必须连同收款说明书、发票或收据副本等，于收进日（最晚于次日）如数交付财务部，收款部门不得挪作他用，更不准留存于经办部门内。

第二十条 业务人员办理业务预借的现金，其未支用部分应连同有关业务凭证（发票或收据支出凭单）送交财务部冲销预借款，不得余款不报，留作他用。

第二十一条 预算内零星采购，由经办部门开具经费支出报审表（代借款单），写明用途、金额，总公司部门总经理或各专业公司总经理签字后交财务部总经理或专业公司财务经理签批后办理，稽核员按预算审核。

第二十二条 预算内经常性费用支出（办公费、小额招待费、市内交通费等），无预借款直接报账的，由指定经办部门开具费用支出凭单，写明用途，经总公司部门总经理和专业公司总经理签字，连同发票或收据交财务部稽核员审核后，交财务部经理签字办理。

第二十三条 预算外或超预算支出，由经办部门提出书面申请，按全面预算管理办法执行。

第二十四条 业务部门借领现金（不包括差旅费借款），必须在 15 天内报账，对过期未报的通知该部门报账或追回现金，必要时停办该部门现金借领业务。试用期内人员不许借款，由该部门经理代借。

第二十五条 业务人员出差借款 5 000 元以上的差旅费时，不得付给现金，可开出支票转入其个人信用卡中（不能使用信用卡的城市除外）。

第五章 企业与其他单位在使用现金时的注意事项

第二十六条 现金支出必须有合法的凭证，借款必须持有效的借据，不能以白条代借据。

第二十七条 购买国家规定的专控商品不得使用现金。单位在购买专控商品时，一律采用转账方式支付，不得以现金支付。国家专控商品销售单位不得收取现金。

第二十八条 单位之间不得互相借用现金。

第六章 附 则

第二十九条 本制度自颁布之日起实施。

2 现金收入的处理程序

第一章 出纳部门直接收款的程序

第一条 直接收款，是指交款人直接持现金到出纳部门交款，出纳人员根据有关收款凭据办理收款事宜。收款的一般程序如下：

1. 受理收款业务，查看收款依据是否齐备。

2. 审核现金来源是否合理合法。

3. 当面清点现金，做到收付两清，一笔一清。

4. 开具收款凭据，并在收款凭据和收款依据上加盖“现金收讫”印鉴。

5. 根据收款收据记账联和收款依据，编制记账凭证。

6. 根据审核无误的记账凭证登记现金日记账。

第二章　从银行提取现金的程序

第二条　当单位需要现金时，可以按照有关规定到开户银行提取现金。取款的一般程序是：

1. 填写现金支票。单位需要提取现金时，一般由出纳人员填写现金支票到银行提取现金。

2. 向开户银行提交取款凭证。取款人持现金支票到开户银行后，向开户银行会计窗口交现金支票，银行受理后，交给取款人领款对号单或号牌。

3. 取款人持领款对号单或号牌到银行出纳窗口领取现金。

4. 取款人收取现金后，应根据取款数额认真清点，确认无误后才能离开。

5. 取回现金后，取款人是出纳人员的应及时将现金存入保险柜内；取款人不是出纳人员的，应将取回的现金交出纳人员存入保险柜，取款人与出纳人员要当面清点。

6. 编制记账凭证。出纳人员要根据现金支票存根或回单编制记账凭证。

7. 根据审核无误的记账凭证登记现金日记账。

第三章　收款员、营业员收款后交出纳人员的程序

第三条　在商品流通业、旅游饮食服务业单位，由于收款业务比较频繁，一般采取由营业员分散收款或由收款员集中收款的方式，每日定时向出纳部门缴款。其现金收入的一般程序是：

1. 受理收款业务，查看收款依据是否齐备。

2. 确定应收金额，应收金额要根据收款依据来确定。

3. 根据应收金额收取现金。

4. 现金收取后要开出收款收据，并在收款收据上加盖“现金收讫”印鉴。

5. 根据收款收据编制记账凭证。

6. 根据记账凭证登记现金日记账。

3 现金支出的处理程序

第一条 主动支付。主动支付，是指出纳部门主动将现金付给收款单位和个人，如发放工资、奖金、薪金、津贴以及福利等现金支出。

1. 根据有关的资料编制付款单，并计算出付款金额。

2. 根据付款金额清点现金（不足应从银行提取），按单位或个人分别装袋。

3. 现金发放时，如果是直接发给收款人的，要当面清点并由收款人签收（签字或盖章）；如果是他人代为收款的，由代收人签收。

4. 根据付款单等资料编制记账凭证。

5. 根据记账凭证登记现金日记账。

第二条 被动支付。被动支付，是指收款单位或个人持有关凭据到出纳部门领报现金。

1. 受理原始凭证，如报销单据、借据、其他单位和个人的收款收据等。

2. 审核原始凭证。

3. 在审核无误的付款凭证上加盖“现金付讫”印鉴。

4. 支付现金并进行复点，并要求收款人当面点清。

5. 根据原始凭证编制记账凭证。

6. 根据记账凭证登记现金日记账。

第三条 各单位对当天收入的现金或超过库存限额的现金，应及时送存开户银行。

1. 整点票币。送款前应将送存款清点整理，按币别、币种分开。纸币要平铺整齐，每百元张为一把，50 元张为一捆，以此类推，用纸条在腰中捆扎好，余为零头；硬币每百枚或 50 枚为一卷，10 卷为一捆，不足 1 卷为零头；最后合计出需要存款的金额。

2. 填写现金进账单（缴款单）。根据整点好的存款金额填写进账单，各种币别的金额合计数应与存款金额一致。

3. 向银行提交进账单和整点好的票币。票币要一次性交清，当面清点，如有差异，应当面复核。

4. 开户银行受理后，在现金进账单上加盖“现金收讫”印鉴和银行印鉴后退回交款人一联，表示款项已收妥。

5. 根据银行退回盖有“现金收讫”印鉴和银行印鉴的一联现金进账单，编制记账凭证。

6. 根据记账凭证登记现金日记账。

4 现金盘点制度

第一条 出纳员办理现金出纳业务，必须做到及时盘点，按日清理，按月结账。按日清理是指出纳员应对当日的经济业务进行清理，全部登记日记账，结出库存现金账面余额，并与库存现金实地重新点数核对相符。

第二条 清理各种现金收付款凭证，各种收付款凭证所填写的内容要与所附原始凭证反映的内容一致；检查每张单证是否已经盖齐“收讫”、“付讫”的戳记。

第三条 将当日发生的所有现金收付业务全部登记入账，并查看账证是否相符。清理完毕后，结出现金日记账的当日库存现金账面余额。

第四条 出纳员应按券别（如壹分、贰分、伍分、壹角、贰角、伍角、壹元、贰元、伍元、拾元、伍拾元、壹佰元）分别清点其数量，然后加总，得出当日现金的实存数。将盘存得出的实存数和账面余额进行核对，看两者是否相符。如发现有长款或短款，应进一步查明原因，及时进行处理。

第五条 按规定，实际库存现金不得超过库存现金限额。如果实际库存现金超过库存限额，出纳员应将超过部分及时送存银行；如果实际库存现金低于库存限额，出纳员应及时补提现金。

第七部分 中小企业固定资产管理制度

1 固定资产管理制度

第一条 制定本制度旨在加强固定资产的保管及使用，使公司各种固定资产的管理更加规范化、制度化。

第二条 本制度中所指固定资产包括土地、房屋及建筑物、机械设备、运输设备、马达仪表、工具及各项设备等。

第三条 公司固定资产采用归口管理的办法，公司财务部是公司固定资产价值主管部门。

1. 财务部作为固定资产的主管部门，应建立健全固定资产的明细账卡。

2. 公司机器设备全部由生产部门归口管理。

3. 生产部门负责生产车间设备的购建、安装、修理、使用和管理。

4. 生产部门负责生产厂区动力设备的购建、安装、修理、使用和管理。

5. 公司仪器仪表设备应由技术中心归口管理。技术中心负责公司的仪器仪表的购置、修理、使用和管理。

6. 公司的电子设备及厂房建筑物由综合部进行统一管理。

7. 综合部负责公司的通用电子计算机及附属设备购置、安装、维护和使用管理。

8. 综合部负责公司厂房建筑物及其附属设施的购置、安装、维护和使用管理。

9. 办公室负责公司运输工具的购置、维护和使用管理。

第四条 固定资产的购置、验收、领用。

1. 由于生产、研制需要，各单位购置固定资产必须提前向主管部门提出申请，报经总经理批准后，由相关部门负责购置。

2. 购设备进厂后，由相关单位开箱检查、验收，设备安装完毕后填设备使用单报主管部门。主管部门根据设备使用单建立固定资产卡片，并通知使用单位。

3. 基本建设项目完工时，由基建部门办理基建项目完工单，报主管部门。

第五条 固定资产的调拨与转移。

1. 凡列入公司的固定资产，未经公司主管领导和总经理批准，任何部门和个人不得擅自调拨、转移、借出和出售。

2. 公司内部设备的调拨与转移，必须通过主管部门办理资产转移手续，同时由调出、调入单位的双方领导及经办人签字后，由财务部门办理转账手续，并通知相关的会计进行账、卡交接。

3. 公司对外的设备调拨和转移一般实行有偿价调拨方式，设备主管部门根据设备的使用年限、折余价值、新旧程度按质论价。原则上调出设备的价值不得低于设备的折余价值，对外处理设备必须由主管部门提出处理价值，报总经理签字方可处理，办理有关财务手续。

4. 未经主管部门同意，各使用部门无权办理设备转移及处理，一经发现，将追究部门及经办人的责任。

第六条 固定资产的清理。

1. 为了保护固定资产的安全与完整，各部门必须对固定资产进行定期清查、盘点，以掌握固定资产的实有数量，查明有无丢失、毁损或未列入账的固定资产，保证账实相符。

2. 在清查时发现固定资产毁损和盘盈、盘亏，要查明原因，由责任部门写出书面情况，主管部门签署意见后，报知总经理，待批复后，作相应的账务处理。固定资产应定期和不定期地进行盘查，年末，由财务部门会同固定资产实物管理部门等相关部门组织进行一次全面的清查盘点。固定资产的盘盈、盘亏、毁损，均由使用部门书面说明原因，按公司规定的审批权限和审批程序经批准后，各部门作相关处理。

第七条 固定资产的报废。

1. 公司的固定资产报废处理时，须由使用部门提出申请，填写设备报废单一式三份，由财务部门将其净损失上报总经理批复后，办理报废相关手续。

2. 凡符合下列条件可申请报废：

(1) 超过使用年限，主要结构陈旧，精度低劣，生产率低，耗能高，而且不能改造利用的；

(2) 不能动迁的设备，因工房改造或工艺布置改变必须拆除的；

(3) 腐蚀严重，无法修复或继续使用要发生危险的；

(4) 绝缘老化，磁路失效，性能低劣，无修复价值的；

(5) 因事故或其他自然灾害，使设备遭受损坏无修复价值的。

3. 凡经批准报废的固定资产不能继续在生产线上使用，主管部门与使用部门要及时作价处理。处理后的固定资产由主管部门和使用部门一起办理固定资产的注销手续，对外处理报废固定资产时由主管部门提出处理意见，总经理批准，作价收入上交财务部。

第八条 固定资产取得时按实际成本入账，期末按可收回金额与固定资产账面价值孰低计价。财务部据此编制固定资产减值准备提取方案，按公司规定的审批权限和审批程序经批准后，提取固定资产减值准备。

第九条 固定资产修理，每年由使用部门提出修理请求报告，技术主管部门据此提出修理计划，经公司企划部汇总，会同有关部门调研并初步平衡，制定修理计划草案，按决策权限经批准后实施。

第十条 在建工程管理。

1. 在建工程按出包工程、自营工程分别管理。工程管理部门应指定在建工程项目负责人，大中型建设项目应实行项目监理制。

(1) 出包工程实行项目招标制。

(2) 自营工程应由承建方和有关职能部门编制工程预算，按公司规定的审批权限和审批程序经批准后开工建设。

(3) 公司应严格按照采购内控制度进行工程物资采购，并参照存货管理制度加强工程物资的管理。

2. 财务负责人应组织企划部、技术部、审计部、财务部等相关部门参与招标、标底审核、评标、工程合同签订、工程进度的审查、竣工验收、资产交付使用等工程管理工作。

3. 财务部应依据合同按有效审批审核确认后的金额支付工程价款，严格控制各项工程支出。工程价款的支付，按以下的原则掌握：工程竣工前，工程进度款的支付不得超过工程总价款的80%；工程竣工，并全面验收合格、决算审计后，依据合同保留质量保证金、支付余款；质保期满后，使用部门与技术主管部门共同认定确无质量问题后，余款全部付清。

4. 工程施工单位应按月报送工程形象进度表和工程价款单，经项目负责人(含监理工程师)审核、工程管理部门和财务部复核，按公司规定的审批权限和审批程序经批准后，支付工程价款。

5. 在建工程在达到固定资产投资项目批准设计文件所规定的内容、具备使用和投产条件的，工程管理部门应及时组织竣工验收。对因施工单位原因造成的工期延误、质量或功能未能达到合同规定要求时，应采取扣付工程款或要求赔偿等措施，如预留保证金不足抵扣时，由项目负责人负责追回。验收合格后，工程管理部门、资产归口管理部门、使用部门应及时做好固定资产竣工决算、交付使用等相关工作，相关人员应签字确认。

6. 工程竣工后，公司应编制工程决算，并由审计部组织审计，大型工程项目应委托具有相应资质的专业机构进行审计。

7. 工程竣工后，需办理相关产权证明的，工程管理部门应负责及时办理，并将固定资产清册，连同可行性研究报告、项目评价报告、设计图纸、监理报告、质检报告、工程预决算及土地使用证、红线图、房产证等文件、资料、证件，以及造具清册一并移交档案管理部门立卷存档，妥善管理，长期保管。

8. 期末，公司应对在建工程按单个项目进行分析，工程管理部门应结合公司期末在建工程实际，比较期末账面价值与期末可收回金额，编制在建工程减值情况表，财务部据此编制在建工程减值准备提取方案，按公司规定的审批权限和审批程序经批准后，提取在建工程减值准备。

9. 财务部对在建工程应按建筑工程、安装工程、在安装设备、更新改造工程、其他支出，分工程项目、内容进行明细核算。

2 财产管理办法

第一条 本规定所指财产是指资产负债表上所列属于固定资产的科目，其有关事务处理依照本办法规定办理。

第二条 本公司财产管理由财务部统筹管理并委托使用单位保管，依其性质划分如下：

1. 土地。

2. 房屋及建筑设备：办公室、厂房、酸洗间、仓库、宿舍、护堤、水道、围墙、停车场、道路。

3. 交通及运输设备：小轿车、客货车、推高机、起重机、机车、手推车、台车。

4. 机器设备：连续式铸造钢板设备、钢铁热轧设备、钢铁冷轧及冷压成型设备、金属热处理设备。

5. 电气设备：输电、配电、变电设备、照明设备。

6. 空气调节设备：冷气机、抽送风机、电扇。

7. 事务设备：机具设备（计时机、复印机、打字机、计算机、电话机、对讲机、扩音机、油印机等）、家具设备、通信设备。

8. 供水设备：水塔、储水池、过滤设备、抽水机、给水配管设备。

9. 其他设备：防护设备（消防设备、警卫设备、医疗设备）、装潢设备、健身设备。

第三条 财产保管部门应会同财务部每年定期盘点。

第四条 由购入而取得的不动产，应立即办理所有权移转登记。

第五条 各项工程修造不论金额多少均应编列预算表，并送财务部备查复核，紧急处理的仍应补办手续。

第六条 有关不动产出租或租入，均应事先订立契约书，经财务部复核并转呈总经理核准后才能办理。

第七条 资本支出与费用支出划分的标准如下：

1. 支出结果能获得其他资产者应属于资本支出，否则应列为费用支出。

2. 资产因扩充、换置、改良而能增加价值或效能的属资本支出，否则即为费用支出。

3. 支出结果所获得的固定资产，其使用年限在 2 年以上且其金额在 5 万元以上的属资本支出，其使用年限不及 2 年或其效用仅及本期者属费用支出。

4. 凡为维护财产的原始使用效能，所需用维护费用作为费用支出。

第八条　固定资产的折旧，采用平均年限法，并以账面价值为准，其折旧使用年限依据相关制度规定。

第九条　使用年限已满的固定资产，仍继续使用者，不得再继续计提折旧。

第十条　本办法经呈准公布实施。

3 不动产管理规定

第一章　总　则

第一条　性质。本规定为企业不动产管理事务处理的准则。

第二条　目的。本规定在于加强不动产保护、改善、利用和不动产权利（指所有权、处置权和收益权等）的得失等方面的管理，以提高不动产管理的科学性和规范性。

第三条　契约合同。当发生不动产权利的得失或变更时，必须签订契约，以使其权利关系明晰，但经过政府法定手续处理的不包括在内。

第四条　管理人。对于远离企业且无法实行直接管理的不动产，应指定专项管理人。管理人由总务部总务科长提名，并经企业主管批准。

第五条　资料保管。不动产及其得失资料应由专人负责整理与保管。

第二章　权利转移

第六条　不动产文书。当发生不动产所有权得失时，有关部门必须将下列文书提交给财务科。

1. 契约：包括各类合同和证明文件。

2. 说明书：说明有关事由、影响、效果、对方与本企业的关系等。

第七条　文书盖章。上列文书如属财务部权限范围，由财务科在查实审核后盖章；如超出其权限范围，需经企业总经理裁定后盖章。

第八条　登记申请。持盖章后的文书，与对方办理有关手续，然后到有关机构办理不动产登记申请。

第三章　不动产借贷、租赁契约的签订与变更

第九条　土地、房屋的借贷。各部门在签订或变更土地、房屋的借贷与租赁契约时，必须提供契约和有关报告。后者包括事由、期限、支付方法、对方基本情况及不动产账面价值与现值等内容。

第四章　土地或房屋权属转移

第十条　账面价值变更。当伴随着土地或房屋权属的转移而发生其账面价值与实际价值不等时，应进行账面调整。

第十一条　转移说明书。各部门如发生不动产权属转移，应填写账面变更书所列事项，并附说明书，提交财务部。

第十二条　实施。不动产的权属转移、变更及登记事项，由财务部配合总务部负责。

第五章　不动产管理台账

第十三条　不动产管理台账。财务科应建立健全企业的不动产管理台账，以全面把握全企业的不动产状况。不动产管理台账应包括下列账票与图表。

1. 企业所有土地。

（1）地籍表。

（2）土地台账。

（3）土地课税台账。

（4）土地综合图。

（5）土地实测图。

（6）借出土地台账。

2. 借入土地。

（1）借入土地台账。

（2）借入土地图。

（3）借入土地综合图。

3. 企业所有房产。

（1）房产台账。

（2）借出房产台账。

（3）房产名册。

（4）建筑物分布图。

4. 借入房产。

（1）借入房产台账。

（2）借入房产图。

第六章　附　则

第十四条　本规定自××年×月×日起实施。

第八部分 中小企业成本费用管理制度

1 生产成本管理制度

第一条 财务部门受总经理和财务总监的直接领导，是生产成本管理的主管部门，其职能是：根据公司的生产经营决策，全面负责本公司的生产成本管理工作。

第二条 根据全面预算管理与定额成本管理的基本内涵，按照归口管理的原则，确立生产管理部门和物资供应部门为生产成本的专业管理部门。

第三条 生产成本管理分工。

1. 财务部。

(1) 严格执行国家有关成本管理的方针、政策、法律、法令、法规条例与制度。根据集团公司下达的预算管理要求，编制年度生产成本预算。

(2) 根据集团公司下达的目标成本计划，测算公司目标成本控制指标。

(3) 按照公司的机构设置，对各费用项目进行分解承包。对各费用承包部门及责任人进行考核。

(4) 参与专业生产成本有关各项费用、消耗定额的制定与完善。

(5) 根据国家有关方针、政策、法律、法令、法规、条例与制度，及时制定、修订与完善生产成本管理制度，并贯彻执行。

(6) 负责生产成本的综合分析，找出生产成本的升降原因，提出降低成本的建议与措施。

(7) 负责生产基地的成本核算和管理。

2. 生产管理部门。

(1) 根据公司的要求和安排，编制生产计划并组织实施。

(2) 负责月度各车间、半成品库的盘点工作。

(3) 统计报送有关经济技术指标：

① 每月生产月报表。

② 每月盘存资料。

③ 月度生产计划。

④ 生产月度综合统计分析。

⑤ 试模计划等。

(4) 负责检修计划的编制与实施，向财务部提交检修用工与检修费用情况。

(5) 配合财务部门、原料仓库进行日常消耗材料的管理，各车间、各工序根据日产及材料消耗定额，实行定额资金管理和限额领料制度。

(6) 负责生产基地的节能管理工作。

3. 物资供应部门。

(1) 负责各种消耗材料的采购。

(2) 负责组织内部材料计划价格的制定与调整。

第四条 生产成本的预算编制。

1. 各有关部门按照预算编制的要求，在每年的 11 月向财务部提供下一年度及每月的成本预算资料，财务部于每年的 12 月编制下一年度成本预算，经总经理审查后，于 12 月底上报董事长，经批准后贯彻执行。

2. 财务部负责组织全公司生产成本预算的编制。与生产成本有关的各专业管理部门按照职责分工，分别负责生产技术经济指标的制定、分管专业和生产成本的预算编制。

3. 财务部根据公司预算管理要求，结合上年度的成本实际完成情况以及公司下达的年度定额成本计划及本公司的实际情况，编制本年度生产成本预算。

第五条 生产成本的控制。

1. 按照全面预算管理的要求，建立定额成本管理体系。

2. 进行归口分级管理，明确各部门的职责与权限，进行生产费用的测算和事后生产费用指标的分解与下达，进行生产成本预算的调整（全面预算在生产计划下达后，财务部结合采购计划，材料价格，工资预算，销售计划，水、电、气消耗等另行编制）。

第六条 生产成本预算的考核。

1. 按照全面预算管理的要求，建立定额成本管理的监督体系。确立总经理为目标成本管理的第一负责人，确立由生产部长、财务部长，以及与生产成本管理相关的各部门负责人组成目标成本监督小组。

2. 各专业部门按照目标成本管理的要求，对所管理的费用项目进行事前控制，确保目标的实现。

第七条 生产成本分析。

1. 由财务部组织专业管理部门进行生产成本分析。

2. 财务部的成本分析报告应于月度 8 日内、季度 8 日内、年度 10 日内完成。

3. 各专业管理部门分管指标的分析分别于月度 30 日内以书面形式提交财务部。月度主要分析生产成本与经济技术指标的偏差；季度主要进行专题分析；半年或年度分析主要进行成本综合分析，既要与上年同期比，又要与年度目标成本计划比。

4. 分析的目的是揭示成本管理中存在的薄弱环节，充分暴露矛盾，制定降低成本的具体措施，保证目标成本的实现。

第八条 按月、季、年召开成本分析会议，就成本管理中出现的问题制定整改措施，做出相应决议，定人、定事、定日期，并指定有关部门会后检查与总结。成本分析会议可结合经济活动分析会进行。

2 成本核算管理办法

第一章 总 则

第一条 为了认真贯彻执行成本管理的有关法令和制度，准确、及时地计算生产过程所发生的成本，以便结合产品各步骤的生产特点，准确、合理地计算产品总成本和单位成本，分析成本资料，提供降低成本措施，为销售定价提供依据，特制定本办法。

第二章 产品分类成本的核算对象

第二条 凡经一定的生产工艺过程而出售的产品部件均应进行成本核算。

第三章 定额控制、分析考核

第三条 按消耗定额、工时定额和费用定额制定单位计划成本，再按计划成本考核各产品部件的成本完成情况和经济效益的高低。对发生的差异要进行分析，找出原因，提出改进措施。

第四章 关于费用的核算管理

第四条 各项费用开支本着节约的精神，严格按费用定额考核。

第五条 各车间直接购入的费用，除有发票外，必须附有车间领料单，写明数量、金额，并要求车间负责人签章，财会与车间同时记账。

第六条 由仓库领用的费用，车间开领料单，仓库划价，一式三份，车间与仓库同时记账，月终 28 日前仓库和车间核对后报财务部。

第七条 各部门、车间的办公用品，由公司总务部负责考核指标，并负责在领用单上划价，一式三份，三方（公司总务部、车间、财务部）记账，公司总务部于 25 日把本月盘点表的金额和各部门车间领用的价值报到财务部。

第八条 财务部要分部门计算费用的使用数额，定期公布超支节余情况。

第五章　材料成本管理

第九条　关于材料的管理。

1. 领料应尽量由专人负责，凡能确定领料用途的一定要填写用途。

2. 材料在领退库方面，分四种情况处理：

（1）车间一次领出易耗材料，存放于车间，月终由车间负责实际盘点，办理假退库手续。

（2）一般材料归库负责管理，每月要清点一次，车间要实事求是地领料。车间领出的料，月末要盘点退库，按实领数作为当月的消耗。

（3）半成品要按本月生产数加本月卖出数领料，车间卖出数开半成品入库单，连同提货单一起交半成品库，由半成品库记账。进料时要准确，要通知仓库点数。

（4）其他价值较大的材料则要求车间用多少领多少，车间月末不办理假退库手续。如车间月终存量过大，则应办理假退库手续。

3. 由车间卖出材料时，要由车间办理退库手续，连同提货单一并交库。

4. 供销仓库组负责费用定额的考核，并要按定额储备。

第十条　关于半成品的管理。

1. 半成品库应将半成品和成品件、外协件分开保管、记账。

2. 半成品入库应同时有入库单。外协件入库要随时开入库单，月终结算时要和发票对照无误，要凭提货单和领料单提货。

3. 半成品领用和卖出部件时，要凭提货单和领料单提货。

4. 半成品库要账、卡、物相符，出入库手续制度健全，建立定期的盘点制度，及时提供盘点表。

5. 半成品一定要通过半成品库，以便于计算半成品件数。如果车间和班组直接转递，可同时写一张入库单（入库部门的）和一张领料单（领用部门的）一起交半成品库，由半成品库组记账。

6. 车间必须对生产和领用的半成品件进行统计和核算。

7. 车间小组长必须在月末对半成品进行盘点，把盘点表交给车间核算员。

8. 成品库组备发的半成品件月末也须盘点，把盘点表报财务部。

9. 关于半成品的废件，要分别存放，不进行盘点。次件要分别盘点和存放。关于废件，要由技术质量部拟出管理程序，按制度办事，不得任意处理。

第十一条　成本科应在每月底，根据制造费用明细分类账编制制造费用汇总表及制造费用分摊表。

第十二条　生产部应在次月 3 日前，呈送下列生产月报表：制一部生产月报表、制二部生产月报表、制三部生产月报表、材料月报表。以上各报表应一式两联，第一联自存，第二联送成本科。

第十三条 成本科根据上列报表，编制原物料、在制品、制成品的收发存明细表。

第十四条 成本科根据耗用直接材料明细表、制造费用及直接人工汇总分摊表（略），计算制成品及在制品的单位成本和总成本，同时编制成本计算表。

第十五条 成本科根据会计室编制的销货明细表再编制产品规格类别损益表。

第十六条 成品的单位成本采用加权平均法计算。其公式为：

（上月底结存总金额＋本月生产总金额）÷（上月底结存量＋本月总生产量）

第十七条 成本科根据成本计算表编制传票。

第十八条 成本科根据收发存明细表。

第十九条 成本科于每月结算工作完成后，应将其有关的成本报表汇总送会计室，供汇总财务报表用。

第六章 附 则

第二十条 本办法经公司总经理核准后颁布实施。

第九部分　中小企业存货管理制度

1　存货管理制度

第一章　总　则

第一条　为加强公司存货管理，提高流动资产的使用效益，特制定本制度。

第二章　存货管理范围

第二条　存货管理的范围包括原材料、燃料、辅助材料、包装物、低值易耗品、半成品、在产品和产成品的入出库及库存的管理。

第三章　入库管理

第三条　公司应严格执行存货管理制度，账实分管，互相牵制。存货出入库要有严格的手续，经办人员应签字确认。

第四条　物资采购应依据采购计划合理安排采购进度，防止因盲目采购而导致材料的积压。

第五条　外购时，首先由用料部门提出用料计划，由分管领导和委派会计审核，交财务部门纳入财务收支计划，再由供应部门负责实施采购。

第六条　购回时，由物资质检部门按质按量组织验收，按实际质量认真填写入库单，对入库单的外购地、入库时间、物资名称、规格型号、数量、单价、金额、交货人、承运人和验收入库人等栏目均应逐一填写，不得漏项。对无随货同行发票的货物，其金额应由交货人提供采购价，财务据此入账核算，待发票到后再按实际价格调整。

第七条　物资入库必须严格验收，入库后仓库保管员应严格履行货物保管职责。

第八条　运费结算必须在运输发票后附有一次复写的入库单的运费结算联，如无运费，应将该联连同入库单的财务联一起附于购货发票后交财务入账。

第九条　产成品入库必须有质检部门验收的合格证（单），由保管员按规格品种填写成品入库单，质检员、保管员和当班生产负责人均应签字。

第十条 对于外购物资数量短缺、品种质量不符的，由采购人负责更换，更换费用或因此而造成的损失由采购人个人承担；生产产品因质量问题而返修、销售退回所发生的损失由生产部门承担。

第四章 出库管理

第十一条 生产用物资由生产部门按生产所需于材料会计处办理出库单手续，对非生产用物资领用人应持领用审批手续，办理出库单及相关手续，仓库保管员凭出库单据实发货。

第十二条 月末，已领用但尚未耗用完的物资（包括残余料），应及时退回仓库，如果是下批生产仍要用的物资，其物资实体可不退回仓库，但应办理退料入库或红字出库手续，待下月月初重新开具出库单，这样便于财务如实核算成本。

第十三条 材料会计在月底时，应将当月的存货出入库按部门分项目汇总，与仓库保管、生产部门核对一致后，报给成本会计。

第十四条 物资出库需凭经批准的领料单，由仓库保管员核对数量、品名、规格后发料。

第五章 库存管理

第十五条 保管员应设置各种存货保管明细账，并依据出入库单进行账簿登记，经常与财务核对账目、实地盘点实物，保证账账、账实相符。物资要堆放整齐、标签清楚、计量准确、存放安全。保管员对存货的安全和完整负责。

第十六条 对用量或金额较大、领用次数频繁的物资应每月盘点一次，对于所有存货至少要一年彻底清查一次。

第十七条 仓库保管员应做好仓库的日常环境卫生管理，检查库存物资的安全保障情况，消除安全隐患。发现情况及时汇报，以利于及时落实措施予以解决。仓库保管员因工作失职而导致货物毁损的，应做出赔偿。

第十八条 存货应定期盘点。每月末，仓库管理员应对所管理的材料物资进行核对检查，使账、卡、物一致，并上报各类材料的收发存情况。每年末，公司进行一次全面存货盘点。盘点人应分清存货库龄，对盘盈、盘亏、毁损、报废等情况及时查明原因，并区别情况，落实责任，报告有关领导，经批准后及时处理。

第十九条 存货年损失累计金额在30万元以下（含30万元）的，由各分公司技术部门提出书面申请，分公司分管副总经理同意后，报经公司技术部和财务部审批、财务负责人审核、总经理核准，并报董事会备案；30万元以上的报董事会审批。国家规定须报主管财税部门备案或审批的按有关规定办理。

第二十条 存货的取得采用实际成本计价，存货的发出采用加权平均法计价，期末存货采用成本与可变现净值孰低计价。年末，公司应对剔除有问题库存后的存货余额按单个存货项目进行分析，由物资管理部门结合市场行情和期末存货实际，比较期末账面价值与期末可变现净值，编制存货跌价情况表，经主管领导审核后送财务部门，财务部门据此编制存货跌价准备提取方案，报公司财务负责人审核、总经理批准后提取存货跌价准备。

2 物资领用制度

第一条 凡属本公司自办工程或代办工程的材料领用，一律使用材料管理表。填表时表内应清楚地填上工程名称、成本中心、工程编号、施工单位，经成本中心授权人签名批准，并盖有工程部工程材料专用章，交由物资部计划组办理计划审核，盖上计划审核章，这样仓库才能办理领料手续。

第二条 各部、分公司部门领用正常的维护材料时，只需填写货仓取货申请单一式三份，清楚地填上部门或科室名称和成本中心编号，经成本中心授权人签名批准后，由物资部计划组办理计划审核，盖上计划审核章，仓库才可办理领料手续。

第三条 在填写工程材料管理表或货仓取货申请单时，将进口材料和国产材料分开单式填写，领取数量一栏必须要用规定字体填上领取的数量。如果需将原数量修改，应由授权人确认签名，否则物资部有权不给办理审核发料。

第四条 坚持工程材料、维护材料专项专用的原则，不允许将工程材料、维护材料用在其他工程上。各分公司承接的代办工程，经工程部门审批后，物资部才给予办理审核领料手续，代办工程需自购材料，要有工程部开具工程材料预算表，经物资部领导审批后才给予购买。

第五条 各部、分公司需要的劳动保护用品，开单经本部门成本中心授权人签名后，再由人事部主管劳动保护用品的有关人员审批签名，才可给予办理审核领料手续。

第六条 各单位要严格按本单位拟定的年度材料计划进行领料。对无计划和超计划领料，物资部有权不给予审核发料，同时不允许维护材料多领多占，影响工程材料的正常使用。

第十部分 中小企业应收账款管理制度

1 应收账款管理制度

第一条 财务部门作为应收账款的管理部门，参与对主要客户的资信分析、核对各客户单位的应收账款余额、向业务部门反馈客户的欠款结算情况，督促应收账款责任部门对未收款项的催讨。

第二条 公司对外提供劳务，应严格执行合同管理制度。合同签订部门为相关赊销业务形成的应收账款的直接责任部门，并根据公司应收款项催收管理制度的有关规定承担该应收款项回收的直接责任，防止和减少坏账损失。

第三条 公司签订劳务供应合同前，合同签订部门应充分分析客户的信用状况，判断其经营、现金流量情况，必要时由财务部参与分析，慎重处理。

第四条 业务部门应定期向常年主要客户单位索取相关经营信息，掌握客户的经营状况和资信情况，定期形成客户分析报告，与财务部会签意见后上报分管副总经理，以利公司合理确定下一步服务计划。

第五条 公司如为新生客户提供赊销性劳务，合同签订部门应向新生客户索取相关资料，取得该公司的企业法人营业执照、税务登记证等相关法律及财务资料，认真分析其资信情况，并根据公司应收款项管理制度的有关规定确定结算政策。

第六条 在了解客户单位资信状况的基础上，作好应收账款安全性分析并制定催收初步方案，协助责任部门落实风险单位债务的催收，公司在必要时可通过法律途径解决，力求公司损失的最小化。

第七条 应收账款发生折让时，应填写折让证明单，其折让部分应设“销货折让”科目表示。

第八条 财务部门接到银行通知客户退票时，应立即转告营业部门，营业部门对于退票无法换回现金或新票时，应即寄发信函通知发票人及背书人，并迅速拟定善策处理。

第九条 当债权确定无法收回时，应专门报送财务部门，呈总经理核准后，才可以冲销应收账款。

第十条 财务部门负责其他应收款的催收控制管理工作，建立健全合理的备用金制度，严格按照制度控制备用金的领用及报销，对不及时归还的备用金，从应付给对方报酬中适当扣还。对于各项暂付款，各相关请用部门应严格执行报批制度，并落实责任人负责收回，财务部门应严格按照相关合同、协议进行支付。

第十一条 依法申诉而无法收回的债权部分，应取得法院债权凭证，交财务部门保管，倘事后发现债务人（利益偿还请求权，时效为15年内）有偿债能力时，应依上列有关规定，申请法院执行。

第十二条 财务部门应做好日常往来账款的核对及对账记录工作。可根据客户业务规模分类进行，年度终了全面核对，对核对中发现的差异应会同责任部门查明原因，及时处理，对公司债权的安全性实施有效监督和管理。

第十三条 每个定期报告期末，财务部门应对应收款项余额进行账龄分析。公司所属各单位经营负责人对应收款项定期或不定期地组织清理，制定切实可行的催收措施，并督促相关责任部门履行催收职责，加快资金周转。

第十四条 在债务人发生严重支付困难，并在可预见的未来相当长时间内仍将持续，通过法律诉讼仍可能无法收回时，允许责任部门以物资抵债方式收回欠款，但应经相关部门和财务部门会审，形成书面报告，按公司审批程序报经批准后方可实施。

第十五条 确因债务人停产、破产等原因无法收回的应收款项，可以确认为坏账。但责任部门应会同财务部门对该等坏账形成的时间及成因做出详尽的分析，明确责任段及责任部门，对相关责任人给予必要的处罚，同时做好账销案存的记录，并要求责任部门进一步催收。

第十六条 坏账的审批按以下程序进行。坏账由责任部门提出报损报告，财务部门核实会签。年损失累计金额在300万元以下报财务负责人审核、总经理审批，并报董事会备案；300万元以上的报董事会批准。

2 应收票据管理办法

第一条 为确保公司权益，减少坏账损失，有效管理应收票据，依据有关营业处理办法的规定，特制定本办法。

第二条 公司各营业部门应详细进行客户征信调查，并随时调查客户信用的变化（可以利用机会通过A客户调查B客户的信用情况），签注于征信调查表相关栏内。

第三条 营业部门所收票据，自销售日算起，至票据兑现日止，以120天为限。如超过此期限，财务部将根据查得资料，就其超限部分的票据编列明细表，并通知营业部门加收利息费用。

第四条 赊销货品收受支票时，要注意以下事项：

1. 注意发票人有无权限签发支票。

2. 非本人签发的支票，应要求交付支票人背书。

3. 注意查明支票有效的必要记载事项，如文字、金额、到期日以及发票人盖章等是否齐全。

4. 注意所收支票账号号码越少表示与该银行往来期越长，信用较为可靠（可直接向银行查明或请财务部协办）。

5. 注意所收支票账户与银行往来的期间、金额以及退票记录情形（可直接向付款银行查明或请财务部协办）。

6. 支票上文字有无涂改、涂销、更改或字迹不清。

7. 注意支票记载何处不能修改（如大写金额），可更改处如有修改是否于更改处加盖原印鉴，如有背书人应同时盖章。

8. 注意支票上的文字记载（如禁止背书转让字样）。

9. 注意支票期限，如已逾到期日 1 年的支票属失效支票。如有背书人，应注意支票提示日期是否超过第六条的规定。

10. 尽量利用各种机会和信息通过 A 客户来了解 B 客户支票（或客票）信用。

第五条　公司收受的支票提示付款期限，最迟应于到期日后 6 日内予以处理；一般公司收受的本埠支票到期日当日兑现，近郊到期日 2 日兑现。

第六条　所收支票已缴交者，如退票或因客户存款不足，或其他因素要求退回兑现或换票时，营业单位应填写票据撤回申请书，经部门主管签字后送财务部办理。营业部门取回原支票后，必须先向客户取得相当于原支票金额的现金或其他担保品，也可以新开支票将原支票交付，但仍须依上列规定办理。

第七条　当遇有销货退回时，应于交货日起 60 日内将交寄收据及原统一发票一并取回，送交会计人员办理（如不能取回时，应向客户取得销货退回证明），其折让或退回部分，应设"销货折让"科目表示，不得直接从销货收入项下减除。

第八条　财务部接到银行通知客户退票时，应立即转告营业部门。营业部门用退票无法换回现金或新票时，应立即寄发存证信函，通知发票人及背书人，并迅速拟定善策进行处理。同时营业部门应填送呆账（退票）处理报告表，随附支票正本（副件留营业部门）及退票理由单，直接送上级主管部门依规定处理。

第九条　营业部门对退票申诉案件送请财务部办理时，应提供下列资料：

1. 发票人及背书人的户籍所在地。

2. 发票人及背书人的财产（其中，土地应注明所有权人、地段、地号、面积、持分及设定抵押，建筑物或土地改良物也应注明所有权人、建号，其他财产应注明名称、存放地点及现值等）。

3. 发票人及背书人其他投资事项。

第十条　财务部接到呆账（退票）处理报告表，经批准后 2 日内应依法申诉，并随时将处理情况通知各有关部门、单位。

第十一条　上述债权确定无法收回时，应及时报送财务部，并附税务机关认可的合法凭证（如法院裁定书或当地证明文件，或邮政信函等）呈总管理处核准后，才能冲销应收账款。

第十二条 依法申诉而无法收回债权部分，应取得法院债权凭证，交财务部列册保管。若事后（利益偿还请求权时效期 15 年内）发现债务人有偿债能力时，应依上列有关规定申请法院执行。

第十三条 公司营业人员不依本准则的各项规定办理或有勾结行为，致使公司权益蒙受损失者，依人事管理规则议处，情节严重者应移送法院办理。

第十四条 本准则经总管理处批准后公布实施。

3 账款催收管理办法

第一章 总 则

第一条 为加强本公司账款催收工作，加快资金的流转速度，提高资金的利用效率，促进公司整体经济效益的提高，特制定本办法。

第二章 账单分发

第二条 财务部账款组应依类别整理账单，定期汇集、编制账单清表一式三份，将账单清表两份连同账单寄交业务人员签收。

第三条 业务人员收到账单清表时，一份自行留存，另一份应尽速签还财务部账款组，如发现有不属本身的账单，应立即寄回。

第四条 客户要求寄存账单时，应填写寄存账单证明单（略）一份，详列笔数、金额等交由客户签认，收款时才交还予客户。如因寄存账单未取得客户签认而导致不能收款时，由业务人员负责赔偿。

第五条 收到公司寄来的账单后，到访问时仍未能立即收款，则应取得客户在账单上的签认。若未能取得客户的签认，则应尽速于发货日起三个月内，向总务部申请取得邮局包裹追踪执据，执凭收款；逾期不办致无法收取货款时，由业务人员负责赔偿。

第三章 收款处理程序

第六条 业务人员于每日收到货款后，应于当日填写收款日报表一式四份，一份自留，三份寄交公司财务部出纳组。

第七条 属于本市的未收账款，直接将现金或支票连同收款日报表第一、二、三联亲自交出纳人员并取得签认。

第八条　外埠地区的未收账款应将现金部分填写××银行送款单或邮政划拨储金通知单，存入附近××银行分行或邮局。次日上午将支票、××银行送款单存根或邮政划拨单存根，用回形针别于收款日报表第一、二、三联，以挂号寄交财务部出纳组。业务人员应将挂号收执贴在自存的收款日报表左下角备查。

第四章　收款票期规定

第九条　依客户的区别规定如下：

1. 直接客户：以货到收款为条件者，由送货员收取现金，签收的客户则为销货日起1个月（一个月按30天计算）内的支票或现金。

2. 一般商店：自销货日起3个月（按91天计算）内的票期。

第十条　收款票期超过公司的规定时，依下列方式计算收款成绩：

1. 在1～30天时，扣该票金额20%的成绩。
2. 在31～60天时，扣该票金额40%的成绩。
3. 在61～90天时，扣该票金额60%的成绩。
4. 在91～120天时，扣该票金额80%的成绩。
5. 在121天以上时，扣该票金额100%的成绩。

第五章　收取票据须知

第十一条　收取票据时，应认真审查法定票据的合格性、合法性。法定支票记载的金额、发票人图章、发票日期及付款地均应齐全，大写金额绝对不可更改，否则盖章仍属无效，其他有更改之处，务必加盖负责人印章。

第十二条　注意支票的抬头应写“××股份有限公司”全称。

第十三条　遇跨年度业务收款时，日期容易产生笔误，应特别注意。

第十四条　字迹模糊不清的票据，应予退回重新开具。

第十五条　收取背书支票时，应请客户背书，并且写上“背书人××股份有限公司”，千万不可代客户签名背书。

第十六条　注有“禁止背书转让”字样的支票，一律不予收取。

第十七条　收取客户支票大于应收账款时，不应以现金或其他客户的款项支付多余款项。

第十八条　公司无销货折让的办法。如因发票金额误开或转交机关的客户佣金未扣，需将原开统一发票收回，寄交公司更改或重新开具发票；如无法收回而不得已需抵扣，则于下次向公司订货时，以备忘录说明，经业务经理核准后扣除，不得于收款时扣除货款或以销货折让方式处理，否则尾数由业务人员负责。

第六章　退票的处理

第十九条　业务人员收到由信用科填发的退票通知书应先行核对，并于3日内将回执联填妥并寄信用科。

第二十条　业务人员收到退票通知书后应于15日内前往洽收，并将结果填写退票洽收报告寄回信用科，否则发生问题概由业务人员负责。如因特殊原因未能如期洽收，应先函告信用科并说明拟往洽收的日期，以确保时效，维护公司的权益。

第二十一条　退票洽收若是换票，新开的票期不得超过退票通知书填发日期45天，否则计算收款成绩时，扣减该票金额的80%，超过75天则扣减100%。

第七章　账单的转移及对账

第二十二条　业务员在账单移交时，应填写账款移交清表一式四份，移交人、接收人及核对人均应签名以示负责，其中两份寄交信用科及账款组，接收人接收时，除核对账单金额外，还应注意是否经过客户签认，账单不可私下移交。

第二十三条　为保证业务人员手中账单的真实性，财务部应随机对客户办理通讯或实地对账。

第二十四条　财务部应定期三个月一次核对业务人员手中的账单，或于特殊情况下不定期抽查业务人员手中账单。

第二十五条　业务部主管应随时核对业务人员手中的账单，并负督促收款工作及承担催收的责任。

第八章　禁止事项

第二十六条　对账的结果，如发现有下列情况者，除限令业务人员于一周内予以补正外，并依公司的规定处分：

1. 收款不报或积压收款。
2. 退货不报或积压退货。
3. 转售不依规定或转售图利。

第九章　附　则

第二十七条　本办法自颁布之日起实施。

第十一部分 中小企业财务分析管理制度

1 财务报告制度

第一条 单位要根据会计制度的规定和经济业务活动的具体要求，编制资产负债表、利润表、现金流量表、有关附表及附注、财务情况说明。对内报送还包括：收入明细表、往来款项清理表。

第二条 报表应根据准确无误、登记完整、结账后的各类账簿记录及其他有关资料编制。具体要求为：

1. 数字真实。在编制会计报表之前发生的全部会计业务都要登记入账，同时结出各个账户的本期发生额和期末余额，然后核对账目，保证账证相符和账账相符。同时清查盘点财产物资、往来款项、存款、借款等，保证账单相符，在此基础上编制会计报表。完成之后，还应检查账簿记录与报表数字、报表与报表之间有关数字是否衔接一致，以保证会计报表的真实性。

2. 计算准确。报表中需要填列的有关数字，必须按规定计算填列。对有对应关系的数字，要认真复核，按照规定的逻辑关系核对相符，表中各行、各列的明细数，要与小计、合计、总计复核相符。

3. 内容完整。会计报表必须按照统一规定的报表种类、格式和内容编制；对规定编制的各种会计报表，都必须编报齐全；无论是表内项目还是补充资料，都必须填列齐全。

4. 报送及时。必须按照规定的期限和程序及时编制和报送会计报表。月份会计报表应于月份终了后三日内报出；季度会计报表应于季度终了后五日内报出；年度会计报表（决算）应按照财政部门决算通知规定和主管部门要求的期限报出。

第三条 报表对外应分别报送主管部门、业务主管部门、审计部门，对内报送的报表应在对外报送的同时报总经理室。季度报表应包括收入明细账、往来款项清理表。

第四条 在调查、总结、分析的基础上编制财务情况说明书。财务情况说明书主要说明本单位收入、支出、结余及其分配情况、存在的问题及原因、本阶段的财务工作、对本期或者下期财务状况发生重大影响的事项、下一步的工作打算、需要说明的其他事项。财务情况说明要求有事实、有总结、有分析、具有建设性。

2 财务分析制度

第一条 本单位的一切财务行为或财务活动、财务状况都是财务分析的内容，但主要包括预算执行、资产使用、财务管理等方面。

第二条 预算编制的分析。要求分析预算资金的重点流向或侧重点，计算依据的科学性、合理性，定员定额的指标是否先进，财政补助的可能性，预算制度的执行情况等。

第三条 收支情况的分析主要是分析收入支出进度，超收减收、超支节支的原因，收费的标准和项目是否符合规定，闲置房屋、设备和富余人员利用情况，支出的结构和支出趋势，支出管理制度的执行情况等。

第四条 资产的分析主要是分析资产管理制度的建立和执行情况，货币资金的管理情况，材料物资和固定资产的管理制度建立完善和执行情况，对外投资的可行性论证、有无必要的报批手续、收益情况如何，无形资产的取得是否及时入账、收益情况如何。

第五条 负债的分析主要是分析资产负债率，负债的内部结构，负债规模是否在可控的范围内，借入款项有没有进行可行性论证，还款能力如何，各种应交款是否及时解缴。

第六条 净资产的分析主要是分析净资产在资产总额中的比重，各种资金的增减变动情况及原因，结余及其分配情况。

第七条 财务分析应具有以下指标：本期实际收支与预算收支相比较，与历史同期水平相比较，资产负债率，经费自给率，人员支出、公用支出占业务支出的比重，净资产率，本期实际收支相比较。

第八条 财务分析应使用比较分析法、结构分析法、因素分析法、差额计算法、平衡分析法等方法。

第十二部分　中小企业财务预算管理制度

1 财务预算管理制度

第一章　总　则

第一条　为加强财务预算管理，规范财务预算行为，特制定本预算管理制度。

第二章　编制原则

第二条　公司应充分利用预算管理对公司内部各部门、单位的各种财务及非财务资源进行分配、考核、控制，以便有效地组织和协调企业的生产经营活动，完成既定的经营目标。

1. "效益优先"的原则。

2. "实事求是、积极稳健、客观可行"的原则。财务预算的编制要积极可靠、尊重现实，确保以收定支，加强财务风险控制，以适应实际情况的变化。

3. "零基预算与趋势预测相结合"的原则。充分考虑公司业务和外部经济环境的发展趋势，但应以零基预算为主，避免实际需求与业务量趋势的不相称。

4. "权责对等、责任到人"的原则。公司应围绕经营目标将股东大会批准的预算指标层层分解、责任到人、切实可行，并将预算执行结果纳入业绩考核体系。

5. "预算年度和会计年度一致"的原则，以便于预算执行情况的反映、控制、考核。

第三章　编制依据

第三条　财务预算应当以业务预算、资本预算为基础，结合筹资预算，以经营利润为目标，以现金流为核心进行编制，以财务报表形式予以充分反映。

1. 业务预算。业务预算是反映预算期内公司可能形成现金收付的生产经营活动的预算，业务预算应反映现金收付情况。公司业务预算包括：

(1) 生产预算。根据本公司的行业特点，生产业务主管部门编制产销结合的生产预算，主要预计预算年度吞吐量、堆存量、单价、主营业务收入。

(2) 采购预算。对预计预算期内为保证生产或者经营的需要，从外部购买各项材料、低值易耗品等存货进行预算。预算主要根据生产预算、期初存货情况和期末存货经济存量编制。

(3) 主营业务成本预算和管理费用预算。预计预算年度装卸支出、堆存支出、港务管理支出、管理费用，公司应按照费用项目等具体编制到人工预算（含工资附加费、劳动保险费等)、物料消耗预算、修理费预算、水电费预算、折旧费预算、低值易耗品耗用预算、劳动保护费预算、行政经费预算、董事会费预算等。

(4) 财务费用预算。预计预算年度各项财务费用。

(5) 其他业务利润预算。预计预算年度分项目的其他业务收入、支出、利润。

(6) 营业外收支预算。预计预算年度内分项目的营业外收支。

2. 资本预算。资本预算是公司在预算期内进行资本性投资活动的预算。主要包括固定资产投资预算、权益性资本投资预算和债券投资预算等。

(1) 固定资产投资预算，是公司在预算期内购建、改建、扩建、更新固定资产进行资本投资的预算，应当根据本公司有关投资决策资料和年度固定资产投资计划编制。公司处置固定资产所引起的现金流入，也应列入资本预算。

(2) 权益性资本投资预算，是公司在预算期内为了获得其他单位的股权及收益分配权而进行资本投资的预算，应当根据企业有关投资决策资料和年度权益性资本投资计划编制。公司转让权益性资本投资或者收取被投资单位分配的利润（股利）所引起的现金流入，也应列入资本预算。

(3) 债券投资预算，是公司在预算期内为购买国债、企业债券、金融债券等所作的预算，应当根据公司有关投资决策资料和证券市场行情编制。公司转让债券收回本息所引起的现金流入，也应列入资本预算。

3. 筹资预算。筹资预算是公司在预算期内需要新借入的长短期借款、经批准发行的债券以及对原有借款、债券还本付息的预算，主要依据企业有关资金需求决策资料、发行债券审批文件、期初借款余额及利率等编制。

第四章　财务预算的内容

第四条　财务预算的内容：公司财务预算是在预测和决策的基础上，围绕公司战略目标，对预算年度内公司资金取得和投放、各项收入和支出、经营成果及其分配等资金运动所作的具体安排。财务预算主要以现金预算、预计资产负债表和预计利润表等形式反映。

1. 现金预算，是按照现金流量表主要项目内容编制的反映企业预算期内一切现金收支及其结果的预算。预计预算年度内现金收入、现金支出、现金多余、现金不足以及不足部分的筹措方案和多余部分的利用方案等。它以业务预算、资本预算和筹资预算为基础，是其他预算有关现金收支的汇总，主要作为公司资金头寸调控管理的依据。

2. 预计资产负债表，是按照资产负债表的内容和格式编制的综合反映公司期末财务状况的预计报表。一般根据预算期初实际的资产负债表和业务预算、资本预算、筹资预算等有关资料分析编制。

3. 预计利润表，是按照损益表的内容和格式编制的反映公司在预算期内利润目标的预计报表。一般根据业务预算、资本预算、筹资预算等有关资料分析编制。

第五章　财务预算的编制

第五条　公司财务预算一般按年度编制，业务预算、资本预算、筹资预算分季度、月份落实。公司编制预算时，一般应按照“上下结合、分级编制、逐级汇总”的程序进行。公司自每年 11 月初开始编制下一年度财务预算。

1. 下达目标。总经理根据董事会提出的预算年度总目标，于每年 11 月 10 日前提出下一年度公司财务预算目标，确定财务预算编制的政策，财务负责人组织下达预算目标到各预算执行部门。

2. 编制上报。各预算执行部门或单位负责人组织基层业务人员，按照下达的预算目标和政策，结合自身特点以及预测的执行条件，草编责任范围内的预算，使预算较为可靠、符合实际。各部门或单位负责人汇总编制部门或预算，并初步协调，提出详细的本部门或单位相关预算方案，12 月 5 日前提交公司财务部。

3. 审查平衡。财务部组织相关部门对各预算执行部门上报的预算方案进行审查、汇总并初步平衡后编制财务预算草案，于当年 12 月 31 日前报财务负责人；财务负责人审核调整后提交总经理办公会讨论，总经理办公会审查、综合平衡后形成财务预算建议方案。在审查、平衡过程中，总经理办公会应当进行充分协调，对发现的问题提出调整意见，财务负责人组织并反馈给有关预算执行部门予以修正。

4. 审议批准。总经理应在 2 月 15 日前将财务预算建议方案提交董事会，由董事会制定财务预算方案提交股东大会审议批准。

5. 分析说明。上报预算，应对预算的编制情况作认真的分析说明，并对与上年实际发生额相比有明显差异的项目做重点分析说明。

第六章　财务预算的执行

第六条　股东大会审议批准年度财务预算后，在董事会的指导安排下，总经理组织分解预算指标并下达到各预算执行单位执行，确保预算的落实。

1. 各部门、单位负责人是预算分解指标的第一责任人，负责落实责任范围内预算指标的执行和控制。

2. 各部门、单位应于每季度第一个月 5 日前对上季度责任范围内预算执行情况汇总、分析，并形成书面报告送公司财务部；公司财务部按季、年全面汇总分析后，10 日前报财务负责人、总经理。执行中，若发现异常，应及时上报。

3. 财务负责人负责组织检查、监督财务预算执行情况，协调解决存在的问题，重大事项及时报总经理、董事长。

4. 公司年度财务预算一经制定，原则上不得调整。因客观情势发生重大变化确需修改的，应按公司年度财务预算决策程序进行调整，需要对外披露的，应及时按有关规定予以披露。实际执行情况高出或低于预算的 5%时，总经理应向董事会报告并作出合理解释；高出预算的 20%或低于预算的 10%时，董事会应向股东大会报告并作出合理解释。

第七章　附　则

第七条　本制度自公布之日起实施。

2　财务预算实施细则

第一条　为了加强各部门预算编制的科学管理，特制定本实施细则，各部门应共同遵守，认真执行。

第二条　产品类别销售计划。该计划以产品分类为主。

第三条　生产计划的说明。对产量及生产能力运用计划、质量计划、新产品或新技术的研究开发计划、机械修护计划、机械淘汰以及扩建计划、人员合理化计划、成本控制计划等加以说明。

第四条　营业计划说明。营业计划说明是经营部与内销部在预算年度中营业计划的书面报告，内容包括：市场的开发、新产品的开发、旧产品的淘汰、新客户的开发或原有客户的淘汰、广告或其他销售推广政策、价格策略及账款回收政策、业务人员的增减变动、销售费用限制、本年度营业方面可能遭遇的困难及克服对策等的说明。

第五条　客户促销计划。客户促销计划是由贸易部及内销部根据市场情况、客户往来情况预计各客户的销售量，以拟订的报价予以编制。

第六条　设定标准人工费用。标准人工费用是指各部门在标准生产能力下，配置的人员编制及用人费用标准，根据性质分为直接人工费用和间接人工费用两项，待确定生产计划后，作为编制人工费用预算及考核人工效率的依据。

第七条　设定标准制造费用。标准制造费用是指各部门在标准生产能力下，耗用的电力、材料、维修费用等费用指标，分为变动制造费用及固定制造费用两项，作为生产计划确定后编制制造费用预算及考核费用支出的依据。

第八条 设定营业部门分摊费用。按费用性质，依据营业部门提供服务的比重，将营业部门费用分摊给生产部门。

第九条 产销配合计划。由总经理、财务部及生产管理部门根据营业部门及生产部门提供的资料，综合市场环境、生产状况、产成品存货水平及成本利润等因素，加以协调而编制。

第十条 生产计划。生产计划是生产管理中心依据经核定实施的产销计划所列各项产品生产数，而排定的各中间及最后生产部门产品的计划生产数量，是预算年度考核各生产部门生产进度完成情况的依据。

第十一条 主要材料耗用量预算。主要材料耗用量预算由生产部门依据生产计划及标准用料设定加以汇编而成。

第十二条 主要材料采购预算。主要材料采购预算由供应部依据主要材料耗用量预算估计材料的合理库存、经济采购数量及材料价格趋势等予以汇编，作为编制主要材料耗用成本的依据。

第十三条 固定资产扩建改良及专项费用预算。固定资产扩建改良及专项费用预算是供应部根据营业计划说明生产计划、产销配合计划及企业预算委员会决议事项所编制的年度资本支出及专项支出预算。

第十四条 生产成本预算。生产成本预算是财务部编制的各产品直接材料、直接人工及制造费用的总成本及单位成本预算。

第十五条 销货成本预算。销货成本预算是财务部根据产销配合及计划生产成本预算加以汇编而成的。

第十六条 营业收入预算。营业收入预算是财务部根据产销配合计划及预估的其他收入，加以汇编而成的。

第十七条 销售管理财务费用预算。销售管理财务费用预算是财务部参考前年度实际开支，并依据年度营业管理计划所编制的销售管理财务费用年度预算。

第十八条 损益预算。损益预算是财务部依据销售成本预算、营业收入预算及销售管理财务费用预算编制的年度损益预算。

第十三部分　中小企业融资管理制度

1　融资活动的基本内部控制制度

第一条　职务分离制度。

1. 融资计划的编制人员应与审批人员适当分离。

2. 办理债券或股票发行的人员不得接触会计记录，债券与股票的保管一般应委托专门的机构进行。

3. 负责利息或股利计算及会计记录的人员应同支付利息或股利的人员分离。

第二条　对公司融资业务应进行严格的审批控制。董事会应授权高级管理人员进行融资业务的管理，并应明确权责范围。

第三条　融资管理人员应定期进行企业经营情况的分析，根据企业的资金预测编制融资计划。

第四条　融资管理人员的融资计划应经过董事会的审批，董事会会同法律顾问和财务顾问审核融资计划的合理性和可行性。

第五条　融资计划应包括以下内容：融资的原因、融资时间计划、融资方式的比较分析和融资方式的建议等。

第六条　融资计划经董事会审核通过后，债券或股票的发行应经董事会授权的高级管理人员会签后方可对外发行。会签时应复核签发的债券、股票与董事会的核准文件是否一致。

第七条　由于债券或股票在法律上代表了债权人或股东对公司资产所拥有的权利，同时由于其具有较强的流动性，应视同现金进行保管。

第八条　为了加强控制，对于已核准但尚未对外发行的债券或股票，一般应委托独立的机构代为保管。独立保管机构应拥有专门的保管设备，避免企业内部人员接近，可以有效地保证证券资产的安全和完整。

第九条　企业也可以自行保管债券，但应指定专人负责，并存放于专用的保险柜中。保管人员应与债券发行和账簿记录人员职责分离。

第十条　企业发行债券筹集资金，应按照规定及时偿还利息，以维护企业的信用。为保证按时偿还利息，企业应安排专门人员负责利息的计算工作。应付利息应当在有关人员签字确认后，才对外偿付。企业委托代理机构对外偿付利息，应根据代理机构交来的利息支付清单作为企业的记账依据，利息支付清单应记载持券人姓名和利息支付金额。

2 融资管理制度

第一章　总　则

第一条　为规范公司经营运作中的融资行为，降低资本成本，减少融资风险，以提高资金运作效益，依据相关规范，结合公司具体情况，特制定本制度。

第二条　本制度适用于公司总部、各子公司及各分公司的融资行为。

第三条　本制度所指的融资是指权益资本融资和债务资本融资。权益资本融资是由公司所有者投入以及以发行股票方式融资；债务资本融资指公司以负债方式借入并到期偿还的资金，包括短期借款、长期借款、应付债券、长期应付款等方式融资。

第四条　融资的原则。

1. 统一筹措、分级使用原则。
2. 综合权衡、降低成本原则。
3. 适度负债、防范风险原则。

第五条　资金的筹措、管理、协调和监督工作由公司财务部统一负责。

第二章　权益资本融资

第六条　权益资本融资通过吸收直接投资和发行股票两种融资方式取得。

1. 吸收直接投资是指公司以协议等形式吸收其他企业和个人投资的融资方式。
2. 发行股票融资是指公司以发行股票方式筹集资本的方式。

第七条　公司吸收直接投资程序。

1. 吸收直接投资须经公司股东大会或董事会批准。
2. 与投资者签订投资协议，约定投资金额、所占股份、投资日期以及投资收益与风险的分担等。
3. 财务部负责监督所筹集资金的到位情况和实物资产的评估工作，并请会计师事务所办理验资手续，公司据此向投资者签发出资报告。
4. 财务部在收到投资款后应及时建立股东名册。
5. 财务部负责办理工商变更登记和企业章程修改手续。

第八条　吸收投资不得吸收投资者已设有担保物权及租赁资产的出资。

第九条　筹集的资本金，在生产经营期间内，除投资者依法转让外，不得以任何方式抽走。

第十条 投资者实际缴付的出资额超出其资本金的差额（包括公司发行股票的溢价净收入）以及资本汇率折算差额等计入资本公积金。

第十一条 发行股票融资程序。

1. 发行股票融资必须经过股东大会批准并拟订发行新股申请报告。

2. 董事会向有关授权部门申请并经批准。

3. 公布公告招股说明书和财务会计报表及附属明细表，与证券经营机构签订承销协议。定向募集时向新股认购人发出认购公告或通知。

4. 招认股份，交纳股款。

5. 改组董事会、监事会，办理变更登记并向社会公告。

第十二条 公司财务部建立股东名册，其内容包括股东姓名、名称、住所及各股东所持股份、股票编号以及股东取得股票的日期等。

第三章 债务资本融资

第十三条 债务资本的融资工作由公司财务部统一负责。经财务部批准，分支机构可以办理短期借款。

第十四条 公司短期借款融资程序。

1. 根据财务预算和预测，公司财务部应先确定公司短期内所需资金，编制融资计划表。

2. 按照融资规模大小，分别由财务部经理、财务总监和总经理审批融资计划。

3. 财务部负责签订借款合同并监督资金的到位和使用情况，借款合同内容包括借款人、借款金额、利息率、借款期限、利息及本金的偿还方式以及违约责任等。

4. 双方法人代表或授权人签字。

第十五条 公司短期借款审批权限。短期借款采取限额审批制，限额标准如下（超过限额标准的由公司董事会批准）：

1. 财务部经理审批限额：10 万元。

2. 财务总监审批限额：50 万元。

3. 总经理审批限额：100 万元。

第十六条 在短期借款到位当日，公司财务部应按照借款类别在短期融资登记簿中登记。

第十七条 公司按照借款计划使用该项资金，不得随意改变资金用途，如有变动须经原审批机构批准。

第十八条 公司财务部及时计提和支付借款利息并实行岗位分离。

第十九条 公司财务部建立资金台账，以详细记录各项资金的筹集、运用和本息归还情况。财务部对于未领取利息单独列示。

第二十条 公司长期债务资本融资包括长期借款、发行公司债券以及长期应付款等方式。

第二十一条 公司长期借款必须编制长期借款计划使用书，包括项目可行性研究报告、项目批复、公司批准文件、借款金额、用款时间与计划以及还款期限与计划等。

第二十二条 长期借款计划应由公司财务部经理、财务总监和总经理依其职权范围进行审批。

第二十三条 公司财务部负责签订长期借款合同，其主要内容包括贷款种类、用途、贷款金额、利息率、贷款期限、利息及本金的偿还方式和资金来源、违约责任等。

第二十四条 长期借款利息的处理。

1. 筹建期间发生的应计利息计入开办费。

2. 生产期间发生的应计利息计入财务费用。

3. 清算期间发生的应计利息计入清算损益。

4. 购建固定资产或无形资产有关的应计利息，在资产尚未交付使用或者虽已交付使用但尚未办理竣工决算之前，计入购建资产的价值。

第二十五条 公司发行债券融资程序。

1. 发行债券融资应先由股东大会作出决议。

2. 向国务院证券管理部门提出申请并提交公司登记证明、公司章程、公司债券募集办法以及资产评估报告和验资报告等。

3. 制定公司债券募集办法，其主要内容包括公司名称、债券总额和票面金额、债券利率、还本付息的期限和方式、债券发行的起止日期、公司净资产、已发行尚未到期的债券总额以及公司债券的承销机构等。

4. 同债券承销机构签订债券承销协议或包销合同。

第二十六条 公司发行的债券应注明公司名称、债券票面金额、利率以及偿还期限等事项，并由董事长签名、公司盖章。

第二十七条 公司债券发行价格可以采用溢价、平价、折价三种方式，公司财务部保证债券溢价和折价采用直线法合理分摊。

第二十八条 公司对发行的债券应置备公司债券存根簿予以登记。

1. 发行记名债券的，公司债券存根簿应记明债券持有人的姓名、名称及住所，债券持有人取得债券的日期及债券编号、债券总额、票面金额、利率、还本付息的期限和方式以及债券的发行日期。

2. 发行无记名债券的，应在公司债券存根簿上登记债券的总额、利率、偿还期限和方式以及发行日期和债券的编号等。

第二十九条 公司财务部在取得债券发行收入的当日，即应将款项存入银行。

第三十条 公司财务部指派专人负责保管债券持有人明细账，并组织定期核对。

第三十一条 公司按照债券契约的规定及时支付债券利息。

第三十二条 公司债券的偿还和购回在董事会的授权下由公司财务部办理。

第三十三条 公司未发行债券必须由专人负责管理。

第三十四条 其他长期负债融资方式还包括补充贸易引进设备价款和融资租入固定资产应付的租赁费等形成的长期应付款。

第三十五条 由公司财务部统一办理长期应付款。

第四章 公司融资风险管理

第三十六条 公司应定期召开财务工作会议，并由财务部对公司的融资风险进行评价。公司融资风险的评价准则如下：

1. 以公司固定资产投资和流动资金的需要决定融资的时机、规模和组合。
2. 融资时应充分考虑公司的偿还能力，全面衡量收益情况和偿还能力，做到量力而行。
3. 对筹集来的资金、资产、技术具有吸收和消化的能力。
4. 融资的期限要适当。
5. 负债率和还债率要控制在一定范围内。
6. 融资要考虑税款减免及社会条件的制约。

第三十七条 公司融资效益的决定性因素是融资成本，这对于选择评价公司融资方式有重要意义。公司财务部采用加权平均资本成本最小的融资组合评价公司资金成本，以确定合理的资本结构。

第三十八条 融资风险的评价方法采用财务杠杆系数法。财务杠杆系数越大，公司融资风险也越大。

第三十九条 公司财务部应依据公司经营状况、现金流量等因素合理安排借款的偿还期以及归还借款的资金来源。

第五章 附 则

第四十条 本制度由财务部编制，解释权、修改权归财务部。

第四十一条 本制度经公司董事会审核批准后，自公布之日起实施。

第十四部分　投资与利润管理制度

1　中小企业投资管理制度

第一章　总　则

第一条　为加强公司投资管理，规范公司投资行为，提高资金运作效率，保证资金运营的安全性和收益性，根据外部规范与公司具体情况，特制定本制度。

第二条　本制度适用于公司总部、各子公司及各分公司的投资行为。

第三条　本制度所指投资分对外投资和对内投资两部分。

1. 对外投资指将货币资金以及经济资产评估后的房屋、机器、设备、物资等实物以及专利权、商标权和土地使用权等无形资产作价出资，进行各种形式的投资活动。

2. 对内投资指利用自有资金或从银行贷款进行基本建设、技术更新改造以及购买和建造大型机器、设备等投资活动。

第四条　投资目的。

1. 充分有效地利用闲置资金或其他资产，进行适度的资本扩张，以获取较高的收益，确保资产保值增值。

2. 改善装备水平，增强市场竞争能力，扩大经营规模，培育新的经济增长点。

第五条　投资原则。

1. 遵守国家法律、法规，符合国家产业政策。
2. 符合公司的发展战略。
3. 规模适度，量力而行，不能影响自身主营业务的发展。

第二章　对外投资

第六条　对外投资按投资期限可分为短期投资和长期投资。

1. 短期投资包括购买股票、企业债券、金融债券或国库券以及特种国债等。
2. 长期投资包括：

（1）出资与公司外部企业及其他经济组织成立合资或合作制法人实体。

（2）与境外公司、企业和其他经济组织开办合资、合作项目。

（3）以参股的形式参与其他法人实体的生产经营。

第七条 投资业务的职务分离。

1. 投资计划编制人员与审批人员分离。

2. 负责证券购入与出售的业务人员与会计记录人员分离。

3. 证券保管人员与会计记录人员分离。

4. 参与投资交易活动的人员与负责有价证券盘点工作的人员分离。

5. 负责利息或股利计算及会计记录的人员与支付利息或股利的人员分离，并尽可能由独立的金融机构代理支付。

第八条 公司短期投资程序。

1. 公司财务部应根据公司资金盈余情况编报资金状况表。

2. 证券资金部分分析人员根据证券市场上各种证券的情况和其他投资对象的盈利能力编报短期投资计划。

3. 公司的财务部经理、财务总监和董事会按短期投资规模大小和投资重要性，分别依照各自的职权审批该项投资计划。

第九条 公司财务部按照短期证券类别、数量、单价、应计利息以及购进日期等项目及时登记该项投资。

第十条 公司应建立严格的证券保管制度，至少由两名以上人员共同控制，不得一人单独接触有价证券，证券的存入和取出须详细记录在证券登记簿内，并由在场的经手人员签名。

第十一条 公司购入的短期有价证券须在购入当日记入公司名下。

第十二条 有价证券的盘点工作应由公司财务部和证券资金部负责组织实施。

1. 证券保管员和会计人员应在每月终了时进行月终盘点，并完成下列程序：

(1) 盘点前必须将截至当月最后一天的证券登记入账并结出结存额。

(2) 实地清点实物，核对卡片。

(3) 月终编制有价证券盘点表。

2. 财务部根据有价证券盘点表，认为必要时，可以抽样核对，复核盘点表。

3. 年终时，根据公司盘点指令，组织人员，全面清点，编制有价证券盘点表，并由公司财务部负责人（或聘请注册会计师）参加监盘。

第十三条 公司财务部应对每一种证券设立明细账加以反映，每月还应编制证券投资和盈亏报表，对于债券应编制折价、溢价摊销表。

第十四条 公司财务部应将投资收到的利息、股利及时入账。

第十五条 应由财务部经理、财务总监以及董事会按其职权批准处置公司短期投资。

第十六条 公司对外长期投资按投资项目的性质分为新项目投资和已有项目增资。

1. 新项目投资是指投资项目经批准立项后，按批准的投资额进行的投资。

2. 已有项目增资是指原有的投资项目根据经营需要，在原批投资额的基础上增加投资的活动。

第十七条 对外长期投资程序。

1. 财务部协同投资部门确定投资目的并对投资环境进行考察。

2. 对外投资部门在充分调查研究的基础上编制投资意向书。

3. 对外投资部门编制项目投资可行性研究报告并上报财务部和总经理办公室。

4. 财务部协同对外投资部门编制项目合作协议书。

5. 按国家有关规定和本办法规定的程序办理报批手续。

6. 对外投资部门制定有关章程和管理制度。

7. 对外投资部门项目实施运作及其经营管理。

第十八条 对外投资权限。

1. 所有对外长期投资项目，均由总公司批准或由总公司转报董事会批准，各子公司、分公司无对外投资权，但享有投资建议权。

2. 总公司应在受理对外长期投资项目立项申请后一个月内做出投资决策。

第十九条 经批准后的对外长期投资项目，一律不得随意增加投资，如确需增资，必须重报投资意向书和可行性研究报告。

第二十条 对外长期投资兴办合营企业对合营合作方的要求。

1. 要有较好的商业信誉和经济实力。

2. 能够提供合法的资信证明。

3. 根据需要提供完整的财务状况、经营成果等相关资料。

第二十一条 对外长期投资项目必须编制投资意向书。项目投资意向书的主要内容包括：

1. 投资目的。

2. 投资项目的名称。

3. 项目的投资规模和资金来源。

4. 投资项目的经营方式。

5. 投资项目的效益预测。

6. 投资的风险预测（包括汇率风险、市场风险、经营风险、政治风险）。

7. 投资所在地（国家或地区）的市场情况、经济政策。

8. 投资所在地的外汇管理规定及税收法律法规。

9. 投资合作方的资信情况。

第二十二条 国（境）外投资项目还应提供如下资料：

1. 有关投资所在国（地区）的现行外汇投资的法令、法规，税收规章以及外汇管理规定。

2. 投资所在国（地区）的投资环境分析、合作伙伴的资信状况。

3. 投资外汇资金来源证明及投资回收计划。

4. 本国驻外使馆及经参处对项目的审查意见。

5. 本国外汇管理部门要求提供的其他资料。

第二十三条 投资意向书（立项报告）报总公司批准后，对外投资部门应委托专业设计研究机构负责编制可行性研究报告。项目可行性研究报告的主要内容包括：

1. 总论。

(1) 项目提出的背景，项目投资的必要性及其经济意义。

(2) 项目投资可行性研究的依据和范围。

2. 市场预测和项目投资规模。

(1) 国内外市场需求预测。

(2) 国内现有类似企业的生产经营情况的统计。

(3) 项目进入市场的生产经营条件及经销渠道。

(4) 项目进入市场的竞争能力及前景分析。

3. 投资估算及资金筹措。

(1) 项目的注册资金及其生产经营所需资金。

(2) 资金的来源渠道、筹集方式及贷款的偿还办法。

(3) 资金回收期的预测。

(4) 现金流量计划。

4. 项目的财务分析。

(1) 项目前期开办费以及建设期间各年的经营性支出。

(2) 项目运营后各年的收入、成本、利润和税金测算，可利用投资收益率、净现值以及资产收益率等财务指标进行分析。

5. 项目敏感性分析及风险分析。

第二十四条 财务部和对外投资部门应在项目可行性研究报告报总公司批准后，编制项目合作协议书（合同）。项目合作协议书（合同）的主要内容包括：

1. 合作各方的名称、地址及其法定代表人。

2. 合作项目的名称、地址、经济性质、注册资金及其法定代表人。

3. 合作项目的经营范围和经营方式。

4. 合作项目的内部管理形式、管理人员的分配比例、机构设置及实行的财务会计制度。

5. 合作各方的出资数额、出资比例、出资方式及出资期限。

6. 合作各方的利润分成办法和亏损责任分担比例。

7. 合作各方违约时应承担的违约责任以及违约金的计算方法。

8. 协议（合同）的生效条件。

9. 协议（合同）的变更、解除的条件和程序。

10. 出现争议时的解决方式以及选定的仲裁机构和所适用的法律。

11. 协议（合同）的有效期限。

12. 合作期满时财产清算办法及债权债务的分担。

13. 协议各方认为需要制定的其他条款。

项目合作协议书（合同）由总公司法人代表签字生效，或由总公司法人代表授权委托代理人签字生效。

第二十五条 对外长期投资协议签订后，公司协同办理出资、工商和税务登记以及银行开户等工作。

第二十六条 确定对外投资价值及投资收益的原则。

1. 以现金、存款等货币资金方式向其他单位投资的，按照实际支付的金额计价。

2. 以实物、无形资产方式向其他单位投资的，按照评估确认或者合同、协议约定的价值计价。

3. 公司认购的股票，按照实际支付款项计价。实际支付的款项中含有已宣告发放但尚未支付股利的，按照实际支付的款项扣除应收股利后的差额计价。

4. 公司认购的债券，按照实际支付的价款计价。实际支付的款项中含有应计利息的，按照扣除应计利息后的差额计价。

5. 溢价或者折价购入的长期债券，其实际支付的款项（扣除应计利息）与债券面值的差额，在债券到期以前，分期计入投资收益。

6. 公司以实物、无形资产向其他单位投资的，其资产重估确认价值与其账面净值的差额计入资本公积金。公司以货币资金、实物、无形资产和股票进行长期投资，对被投资单位没有实际控制权的，应当采用成本法核算，并且不因被投资单位净资产的增加或者减少而变动；拥有实际控制权的，应当采用权益法核算，按照在被投资单位增加或者减少的净资产中所拥有或者分担的数额，作为公司的投资收益或者投资损失，同时增加或者减少公司的长期投资，并且在公司从被投资单位实际分得股利或者利润时，相应增加或减少公司的长期投资。

7. 公司对外投资分得的利润或者股利和利息，计入投资收益，按照国家规定缴纳或者补缴所得税。

8. 公司收回的对外投资与长期投资账户的账面价值的差额，计入投资收益或者投资损失。

第二十七条 对外长期投资的转让与收回。

1. 出现或发生下列情况之一时，公司可以收回对外投资：

（1）按照章程规定，该投资项目（企业）经营期满。

（2）由于投资项目（企业）经营不善，无法偿还到期债务，依法实施破产。

（3）由于发生不可抗力而使项目（企业）无法继续经营。

（4）合同规定投资终止的其他情况出现或发生时。

2. 出现或发生下列情况之一时，可以转让对外长期投资：

（1）投资项目已经明显有悖于公司经营方向的。

(2) 投资项目出现连续亏损且扭亏无望没有市场前景的。

(3) 由于自身经营资金不足急需补充资金时。

(4) 总公司认为有必要的其他情形。

投资转让应严格按照《公司法》和企业章程有关转让投资的规定办理。

3. 对外长期投资转让应由总公司财务部会同投资业务管理部门提出投资转让书面分析报告，报总公司批准。

4. 对外长期投资收回和转让时，相关责任人员必须尽职尽责，认真做好投资收回和转让中的资产评估等项工作，防止公司资产流失。

第二十八条 公司累计对外投资不得超过公司净资产的50%。

第三章 对内投资

第二十九条 公司对内投资程序。

1. 编制投资项目可行性研究报告。

2. 编制投资项目初步设计文件。

3. 编制基本建设及技术更新改造年度投资建议计划。

4. 按本制度规定的权限办理报批手续。

第三十条 公司对内投资权限。

对内投资采取限额审批制，超过限额标准的由公司董事会批准。

第三十一条 可行性研究报告的编制。

1. 公司项目承办单位要在进行充分的调查研究和必要的勘察工作以及科学实验的基础上，对建设项目建设的必要性、技术的可行性和经济的合理性提出综合研究论证报告。

2. 承担可行性研究工作的单位必须是有资格的工程勘察设计单位或科研单位。

3. 建设项目可行性研究报告的编制办法和内容以及深度按国家有关规定执行。

4. 建设项目可行性研究报告由公司财务部按本办法规定的权限报批。未经批准不得擅自改变建设项目的性质和规模以及标准，如需改变必须报原审批机构审批。

第三十二条 初步设计文件的编制。

1. 公司项目承办单位根据批准的可行性研究报告委托有资格的勘察设计或科研单位进行工程初步设计。

2. 初步设计必须以批准的可行性研究报告为依据，不得任意修改、变更建设内容，不得任意扩大建设规模或提高建设标准，初步设计概算总投资一般不应突破已批准的可行性研究报告投资控制数。概算总投资如超过已批准的可行性研究报告投资控制数的10%，必须重新报批可行性研究报告。

3. 经批准的初步设计文件，如确需进行设计修改和概算调整，必须由原初步设计文件编制单位提出具体修改及调整意见，经建设单位审查确认后报原批准单位批准。

第三十三条　年度计划和统计。

1. 各分支机构所有新建、续建基本建设及技术更新改造项目，必须编报基本建设及技术更新改造年度投资建议计划。

2. 年度投资建议计划于每年 9 月底前报总公司审批。总公司于每年 1 月底前下达当年基本建设及技术更新改造年度投资计划。

3. 凡列入公司基本建设及技术更新改造年度投资计划的投资项目，不需再行办理审批手续，当年新增加的基建及技改项目，必须按规定的投资限额办理报批手续，并增补列入当年投资计划。

4. 编制年度计划，除认真填报有关的计划表外，还要有必要的文字说明，数字要准确，文字要精练。

5. 各分支机构必须严格执行总公司下达的年度投资计划，无权自行调整，如确需调整，必须履行报批手续。

6. 各分支机构必须及时、准确地向总公司报送基本建设及技术更新改造统计报表。

第三十四条　竣工验收。

1. 基本建设和技术改造工程完工后，项目承办单位应及时办理竣工验收手续。一般由公司财务部协同项目承办部门组织竣工验收。

2. 工程竣工验收参照有关国家标准执行。

3. 对于工程竣工资料及验收文件，财务部和项目承办单位应及时归档。

第四章　投资管理机构

第三十五条　公司有关归口管理部门或分支机构为项目承办单位，具体负责投资项目的信息收集、项目建议书及可行性研究报告的编制、项目申报立项和实施过程中的监督与协调以及项目竣工后的评价工作。

第三十六条　公司财务部负责投资效益评估、技术经济可行性分析、资金筹措、办理出资手续以及对外投资资产评估结果的确认等。

第三十七条　对专业性较强或较大型投资项目，其前期工作应组成专门项目可行性调研小组来完成。

第三十八条　公司法律顾问和审计部门负责对项目的事前效益审计、协议、合同及章程的法律主审。

第三十九条　公司分支机构的对外投资活动必须报总公司批准后方可进行，各分支机构不得自行办理对外投资。

第五章　附　则

第四十条　本制度由财务部编制，解释权、修改权归财务部。

第四十一条　本制度经公司董事会讨论决定后，自公布之日起实施。

2　企业投资审批制度

第一条　企业对外投资以前，应编制详细的投资计划。

第二条　投资计划的编制应以财务分析的结果为依据，详细说明准备投资的对象及其投资理由、投资的性质和目的、影响投资收益的潜在因素分析、投资回收期分析等。

第三条　投资计划在正式执行前必须进行严格的审批。

第四条　如果投资行为属少量的闲置现金进行临时性的短期投资，投资计划可由董事会授权的财务经理来负责审批。

第五条　如果投资金额较大或属长期投资性质，审批一般由董事会进行。

第六条　审批的内容主要包括：投资的理由是否恰当，投资行为与企业的战略目标是否一致，投资收益的估算是否合理，影响投资的其他因素是否被充分考虑等。

第七条　所有投资决策都应当经审批确认后，方可正式执行。投资决策的有关书面文件应进行连续编号归档，以便于日后查询。

第十五部分 中小企业财务审计管理制度

1 内部审计工作制度

第一章 总 则

第一条 为加强公司及所属公司的管理和监督，维护财经法纪，改善经营管理，提高经济效益，根据有关内部审计工作规定，并结合公司实际情况，特制定本制度。

第二条 内部审计是在公司总经理的直接领导下，独立行使审计职权，对公司各部门以及公司所属单位的财务收支和经济效益等进行监督，对总经理负责并报告工作，在业务上同时受上级审计机构的领导和地方审计机关的监督。

第二章 内部审计的任务

第三条 主要任务有：

1. 对公司及所属公司的资金、财产的安全及完整进行审计监督。

2. 对公司及所属公司的财务收支计划、投资和经费的预算、信贷计划、外汇收支计划和经济合同的执行以及经济效益进行审计监督。

3. 对公司及所属公司的会计报表进行审计。

4. 对公司及所属公司的承包经营责任的审计评议，配合上级审计机构，对公司主要领导人及所属公司的主要领导人的离任经济责任进行审计。

5. 对公司及所属各公司基建工程项目的概（预）算的执行、建设成本的真实性和经济效益进行审计。

6. 对公司及所属公司的内部控制制度的健全、有效及执行情况进行监督。

7. 对严重违反财经法规，侵占国家、公司资产，严重损失浪费等损害国家、公司利益的行为进行专案审计。

8. 贯彻执行有关审计法规，制定或参与研究公司及所属公司有关的规章制度。

第四条 办理公司领导和上级审计机构交办的其他审计事项，以及配合上级审计部门和会计师事务所对公司及所属公司进行审计。

第五条 对公司的下列项目，审计部必须会签（不包括子公司）：

1. 基建项目。

2. 经济合同（包括采购合同）。

3. 公司的年度会计报表。

第六条 审计部不定时对上述项目的执行情况进行抽查。

第三章 职 权

第七条 主要职权有：

1. 有权让被审单位及时报送有关计划、预算、决算报表和文件资料等。

2. 检查实物、凭证、账册、有关文件和资料。

3. 索取有关的证明材料。

4. 参与有关的会议。

5. 对正在进行的严重违反财经法纪、严重损失浪费行为提请公司领导或有关部门做出临时的制止决定。

6. 对阻挠、破坏审计工作以及拒绝提供有关资料的，经公司领导批准可以采取必要的临时措施，并提出追究有关人员责任的建议。

7. 监督被审计单位严格执行审计决定。

8. 对审计工作中的重大事项有权直接向上级审计机构如实反映。

第八条 对违反财经法纪和公司董事会有关决议的被审计单位的直接责任人员和单位负责人，可建议公司总经理给予行政处分，情节特别严重的可建议移送司法机关依法追究刑事责任。

第四章 工作程序

第九条 审计部在年初应根据上级审计机构的部署，结合公司的实际情况，确定年度审计工作计划，报请总经理批准后实施。

第十条 实施审计计划时应拟订审计方案，确定审计范围、内容、方式和时间，并通知被审计单位提供必要的工作条件。

第十一条 审计中必须做好工作底稿，记录审计过程，各种旁证材料都应齐全，做好调查记录并应有相关人员的签名盖章。

第十二条 审计中如有争议应如实向领导反映，必须依法有据，实事求是地提出解决办法，切忌主观、武断。

第十三条 每项审计工作结束最迟不得超过两个星期提出审计报告。

第十四条 审计报告的要求。

1. 事实清楚。

2. 数据确实。

3. 依法有据。

4. 建议恰当。

第十五条 审计报告在征求补充审计单位意见后（不是同意审计报告），报送公司经理审定批示，做出审计结论和处理决定，通知被审计单位执行。

第十六条 被审计单位在听取审计报告草稿后有不同意见时，首先对事实和数据是否确切可提出补充意见，经审计部查明后修改或补充，对审计报告的法规依据，处理建议的内容也可以提出不同看法，审计部可以采纳或维护报告。

第十七条 被审计单位对总经理指示的审计报告必须执行，审计部必须在一定时期内向总经理报告执行结果。

第十八条 审计报告后若有情况变化和有新的重要数据，经查明后，被审计单位应向审计部报告，并同时向总经理报告，由总经理决定原审计报告的修改或继续执行。

第十九条 每个审计报告及工作底稿附件等必须在一个月内整理装订成册，归档备查。

第五章 奖 惩

第二十条 对审计工作成绩显著的工作人员以及在揭发检举中的有功人员应给予表扬和奖励。

第二十一条 审计人员泄漏机密，有以权谋私、舞弊行为者应给予行政处分，情节严重构成犯罪的提请司法机关依法追究其刑事责任。

第二十二条 对打击、报复检举揭发人员者，不论其职位高低，在公司内部由总经理根据情节严重情况给予行政和经济处分，情节特别严重的报有关部门处理直到依法追究其法律责任。

第六章 附 则

第二十三条 本规定由审计部呈报总经理批准后执行。

2 内部审计管理办法

第一章 总 则

第一条 为了加强公司经营管理，充分发挥内部审计监督作用，使审计工作制度化、规范化，根据国家审计法规并结合公司实际情况，特制定本办法。

第二章　审计机构和人员

第二条　内部审计机构和人员方案有：

1. 设立审计部，配置若干专职人员。
2. 附属于财务部，设专职审计人员。
3. 不设机构和专职人员，聘请外部兼职审计人员。

公司根据自身发展规划，逐步形成多层次、多功能的审计监督体系。

第三条　内审人员应具有一定的政治素质、审计专业职称、审计专业知识和审计经验。

第四条　内审人员必须依法审计、忠于职守、坚持原则、客观公正、廉洁奉公，不得滥用职权、徇私枉法、玩忽职守。公司应视审计人员工作质量对其进行奖励和处罚。

第五条　内审人员应按审计程序开展工作，对审计事项严守秘密，未经批准不得公开。

第六条　内审人员依法行使职权，受法律保护。任何部门、个人不得阻挠和打击报复。

第三章　审计对象，范围和依据

第七条　内部审计的对象。

1. 公司各职能部门和员工。
2. 公司全资子公司、分公司和控股公司。
3. 公司参股企业的派驻人员。
4. 总经理认为需要检查的其他事项和人员。

第八条　内部审计范围。

1. 与财务收支有关的经济活动。
2. 财务计划的执行和决算。
3. 公司资产的使用、管理及保值、增值情况。
4. 基建工程预、决算的真实性和合法性。
5. 国家财经法律、法规执行情况。
6. 公司领导离任的经济责任。
7. 管理活动、行政活动。
8. 其他认定事项。

第九条　内部审计依据。

1. 国家法律、法规、政策。

2. 公司规章制度。

3. 公司经营方针、计划、目标。

4. 其他有关标准。

第四章 审计种类和方式

第十条 公司内部审计包括:

1. 财务收支审计。对被审计单位财务收入的合法性、真实性和效益性进行监督检查。

2. 专案审计。对被审计单位及人员违反公司财经纪律问题进行审计查处。

3. 专项审计。

(1) 管理审计。对被审计单位管理活动的效率性进行审计。

(2) 效益审计。在财务收支审计基础上,对其经济活动的效益性、合理性进行审计。

(3) 任期审计。对被审单位负责人在任职期间履行职责情况进行审计。

(4) 审计调查。对公司普遍存在的问题进行专题调查。

第十一条 公司内部审计方式有:

1. 报送(送达)审计。被审单位接到审计通知书后,应在其指定时间内将有关材料送审计机构接受审计检查。

2. 就地审计。审计人员到被审单位进行审计,被审单位需提供必要的工作和生活条件。

第五章 内部审计的内容

第十二条 内部审计的内容。

1. 财务计划及其预算的执行。

2. 固定资产投资项目的立项、资金来源,以及预算、决算、竣工、开工审计。

3. 资产管理情况。

4. 经营成果、财务收支的真实性、合法性、效益性。

5. 内部控制制度的健全、严密、有效性。

6. 重要经济合同、契约的签订。

7. 各部门及下属企业领导离任审计。

8. 联营、合资、合作企业和项目投入资金、财产使用及其效果。

9. 配合有关审计机关和审计(会计)师事务所,对公司有关部门的审计。

10. 其他交办审计事项。

11. 向总经理室、审计机关报送审计工作计划、报告、统计报表等资料。

第六章　内部审计的主要职权

第十三条　内部审计行使下列职权：

1. 召开本公司、部门、下属分公司有关审计工作会议。

2. 参与公司重大经济决策的可行性论证或可行性报告事前审计。

3. 要求被审单位及时提供计划、预算、决算、合同协议、会计凭证、会计账簿等文件资料。

4. 检查被审计单位的凭证、账簿、报表、资产。

5. 对有关事项进行调查，有权要求有关单位和个人提供相关证明材料。

6. 提出改进管理、提高效益的建议。

7. 对违反财经法规的行为提出纠正意见。

8. 对严重违反有关财经法规、给公司造成严重损失浪费的人员，提出追究责任的建议。

9. 对审计工作中发现的重大问题及时向总经理、董事会、监事会报告。

10. 对阻挠破坏审计工作及拒绝提供资料的人员，有权向总经理提出建议，采取必要措施，并追究其责任。

11. 参与制定、修订有关公司规章制度。

第七章　内部审计工作程序

第十四条　内部审计工作程序。

1. 制定公司审计计划和审计工作方案，经总经理批准后组织实施，必要时报送审计机关。

2. 书面通告被审计单位，说明审计内容、种类、方式、时间。

3. 实施审计。审计人员可采取审查凭证、账表、文件、资料，检查现金、实物，向有关单位和人员调查取证等措施。

4. 提出审计报告，做出审计结论及审计处理意见。

5. 下达审查处理决定。

6. 复审。被审单位或个人在接到审查处理决定 15 天内，向公司提出书面复审申请，经总经理批准，组织复议。

7. 进行后续审计。

第十五条　审计程序执行过程中注意事项。

1. 审计前，应向被审计单位出示由总经理签章的审计通知书及授权审计通知书。

2. 审计处理决定由总经理批准下达。

3. 复审期间，原审计结论和决定必须照常执行。

4. 重大事项审计报告报董事会、监事会备案。

5. 审计过程中若发现问题，可随时向公司有关领导报告以便及时制止。

第八章 审计档案管理

第十六条 审计部门应建立、健全审计档案管理制度。

第十七条 审计档案管理范围。

1. 审计通知书和审计方案。

2. 审计报告及其附件。

3. 审计记录、审计工作底稿和审计证据。

4. 反映被审单位和个人业务活动的书面文件。

5. 总经理对审计事项或审计报告的指示、批复和意见。

6. 审计处理决定以及执行情况报告。

7. 申诉或申请复审报告。

8. 复审和后续审计的资料。

9. 其他应保存的审计资料。

第十八条 审计档案管理参考公司档案管理、保密管理等办法执行。

第九章 奖励与处罚

第十九条 审计人员对被审计单位的人员中有工作努力、业绩突出行为的向总经理提出各类奖励建议。

第二十条 审计人员对有下列行为之一的被审单位和个人，根据情节轻重，向总经理提出各类处罚建议：

1. 拒绝提供有关文件、凭证、账表、资料和证明材料的。

2. 阻挠审计人员行使职权，抗拒、破坏监督检查的。

3. 弄虚作假，隐瞒事实真相的。

4. 拒不执行审计结论和决定的。

5. 打击报复审计人员或举报人的。

第二十一条 如审计人员有下列行为，根据情节轻重给予各类处罚：

1. 利用职权牟取私利的。

2. 弄虚作假、徇私舞弊的。

3. 玩忽职守，给公司造成重大损失的。

4. 泄露公司秘密的。

第二十二条 对审计过程中发生的以上行为，构成犯罪的，应提请司法机关依法追究刑事责任。

第十章 附 则

第二十三条 本办法由审计（财务）部负责解释、补充，经公司董事会通过颁行。

3 内部稽核制度

第一章 总 则

第一条 公司各部门及各下属营业单位的稽核工作，由总管理处随时指定适当人员执行。

第二条 公司稽核业务范围，包括账务、业务、财务、总务及监验五项，除另有规定外，悉以本制度规定办理。

第三条 稽核人员应对所审核的事项负责，必要时，应在有关账册簿据上签章。

第四条 稽核人员除依照规定审核各单位所送凭证账表外，还应分赴各单位实地稽查，每年稽查次数视实际需要而定。

第五条 稽核人员前往稽核之前，应先准备并收集有关资料，拟订计划及进度表，将各单位已往审核及检查报告详细研究以作参考。

第六条 稽核人员在执行任务时，应依据各项有关规定办理。

第七条 稽核人员有保守职务上所稽得秘密的责任，除呈报外，不得泄漏或预先透露给被检查单位。

第八条 稽核事务涉及其他部门时，应会同各有关部门办理，且应做会同报告。如遇有意见不一致，须单独提出，与书面报告一并呈核。

第九条 稽核人员对本公司各单位执行稽核事务时，如有疑问，可随时向有关单位详细查询，并调阅账册、表格及有关档案，必要时还需请其出具书面说明。

第十条 稽核人员执行工作时，将稽核凭证（或公文）交由受稽核单位主管验明。

第十一条 稽核人员于稽核事务完妥后，应据实缮写检查报告书呈核。

第二章 账务稽核

第十二条 审核或检查记账凭证时，应注意下列事项：

1. 每一交易行为发生，是否按规定填制传票，如有积压或事后补制者，应查明其原因。

2. 会计科目、子目、细目有无误用，摘要是否恰当，有无遗漏、错误及各项数字的计算是否正确。

3. 转账是否合理，借贷方数字是否相符。

4. 应加盖的戳记编号等手续是否完备，有关人员的签章是否齐全。

5. 传票所附原始凭证是否合乎规定、齐全、准确，手续是否完备。

6. 传票编号是否连贯，有无重编、缺号现象，装订是否完整。

7. 传票的保存方法及放置地点是否妥善，是否已登录日记簿或日记表。

8. 传票的调阅及拆阅是否依照规定手续办理。

第十三条　账簿检查时，应注意下列事项：

1. 各种账簿的记载，是否与传票相符；应复核者，是否已复核；每日应记的账，是否当日记载完毕。

2. 各科目明细分类账各户或子目之和或未销讫各笔之和是否与总分类账各该科目之余额相等，是否按日或定期核对。与相对科目之余额是否相符，有无漏转现象。

3. 现金收付日记账收付总额，是否与库存表当日收付金额相符。

4. 各种账簿记载错误的纠正划线、结转等手续，是否依照规定办理，误漏的空白账页，有否划"×"形红线注销，并由记账员及主办会计人员在"×"处盖章证明。

5. 各种账簿启用、移交及编制明细账目等，是否完备，是否送税务稽征机关登记。

6. 各种账簿是否有经核准后而自行改订者。

7. 旧账簿内未用空白账页，有无加划线或加盖"空白作废"戳记注销。

8. 活页账页的编号及保管，是否依照规定手续办理，订本或账簿有无缺号。

9. 各种账簿的保存方法及放置地点，是否妥善，是否登记备忘簿，账簿的销毁，是否依照规定期限及手续办理。

第三章　业务稽查

第十四条　库存检查时，须注意下列事项：

1. 检查库存现金如在营业时间之前，应根据前一日库存中所载今日库存数目查点；如在营业时间之后，应根据当日现金簿中今日库存数目现款、银行存款查点；如在营业时间之内，应根据前一日现金簿中今日库存数目加减本日收支检点。支票签发数额与银行存款账卡是否相符，空白未使用支票是否齐全，作废部分有无办理注销。

2. 现金是否存放库内，如有另存他处者，应及时查明原因。

3. 库存现金有无以单据抵充现象。

4. 托收未到期票据等有关库存财物，应同时检查，且须核对有关账表、凭证单据。

5. 汇出汇款寄回的收据，是否妥善保存，有无汇出多日尚未解讫的汇款。

6. 内部往来账，是否按月填制未达账项明细表，查对账单是否依序保管。

7. 内部往来或对外单位往来账，是否经常核对。

8. 营业日报表的记载是否与银行存款相符。

9. 检查库存除查点数目核对账簿外，还应注意其处理方法及放置区域是否妥善，币券种类是否分清。

10. 金库锁匙及暗锁，密码表的掌握部门及库门的启用与库内的安全，金库放置位置等是否适当，是否办理严密。

11. 检查下属单位各种周转金及准备金时，应注意其限额是否适当。有无零星付款的记录，所存现款与未转账的单据合计数，是否与周转金、准备金相符，有无不当的垫款，或已付款而久未交货的零星支付请购案件。

第十五条 报表检查时，应注意下列事项：

1. 各种报表是否按规定期限及份数编送，有无遗漏。

2. 各种报表内容是否与账簿上的记载相符。

3. 数字计算是否正确，签章是否齐全。

4. 报表编号、装订是否完整及是否符合规定。

5. 报表保存方法及放置地点是否妥善。

第四章 财务稽核

第十六条 检查有价证券时，应与有关账表核对，须注意的事项如下：

1. 购入及出售有无核准，手续是否完备。

2. 证券种类、面值及号码，是否与账簿记载相符。

3. 债券附带的息票是否齐全，并是否与账册相符。

4. 本息票带的息票有无到期，是否齐全，是否与账册相符。

第十七条 检查各种质押品、寄存品及其他有价值的凭证单据时，应注意其是否存放库内，并应根据开出收据的存根副本及有关账册与库存查核者相符，有无漏记，如有另存其他地点者，应查明原因并检阅其有关单据。

第十八条 各种房地产契约书及其收租情况是否妥善。

第五章 总务、人事稽核

第十九条 检查各项费用时，应注意下列事项：

1. 总公司各单位、各项费用支付与物品领用，是否已依规定呈请核准核销。

2. 各单位的费用，是否在预算范围内，或经核准的范围内开支，是否有浪费或业务上不需要的开支，各项费用的列支是否照章办理。

3. 各种单据是否齐全及手续是否完备。

第二十条　检查储藏物品，应注意下列事项：

1. 储藏物品的保管是否妥善。

2. 储藏物品的种类、数量、价格是否与账簿（册、卡）记载相符，有无遗漏或短缺。

3. 储藏物品的质量、规格是否与购案相符。

4. 领物凭证，是否均经有关人员签章始行核发。

5. 已领物品未转账者，与储藏物品合计表，是否与账面存量相符。

6. 有无损坏报废物品，账簿是否注明，所存应报废物品，其数量是否与账簿记载相符。

第二十一条　检查交通运输及设备登记卡和附项设备登记卡时，应注意下列事项：

1. 各种登记卡的设置登记及排列，是否依照规定随到随办。

2. 各种登记卡的记载是否正确详明。

3. 登记卡是否登记有关折旧、修理、添建及转移事项。

4. 核对财物有关的登记簿、备查簿，是否有未设登记卡或漏编号、漏记账的财物。

5. 检查人员如认为必要时，应依据登记卡或财务登记的有关账簿，实地盘点或抽查盘点，相互核对。

第二十二条　营业用品器具是否编号设簿登记，查点是否齐全，各种印章的保管是否妥善。

第二十三条　人事检查应注意下列事项：

1. 各单位办事人员每日是否按照规定时间办公，并在签到簿上签到，有无迟到早退现象。

2. 各单位目前业务繁简与现有人员的工作分配是否相符，有无应增、应减现象。

3. 各单位办事人员对本身所担任的职务是否胜任，有无能力优异、表现特优者，或办事颓废、品性不佳、染有不良嗜好者。

4. 各单位人员于上班时间内，其仪表、态度、谈吐是否符合公司的规定。

第六章　附　则

第二十四条　本制度呈董事长核准后施行。

第四板块　会计工作表格模板

第一部分 中小企业成本管理表格

表 4—1 **制造成本核算表**

产品名称： 制造号码： 制造完工日期： 年 月 日

规　　格： 生产数量： 缴库通知编号：

耗用原料（直接原料）	原料名称	规格	领料单号码	单位	数量	单价	金额	耗用材料（直接材料）	物料名称	规格	领料单号码	单位	数量	单价	金额
	合计								合计						

直接人工					已分摊制造费用			成本合计		单位成本	
制造单位	日期	工时数	工资率	金额	工时数	分摊率	金额	项　目	金额	金额	备注
								直接原料			
								直接材料			
								直接人工			
								已分摊制造费用			
合　计								合　计			

缴库记录			出货记录				备注
缴库日期	缴库单号	缴库数量	日　期	厂　商	发票号码	数　量	

经理： 会计： 审核： 制表：

表 4—2 **产品生产成本计算表**

成本项目 / 规格型号	材　料			直接人工			制造费用			合　计		
	标准单位成本	分摊率	单位成本	标准单位成本	分摊率	单位成本	标准单位成本	分摊率	单位成本	实际单位成本	标准单位成本	差异

表 4—3 **产品成本比较表**

产品类别 / 成本项目												
	金额	%	金额	%	金额	%	金额	%	金额	%	金额	%
销售金额												
原料成本												

续前表

<table>
<tr><td colspan="2">产品类别
成本项目</td><td colspan="2"></td><td colspan="2"></td><td colspan="2"></td><td colspan="2"></td><td colspan="2"></td><td colspan="2"></td></tr>
<tr><td colspan="2"></td><td>金额</td><td>%</td><td>金额</td><td>%</td><td>金额</td><td>%</td><td>金额</td><td>%</td><td>金额</td><td>%</td><td>金额</td><td>%</td></tr>
<tr><td colspan="2">物料成本</td><td></td><td></td><td></td><td></td><td></td><td></td><td></td><td></td><td></td><td></td><td></td><td></td></tr>
<tr><td colspan="2">人工成本</td><td></td><td></td><td></td><td></td><td></td><td></td><td></td><td></td><td></td><td></td><td></td><td></td></tr>
<tr><td colspan="2">制造费用</td><td></td><td></td><td></td><td></td><td></td><td></td><td></td><td></td><td></td><td></td><td></td><td></td></tr>
<tr><td colspan="2">制造成本</td><td></td><td></td><td></td><td></td><td></td><td></td><td></td><td></td><td></td><td></td><td></td><td></td></tr>
<tr><td colspan="2">毛　　利</td><td></td><td></td><td></td><td></td><td></td><td></td><td></td><td></td><td></td><td></td><td></td><td></td></tr>
<tr><td colspan="2">销售数量</td><td></td><td></td><td></td><td></td><td></td><td></td><td></td><td></td><td></td><td></td><td></td><td></td></tr>
<tr><td rowspan="7">单位成本</td><td>单　　价</td><td></td><td></td><td></td><td></td><td></td><td></td><td></td><td></td><td></td><td></td><td></td><td></td></tr>
<tr><td>原料成本</td><td></td><td></td><td></td><td></td><td></td><td></td><td></td><td></td><td></td><td></td><td></td><td></td></tr>
<tr><td>物料成本</td><td></td><td></td><td></td><td></td><td></td><td></td><td></td><td></td><td></td><td></td><td></td><td></td></tr>
<tr><td>人工成本</td><td></td><td></td><td></td><td></td><td></td><td></td><td></td><td></td><td></td><td></td><td></td><td></td></tr>
<tr><td>制造费用</td><td></td><td></td><td></td><td></td><td></td><td></td><td></td><td></td><td></td><td></td><td></td><td></td></tr>
<tr><td>制造成本</td><td></td><td></td><td></td><td></td><td></td><td></td><td></td><td></td><td></td><td></td><td></td><td></td></tr>
<tr><td>毛　　利</td><td></td><td></td><td></td><td></td><td></td><td></td><td></td><td></td><td></td><td></td><td></td><td></td></tr>
<tr><td colspan="2">总附加价值</td><td></td><td></td><td></td><td></td><td></td><td></td><td></td><td></td><td></td><td></td><td></td><td></td></tr>
<tr><td colspan="2">单位附加价值</td><td></td><td></td><td></td><td></td><td></td><td></td><td></td><td></td><td></td><td></td><td></td><td></td></tr>
</table>

表 4—4　　　　产品成本控制表

批号：

<table>
<tr><td>客户名称</td><td>产品名称规格</td><td>订购数量</td><td>完工数量</td><td>出口条件</td></tr>
<tr><td></td><td></td><td></td><td></td><td></td></tr>
</table>

<table>
<tr><td rowspan="3">销货</td><td colspan="2">售货价格</td><td rowspan="3">其他扣除金额</td><td colspan="2">净　　价</td><td rowspan="3">标准单价</td><td rowspan="3">备　　注</td></tr>
<tr><td>单价</td><td>总价</td><td>单价</td><td>总价</td></tr>
<tr><td></td><td></td><td></td><td></td></tr>
</table>

<table>
<tr><td rowspan="6">原料成本</td><td rowspan="2">说　　明</td><td colspan="2">单　　价</td><td colspan="2">数　　量</td><td colspan="2">金　　额</td><td colspan="2">单位成本</td><td rowspan="2">备　　注</td></tr>
<tr><td>实际</td><td>标准</td><td>实际</td><td>标准</td><td>实际</td><td>标准</td><td>实际</td><td>标准</td></tr>
<tr><td></td><td></td><td></td><td></td><td></td><td></td><td></td><td></td><td></td><td></td></tr>
<tr><td></td><td></td><td></td><td></td><td></td><td></td><td></td><td></td><td></td><td></td></tr>
<tr><td></td><td></td><td></td><td></td><td></td><td></td><td></td><td></td><td></td><td></td></tr>
<tr><td>合　　计</td><td></td><td></td><td></td><td></td><td></td><td></td><td></td><td></td><td></td></tr>
<tr><td rowspan="5">物料成本</td><td rowspan="2">说　　明</td><td colspan="2">单　　价</td><td colspan="2">数　　量</td><td colspan="2">金　　额</td><td colspan="2">单位成本</td><td rowspan="2">备　　注</td></tr>
<tr><td>实际</td><td>标准</td><td>实际</td><td>标准</td><td>实际</td><td>标准</td><td>实际</td><td>标准</td></tr>
<tr><td></td><td></td><td></td><td></td><td></td><td></td><td></td><td></td><td></td><td></td></tr>
<tr><td></td><td></td><td></td><td></td><td></td><td></td><td></td><td></td><td></td><td></td></tr>
<tr><td>合　　计</td><td></td><td></td><td></td><td></td><td></td><td></td><td></td><td></td><td></td></tr>
</table>

<table>
<tr><td rowspan="5">直接工资</td><td rowspan="2">说　　明</td><td colspan="2">车间 1</td><td colspan="2">车间 2</td><td colspan="2">品　检</td><td colspan="2">包　装</td><td colspan="2">合　计</td><td rowspan="2">备　　注</td></tr>
<tr><td>实际</td><td>标准</td><td>实际</td><td>标准</td><td>实际</td><td>标准</td><td>实际</td><td>标准</td><td>实际</td><td>标准</td></tr>
<tr><td></td><td></td><td></td><td></td><td></td><td></td><td></td><td></td><td></td><td></td><td></td><td></td></tr>
<tr><td></td><td></td><td></td><td></td><td></td><td></td><td></td><td></td><td></td><td></td><td></td><td></td></tr>
<tr><td></td><td></td><td></td><td></td><td></td><td></td><td></td><td></td><td></td><td></td><td></td><td></td></tr>
</table>

利润	说明	制造费用		制造成本		毛利		销售费用	备注
		实际	标准	实际	标准	实际	标准		
	本批成本利润								
	单位成本利润								

汇总	说明	本批成本	单位成本		%		备注说明	
			实际	标准	实际	标准		
	净值							
	原料							
	物料							
	工资制费							
	制造成本							
	毛利							
	净利							

制表：　　　　　　　　部门经理：　　　　　　　　业务员：

表 4—5　　　　产品生产成本记录表

制造号码：

产品名称规格		生产数量		生产日期	

月份	直接材料						直接人工				制造费用		
	日期	领料单号	原物料	单价	数量	金额	日期	凭证号码	部门	金额	日期	凭证号码	金额

表 4—6　　　　产品生产完工报告单

物料耗用记录　　　　　　　　领退料单号码：

物料	实际用量	标准用量	实际成本	标准成本
合计				

工时耗用记录

工作类别	耗用工时	标准工时	实发工资	标准工资
合计				

品质记录

修补数量	修补比率	不良原因分析		
		1	2	3

表 4—7　　**产品质量不良记录表**

<table>
<tr><td>产品名称</td><td>不良原因说明</td><td>处置方式</td><td>不良数</td><td>不良率</td><td>估计损失</td><td>备　注</td></tr>
<tr><td></td><td></td><td></td><td></td><td></td><td></td><td></td></tr>
<tr><td></td><td></td><td></td><td></td><td></td><td></td><td></td></tr>
<tr><td>合　　计</td><td></td><td></td><td></td><td></td><td></td><td></td></tr>
<tr><td>客户投诉记录</td><td colspan="2"></td><td>批示</td><td colspan="3"></td></tr>
</table>

制表：　　　　　　　　　　　　　　　　　　经办人：

表 4—8　　**产品质量成本计算表**

产品名称：　　　　　　　　　　　　　　　　　　　　　　编号：

<table>
<tr><td colspan="4">质量不良说明</td><td colspan="7"></td></tr>
<tr><td colspan="4">不良品处置方式</td><td colspan="7">□废弃　□整修　□降级</td></tr>
<tr><td colspan="11">说明：</td></tr>
<tr><td rowspan="21">品质成本计算</td><td rowspan="12">此阶段良品成本</td><td rowspan="6">材料成本</td><td>说明</td><td>单价</td><td>用量</td><td>成本</td><td>说明</td><td>单价</td><td>用量</td><td>成本</td></tr>
<tr><td></td><td></td><td></td><td></td><td></td><td></td><td></td><td></td></tr>
<tr><td></td><td></td><td></td><td></td><td></td><td></td><td></td><td></td></tr>
<tr><td></td><td></td><td></td><td></td><td></td><td></td><td></td><td></td></tr>
<tr><td></td><td></td><td></td><td></td><td></td><td></td><td></td><td></td></tr>
<tr><td></td><td></td><td></td><td></td><td></td><td></td><td></td><td></td></tr>
<tr><td rowspan="4">人工成本</td><td>部门</td><td>部门成本</td><td>百分比</td><td>成本</td><td>部门</td><td>部门成本</td><td>百分比</td><td>成本</td></tr>
<tr><td></td><td></td><td></td><td></td><td></td><td></td><td></td><td></td></tr>
<tr><td></td><td></td><td></td><td></td><td></td><td></td><td></td><td></td></tr>
<tr><td></td><td></td><td></td><td></td><td></td><td></td><td></td><td></td></tr>
<tr><td colspan="9">制造费用</td></tr>
<tr><td colspan="9">合　　计</td></tr>
<tr><td rowspan="4">整修成本</td><td colspan="3">说　　明</td><td colspan="2">成　　本</td><td colspan="2">说　　明</td><td colspan="2">成　　本</td></tr>
<tr><td colspan="3"></td><td colspan="2"></td><td colspan="2"></td><td colspan="2"></td></tr>
<tr><td colspan="3"></td><td colspan="2"></td><td colspan="2"></td><td colspan="2"></td></tr>
<tr><td colspan="3"></td><td colspan="2"></td><td colspan="2"></td><td colspan="2"></td></tr>
<tr><td rowspan="4">降级成本</td><td colspan="7">降级品与良品价格差异</td><td colspan="2"></td></tr>
<tr><td colspan="7">良品完成成本</td><td colspan="2"></td></tr>
<tr><td colspan="7">降级品完成成本</td><td colspan="2"></td></tr>
<tr><td colspan="7">降级损失</td><td colspan="2"></td></tr>
<tr><td colspan="10">总损失计算及说明：</td></tr>
</table>

制表：　　　　　　　　　　　　　　　　　　主管：

表 4—9 **产量销量统计表**

单位：千元

商品名称		存货		销量								
				合计			内销			外销		
		数量	金额	数量	金额	%	数量	金额	%	数量	金额	%
年												
	合　　计											
年												
	合　　计											
年												
	合　　计											

表 4—10 **产销总成本汇总表**

品名	规格	制造成本	加工外销成本					
			包装费用	管理费用	推销费用		财务费用	产销成本合计
					变动	固定		

表 4—11 **主要产品单位成本表**

产品名称：　　　　本月实际产量：　　　　本年累计产量：　　　　单位：元

成本项目	历史最低成本	上年实际水平	本年计划	本月实际	本年累计实际平均
直接材料					
直接人工					
制造费用					
产品生产成本					

制表：　　　　主管：

表 4—12 **成本差异汇总表**

生产通知号码	产品名称	生产数量	原料成本			物料成本		人工成本		生产摊费		售价	毛利	
			计划	实际	差异（%）	计划	实际	计划	实际	计划	实际		计划	实际
合　　计														

制表：　　　　主管：

表 4—13　　完工产品成本明细表

年　月　日

成本项目	总成本	单位成本	计划成本	成本差异
直接材料				
直接人工				
制造费用				
合　计				

表 4—14　　月终在产品盘存表

生产部门	数量	完工百分率	完工约当产量	原料约当产量
合计				

制表：　　主管：

表 4—15　　成本差异统计表

生产通知号码								
产品名称								
生产数量								
原料成本	计划							
	实际							
	差异（%）							
物料成本	计划							
	实际							
	差异（%）							
人工成本	计划							
	实际							
	差异（%）							
制造费用	计划							
	实际							
	差异（%）							
售价								
毛利	计划							
	实际							
	差异							

表 4—16　　年度生产金额计算表

	品名	单价	产量	工作量比	生产额
第一季度					

续前表

	品名	单价	产量	工作量比	生产额
第二季度					
第三季度					
第四季度					
合计	工时/生产额				
	每小时产额				

制表： 日期：

表 4—17 **月份各批号销售成本分析比较表**

单位：元

批号	品名规格	客户名称	数量	单位	单价	运费	净价	单位成本					毛利	销售费用	净利	净利率
								原料	物料	工资	制费	合计				

表 4—18 **成品汇总表**

日期：

日期	生产成本单号数	产品名称	数量	成品（借）	生产材料（贷）	人工（贷）	生产费用（贷）
合　计							

制表： 主管：

表 4—19 **各项营业费用分配表**

年　月　日

费用类别	甲类产品营业费用	乙类产品营业费用	丙类产品营业费用	其他营业费用	总计
业务员薪金					
差旅费					
广告费					
运费					
工人工资					
邮电费					

续前表

<table>
<tr><td colspan="2">费用类别</td><td>甲类产品
营业费用</td><td>乙类产品
营业费用</td><td>丙类产品
营业费用</td><td>其他营
业费用</td><td>总计</td></tr>
<tr><td colspan="2">水电费</td><td></td><td></td><td></td><td></td><td></td></tr>
<tr><td colspan="2">保险费</td><td></td><td></td><td></td><td></td><td></td></tr>
<tr><td colspan="2">房租</td><td></td><td></td><td></td><td></td><td></td></tr>
<tr><td colspan="2">折旧</td><td></td><td></td><td></td><td></td><td></td></tr>
<tr><td colspan="2">合计</td><td></td><td></td><td></td><td></td><td></td></tr>
<tr><td rowspan="7">其他销售费用分配</td><td>费用类别</td><td>甲类产品分摊</td><td>乙类产品分摊</td><td>丙类产品分摊</td><td>合计</td><td>分摊原则</td></tr>
<tr><td></td><td></td><td></td><td></td><td></td><td></td></tr>
<tr><td></td><td></td><td></td><td></td><td></td><td></td></tr>
<tr><td></td><td></td><td></td><td></td><td></td><td></td></tr>
<tr><td></td><td></td><td></td><td></td><td></td><td></td></tr>
<tr><td></td><td></td><td></td><td></td><td></td><td></td></tr>
<tr><td>合计</td><td></td><td></td><td></td><td></td><td></td></tr>
<tr><td colspan="2">总计</td><td></td><td></td><td></td><td></td><td></td></tr>
</table>

制表： 主管：

表 4—20 **辅助生产成本明细账**

辅助车间： 单位：元

摘 要	原材料	动力	工资及福利费	制造费用	合 计	转 出
原材料费用分配表						
动力费用分配表						
工资及福利费分配表						
制造费用分配表						
辅助生产成本分配表						
合 计						

制表： 会计主管：

第二部分　中小企业现金管理表格

表 4—21　　　　现金收支月报表

日期		收入金额			支出金额						现金余额
月	日	销货	其他	合计	原材料	工资	销售费用	制造费用	其他	合计	

总经理：　　　　主管：　　　　制表：

表 4—22　　　　现金存款日报表

年　月　日

现　金			存　款			存　款		
本日收入	本日支出	本日余额	本日存入	本日提款	本日余额	本日存入	本日提款	本日余额

表 4—23　　　　备用金明细表

月　日至　月　日

日期		会计科目	说明	金额	
月	日				

制表：　　　　主管：

表 4—24　　　　付款登记表

验收单号	企业名称	摘　要	支付金额	领取日期	领款人	备注

制表：　　　　主管：

表 4—25　　　　现金流预测报告

年　月　日

日期	往来单位	应收款额	应付款额	现金余额	银行存款余额	账面余额合计	可用款额

制表：　　　　主管：

表 4—26　　　　支票使用登记簿

日期		支票号码	银行名称	支票金额	用途	到期日	开具人	使用人	备注
月	日								

表 4—27

现金申领单

年　月　日

申领部门		申领人		申领日期	
申领事由					
申领金额	（大写）		¥		
说明事项					
董事长			总经理		
财务总监			财务会计部经理		

说明：本单由会计室使用并管理。

表 4—28

现金支出预算表

项目 \ 金额 \ 月别	月	月	月	月	月	月
每月用料额						
每月用料付现额						
直接人工支付						
制造费用						
税　金						
销售费用						
短期借款偿付						
长期借款偿付						
添加固定资产						
利息支付						
合　计						

表 4—29

借款记录卡

约定偿还			摘要	借款种类	换押品内容	借款金额				偿　还　记　录						备注
年	月	日					年	月	日	日期	金额	未偿额	日期	金额	未偿额	

表 4—30

周转资金分析表

年　月　日

现　金	应收账款	应收票据	成　品	在产品	原　料	物　料	短期投资
合　计							

表 4—31 **存款及票据日报表**

年 月 日

	收入						支出				
	进账处	类别	进账额	受理日期	受理银行	处理	汇出处	类别	支付金额	支付日期	支付银行
票据											
支票											

存款	银行名称	前日余额	本日存入款	催收进账额	本日提款额	本日支票开出额	本日余额	摘要

明细			特殊事项
	本日收入		
	催收进账		
	本日提款		
	支票开出		
	票据支付		

表 4—32 **预收预付账款明细表**

月份：

预收			预付		
日期	事由	金额	日期	事由	金额
合计			合计		

第三部分　中小企业资产管理表格

表 4—33

固定资产增减变动明细表

单位：元

名称	期初余额	本期增加额	本期减少额	期末余额	提供担保或质押情形	备　注

说明：(1) 按土地、房屋、机器设备等分别列明。

(2) 如经重估价者，应分别按成本及重估增值逐项列明。

表 4—34

固定资产改造、大修理审批表

名称	中文：	数量	
	英文：		
规格型号		单价	
厂牌		总计金额	
附属设施		需要费用	
主要用途：		改造修理原因：	

表 4—35

固定资产报废、报损审批表

类别：□报废　□报损

编号：

申请部门		申请人		申请日期			
物品名称		编号		数量			
入库（领用）日期		存放地点		用途			
原因及状况							
质量检验	检验人：						
商务审核	审核人：						
原值		净值		已提折旧		估计损失	
批准人	部门经理		系统总监				
	财务总监		总经理				
实物处理方式	处理人/日期						

说明：本表一式三联：第一联财务管理部留存，第二联报会计部，第三联报仓库。

表 4—36

固定资产移转单

移出部门：　　　　移入部门：　　　　财产编号：　　　　年　　月　　日

中文名称		数量		购置日期	
英文名称		附属设备		耐用年限	
规格				已使用年数	

<table>
<tr><td rowspan="3">移前用途</td><td colspan="5" rowspan="3">（移出部门）</td><td colspan="2">已折旧金额</td><td></td></tr>
<tr><td colspan="2">残余价值</td><td></td></tr>
<tr><td colspan="2">月折旧额</td><td></td></tr>
<tr><td rowspan="3">移后用途</td><td colspan="5" rowspan="3">（移入部门）</td><td rowspan="2">存放地点</td><td>移出</td><td></td></tr>
<tr><td>移入</td><td></td></tr>
<tr><td colspan="2">备注</td><td></td></tr>
<tr><td>经理</td><td></td><td>会计</td><td></td><td>移入部门</td><td></td><td colspan="2">移出部门</td><td></td></tr>
</table>

表 4—37 **固定资产购置申请单**

单位： 年 月 日

名　　称		数　　量	
规格型号		单　　价	
厂　　牌		总计金额	
附属设施		预计使用年限	
主要用途			
预计购置效益			

审批： 财务总监： 主管：

表 4—38 **闲置固定资产明细表**

管理部门： 制表日期： 年 月 日

财产编号	名称	规格	厂牌	数量	单位	账面价值			使用情况（年限）			闲置原因	拟处理意见
						总价	已提折旧	净值	取得	待用	已使用		

表 4—39 **固定资产盘点表**

使用部门： 年 月 日

财产编号	固定资产			单位	登记卡数量	盘点数量	盘盈		盘亏		备注
	名称	规格	厂牌				数量	金额	数量	金额	

使用部门负责人： 会点人： 盘点人： 制单：

说明：本单一式两联：第一联财产管理部门留存，第二联报会计室。

表 4—40　　　　**固定资产减损单**

财产编号：　　　　　　　　　　　　　　　　　　　　年　　月　　日

<table>
<tr><td rowspan="2">名称</td><td>中文</td><td></td><td>规格</td><td></td><td>存放地点</td><td></td><td colspan="2">使用年限</td><td></td></tr>
<tr><td>英文</td><td></td><td>厂牌</td><td></td><td>用途</td><td></td><td colspan="2">已使用年数</td><td></td></tr>
<tr><td>购置日期</td><td></td><td>数量</td><td></td><td>取得价值</td><td></td><td>已提折旧</td><td></td><td>账面残值</td><td></td></tr>
<tr><td rowspan="2">减损原因</td><td colspan="7" rowspan="2"></td><td>估计废品价值</td><td></td></tr>
<tr><td>处理费用</td><td></td></tr>
<tr><td rowspan="2">审计意见</td><td colspan="7" rowspan="2"></td><td>实际损失额</td><td></td></tr>
<tr><td>抵押行库</td><td></td></tr>
<tr><td rowspan="2">处理办法</td><td colspan="7" rowspan="2"></td><td>保险单号码</td><td></td></tr>
<tr><td>月折旧额</td><td></td></tr>
<tr><td colspan="2">总经理</td><td colspan="2"></td><td colspan="2">财务核准</td><td colspan="2"></td><td>系统总监</td><td></td></tr>
<tr><td colspan="2">财产管理部门负责人</td><td colspan="2"></td><td colspan="2">财务审核</td><td colspan="2"></td><td>使用部门负责人</td><td></td></tr>
</table>

物资管理员：　　　　　　　　　　　　　　　　　　　　使用人或保管人：

说明：本单一式四联：第一联财产管理部门留存，第二联交会计室，第三联使用部门存查，第四联如减损财产缴库，则由物资管理员保管，如未能缴库，由财产管理部门暂为保管。

表 4—41　　　　**固定资产出售比价单**

管理部门：

<table>
<tr><td rowspan="3">名称</td><td colspan="3" rowspan="3"></td><td rowspan="3">厂牌
规格</td><td colspan="2" rowspan="3"></td><td>使用部门</td><td></td></tr>
<tr><td>附属设备</td><td></td></tr>
<tr><td>购置日期</td><td></td></tr>
<tr><td>单位</td><td colspan="3"></td><td>数量</td><td colspan="2"></td><td>使用年限</td><td></td></tr>
<tr><td rowspan="6">比价记录</td><td rowspan="2">厂商</td><td></td><td colspan="2"></td><td colspan="2"></td><td>已使用年限</td><td></td></tr>
<tr><td></td><td colspan="2"></td><td colspan="2"></td><td>原　　价</td><td></td></tr>
<tr><td></td><td></td><td colspan="2"></td><td colspan="2"></td><td>已提折旧</td><td></td></tr>
<tr><td>单价</td><td></td><td colspan="2"></td><td colspan="2"></td><td>净　　值</td><td></td></tr>
<tr><td>总价</td><td></td><td colspan="2"></td><td colspan="2"></td><td rowspan="2">备　　注</td><td rowspan="2"></td></tr>
<tr><td>有关要求</td><td colspan="5"></td></tr>
<tr><td>总经理</td><td></td><td>财务总监</td><td></td><td>财务会计部</td><td></td><td>财产管理部门</td><td></td></tr>
</table>

经办人：

说明：本单一式三联：第一联由招商比价部门自存，第二联送财务会计部，第三联送财产管理部门。

表 4—42　　　　**流动资产分析表**

年　　月　　日

资产类别	价　值	各产品存货价值					
原料库存							
物料库存							
在制品存量							

续前表

资产类别	价 值	各产品存货价值					
成品库存							
应收账款							
应收票据							
短期投资							
有价证券							
现 金							
合 计							

表 4—43 **流动资产清查评估汇总表**

年 月 日

编号	科目名称	账面价值	调整后账面价值	评估价值	增值额	增值率（%）
	货币资金					
	短期投资					
	应收票据					
	应收账款					
	减：坏账准备					
	应收账款净额					
	应收股利					
	应收利息					
	预付账款					
	应收补贴款					
	其他应收款					
	存货					
	待摊费用					
	待处理流动资产净损失					
	一年内到期的长期债券投资					
	其他流动资产					
	流动资产合计					

资产占有单位填表人： 评估人员：

表 4—44 **待处理流动资产损失清查评估明细表**

序号	项目	发生日期	账面价值	调整后账面价值	评估价值	增值率（%）	备注
本页小计							
合计							

表 4—45　**财产保管卡**

<table>
<tr><td colspan="5" rowspan="3">财产保管卡</td><td colspan="2">编号</td><td colspan="4"></td></tr>
<tr><td colspan="2">所属部门</td><td colspan="4"></td></tr>
<tr><td colspan="2">主管</td><td colspan="4"></td></tr>
<tr><td>项次</td><td>日期</td><td>凭单号码</td><td>品名</td><td>规格</td><td>厂牌</td><td>数量</td><td>单位</td><td>单价</td><td>签认</td><td>处理情况</td></tr>
<tr><td></td><td></td><td></td><td></td><td></td><td></td><td></td><td></td><td></td><td></td><td></td></tr>
</table>

制表：　　　　日期：

表 4—46　**资产估算申报分类汇总表**

单位名称：　　　　单位：元

序号	资产类别	账面价值	评估价值	差异额	差异率	备注
合计						

清核人：　　　　评估人：　　　　年　月　日

表 4—47　**账外资产清点估价明细表**

<table>
<tr><td rowspan="2">序号</td><td rowspan="2">资产编号</td><td rowspan="2">资产名称</td><td rowspan="2">规格</td><td rowspan="2">计量单位</td><td rowspan="2">实有数量</td><td rowspan="2">现行单价</td><td rowspan="2">计价依据</td><td rowspan="2">原值</td><td colspan="3">折旧或摊销数</td><td rowspan="2">评估净值</td></tr>
<tr><td>方法</td><td>比率</td><td>金额</td></tr>
<tr><td></td><td></td><td></td><td></td><td></td><td></td><td></td><td></td><td></td><td></td><td></td><td></td><td></td></tr>
<tr><td></td><td></td><td></td><td></td><td></td><td></td><td></td><td></td><td></td><td></td><td></td><td></td><td></td></tr>
</table>

表 4—48　**资产结构比率计算表**

单位：元

<table>
<tr><td colspan="2">项　目</td><td>期初数</td><td>期末数</td><td>差异</td></tr>
<tr><td>流动资产比率</td><td>货币资金比率（%）
短期投资比率（%）
结算资产比率（%）
存货比率（%）
支出性流动资产比率（%）</td><td></td><td></td><td></td></tr>
<tr><td>非流动资产比率</td><td>长期投资比率（%）
固定资产比率（%）
无形资产比率（%）
递延资产比率（%）</td><td></td><td></td><td></td></tr>
<tr><td colspan="2">合　计</td><td></td><td></td><td></td></tr>
</table>

表 4—49　**应收应付票据记录表**

兑现日期：

<table>
<tr><td rowspan="2">收票日期</td><td rowspan="2">发票人</td><td rowspan="2">银行名称</td><td rowspan="2">支票号码</td><td rowspan="2">金额</td><td rowspan="2">累计金额</td><td rowspan="2">转出记录</td><td rowspan="2">日期</td><td rowspan="2">收款人</td><td colspan="4">银行账户</td><td rowspan="2">支票号码</td><td rowspan="2">金额</td><td rowspan="2">累计金额</td></tr>
<tr><td></td><td></td><td></td><td></td></tr>
<tr><td></td><td></td><td></td><td></td><td></td><td></td><td></td><td></td><td></td><td></td><td></td><td></td><td></td><td></td><td></td><td></td></tr>
<tr><td></td><td></td><td></td><td></td><td></td><td></td><td></td><td></td><td></td><td></td><td></td><td></td><td></td><td></td><td></td><td></td></tr>
<tr><td>合计</td><td></td><td></td><td></td><td></td><td></td><td></td><td>合计</td><td></td><td></td><td></td><td></td><td></td><td></td><td></td><td></td></tr>
</table>

第四部分　中小企业存货管理表格

表 4—50　　产成品入库汇总表

单位：元

产品名称	日期	规格	单位	数量	单位成本	总成本
合计						

表 4—51　　材料进库日报表

编号：　　年　月　日

名称	单位	数量	原库存量	现有存量	供应厂商	签认

表 4—52　　存货月报表

月份：

存货名称	期初存货		本期进货		本期出库		本期结存	
	数量	金额	数量	金额	数量	金额	数量	金额
合　计								

制表人：

表 4—53　　期末存货预算

单位：元

项　目	数　量	单　价	金　额
材料存货			
P材料			
Q材料			
S材料			
小计			
产成品存货			
甲产品			
乙产品			
小计			
存货合计			

表 4—54 **成品进出结存明细表**

品名： 产品编号： 最高存量： 最低存量：

日期	凭证号码	摘要	收入			发出			结存		
			数量	单价	金额	数量	单价	金额	数量	单价	金额

表 4—55 **库存材料月报表**

月份：

材料名称	材料种数	库存价值	月初结存	本月收入	本月发出	平均每月使用金额	估计可供应日数	本月结存

填表： 审核：

表 4—56 **存货盘点单**

组别： 盘点日期： 年 月 日

<table>
<tr><td colspan="2" rowspan="4">□原料
□在制品
□废料
□成品</td><td colspan="2">编号：</td></tr>
<tr><td colspan="2">品名：</td></tr>
<tr><td colspan="2">规格：</td></tr>
<tr><td colspan="2">单位：</td></tr>
<tr><td colspan="4">盘点时本物位置：</td></tr>
<tr><td colspan="2">盘点数量：</td><td colspan="2">更正：</td></tr>
<tr><td colspan="2">存货状况
□良料
□次料
□废料
□其他</td><td colspan="2">备注</td></tr>
<tr><td>复 核 员</td><td colspan="2">记 录 员</td><td>盘 点 员</td></tr>
<tr><td></td><td colspan="2"></td><td></td></tr>
<tr><td></td><td colspan="2"></td><td></td></tr>
</table>

第一联：会计科
第二联：主管物资科
第三联：贴于物资存放位置

说明：本单应事先编号，以利控制。

表 4—57 **存货成本分析表**

成本项目	费用	备注
订购成本		
资金成本		
搬运成本		
仓储成本		
折旧成本		
短缺成本		
其他成本		
小计		
请购手续成本		

续前表

成本项目	费用	备注
采购成本		
进货验收成本		
进库成本		
其他成本		
小计		
合计		
存货存储成本占总成本比率		
物料订购成本占总成本比率		

表 4—58 存货分析明细表

编制单位： （月表）

项目	期初库存		期末库存		期末比期初增减	
	金额	比重（%）	金额	比重（%）	金额	比重（%）
畅销存货						
平销存货						
滞销存货						
残损变质						
其　　他						
存货总额						

表 4—59 产品收发结存月报表

品种名	规格	等级	上月结存	本月入库		本月出库				本月结存
				本月生产	退货	销售	领用	外包加工	样品赠送	

制表： 主管：

表 4—60 存货决策分析表

日期：

项目 \ 名称	A	B	C	D
订货批量				
平均存量				
储存成本				
订货次数				
订货成本				
总 成 本				

制表： 主管：

表 4—61　　**实存账存对比表**

单位名称：

<table>
<tr><th rowspan="3">编号</th><th rowspan="3">类别及名称</th><th rowspan="3">计量单位</th><th rowspan="3">单价</th><th colspan="2">实　存</th><th colspan="2">账　存</th><th colspan="4">对比结果</th><th rowspan="3">备注</th></tr>
<tr><th rowspan="2">数量</th><th rowspan="2">金额</th><th rowspan="2">数量</th><th rowspan="2">金额</th><th colspan="2">盘盈</th><th colspan="2">盘亏</th></tr>
<tr><th>数量</th><th>金额</th><th>数量</th><th>金额</th></tr>
<tr><td></td><td></td><td></td><td></td><td></td><td></td><td></td><td></td><td></td><td></td><td></td><td></td><td></td></tr>
<tr><td></td><td></td><td></td><td></td><td></td><td></td><td></td><td></td><td></td><td></td><td></td><td></td><td></td></tr>
</table>

会计人员签章：　　　　稽核人签章：

第五部分　中小企业财务分析管理表格

表 4—62　　销售（管理）费用差异分析表

科目	本期				累计				本期差异说明	改善对策
	预算	实际	差异	%	预算	实际	差异	%		
1. 工资										
2. 折旧费										
3. 管理费										
4. 物料消耗										
5. 低值品摊销										
6. 劳动保护费										
7. 水电费										
8. 文具印刷费										
9. 差旅费										
10. 运输费										
11. 保险费										
12. 租赁费										
13. 研究发展费										
14. 交际应酬费										
15. 交通费										
16. 劳务费										
17. 税金										
18. 无形资产摊销										
19. 其他资产摊销										
20. 员工培训费										
21. 广告费										
22. 市场调查费										
23. 促销费										
24. 员工福利费										
25. 销售服务费										
26. 其他										
合计										

表 4—63　　现金持有方案分析表

方案 项目	1	2	3	4
现金成本				
机会成本				
管理成本				

续前表

方案 项目	1	2	3	4
短缺成本				
总成本				

表 4—64　　应收账款周转状况分析表

项　　目	年	年	年
赊销收入净额			
应收账款年末余额			
应收账款平均余额			
应收账款周转率（次数）			
应收账款周转天数			
分析说明：			

表 4—65　　月份产品毛利分析表

产品	销售量（A）	本　月				上　月				差　异			
		单位售价（B）	单位成本（C）	单位毛利 $D=B-C$	总毛利 $E=A\times D$	单位售价（F）	单位成本（G）	单位毛利 $H=F-G$	总毛利（I）	单位售价 $J=B-F$	单位成本 $K=C-G$	单位毛利 $L=D-H$	总毛利 $M=E-I$

表 4—66　　主要财务比率分析表

项　　目	年	年	年	年同业平均比率
A. 偿债能力分析：				
（1）流动比率	%	%	%	%
（2）速动比率	%	%	%	%
（3）应收款项周转率	次（　天）	次（　天）	次（　天）	次（　天）
（4）应付款项周转率	次（　天）	次（　天）	次（　天）	次（　天）
B. 资本结构分析：				
（1）负债款净值比率	%	%	%	%
（2）净值对固定资产比率	%	%	%	%
（3）长期资金对固定资产比率	%	%	%	%
C. 获利能力分析：				
（1）销货增加率	%	%	%	%
（2）销货获利率	%	%	%	%

续前表

项　　目	年	年	年	年同业平均比率
(3) 净值获利率	%	%	%	%
(4) 资产获利率	%	%	%	%
(5) 财务费用率	%	%	%	%
D. 经营管理分析：				
(1) 存货周期率	次（　天）	次（　天）	次（　天）	次（　天）
(2) 总资产周转率	次（　天）	次（　天）	次（　天）	次（　天）
(3) 固定资产周转率	次（　天）	次（　天）	次（　天）	次（　天）

表 4—67　　融资风险变动分析表

年度 科目	年				年				差异	
	年初数	年末数	平均数	比重	年初数	年末数	平均数	比重	比重差	升降幅度
流动负债										
长期负债										
负债合计										
所有者权益										
融资总额										

表 4—68　　财务状况分析表

次	分析项目	分　析	良	合格	差
1	投入资本	□资本不足　□投资事业过多　□增资困难			
2	资金冻结	□严重　□尚可　□轻微			
3	利息负担	□高　□中　□低			
4	设备投资	□过多未充分利用　□可充分利用　□设备不足 □设备陈旧			
5	销售价格	□好　□尚有利润　□差			
6	销售量	□供不应求　□供求平衡　□竞争厉害　□销售差			
7	应收款	□赊销过多　□尚可　□甚少			
8	应收票据	□期票过多　□适中　□支票甚少			
9	退票坏账	□甚多　□尚可　□差			
10	生产效率	□高　□尚可　□差			
11	附加价值	□低　□尚可　□高			
12	材料库存	□多　□适中　□短			
13	采购期	□过长　□适中　□短			
14	耗料率	□高　□中　□理想			
15	产品良品率	□低　□中　□高			
16	人工成本	□高　□适中　□低			
17	成品库存	□高　□中　□低			
18	在制品库存	□高　□中　□低			

表 4—69　　经营分析报表

年　月　日

项目 \ 单位					合　计
营业额					
营业量					
退货额					
退货率					
毛利率					
营业量/人					
营业费用					
营业费用率					
营业费用/人					
本期净利/人					
存货量					
存货率					
备　注					

说明：(1) 可作各月比较，也可作同月中各单位比较。

(2) 本表资料涵盖经营上各项分析数据，可作为经营会议的分析材料。

表 4—70　　经济效益统计分析表

产品名称	规　格	单　位	数　量	说　明

摘要	附表	年预计经济效益	审核后经济效益	差异	审核说明
收益项目					
1. 增加产量					
2. 节省人工					
3. 节省物料					
4. 节省费用					
5. 品质改进					
6. 增加效率					
合计					
支出项目					
1. 变动成本					
2. 固定成本					
3. 财务费用					
4. 销管费用					
5. 其他支出					
合计					
经济效益净额					

续前表

摘要		附表	年预计经济效益	审核后经济效益	差异	审核说明
投资概算金额	厂房设备					
	机械设备					
	电仪设备					
	公共设备					
	公用设备					
	土地					
	合计					
投资比率						
投资回收时间						

制表： 审核：

表 4—71 **现金流量结构分析表**

单位：元

	流入	流出	净流量	内部结构	流出结构	流入流出比
一、经营活动						
销售商品、提供劳务						
现金流入小计						
购买商品和劳务						
支付职工工资						
支付所得税						
其他税费						
其他现金支出						
现金流出小计						
经营流量净额						
二、投资活动						
投资收回						
分得股利						
处理固定资产						
现金流入小计						
净额						
三、筹资活动						
借款						
现金流入小计						
偿还债务						
支付利息						
现金流出小计						
净额						
合计						

表 4—72 成本利润状况分析表

项 目	年	年	年
商品销售毛利（1）			
商品经营利润（2）			
营业利润（3）			
利润总额（4）			
净利润（5）			
产品销售成本（6）			
商品经营成本（7）			
营业成本（8）			
税前成本（9）			
税后成本（10）			
销售成本毛利率（11）＝（1）/（6）			
经营成本利润率（12）＝（2）/（7）			
营业成本利润率（13）＝（3）/（8）			
税前成本利润率（14）＝（4）/（9）			
税后成本利润率（15）＝（5）/（10）			

制表： 主管：

表 4—73 企业生产经营状况综合评价表

指标 项目	单位	权数	上期实际数	本期目标数	本期实际数	与上期比评分	与目标比评分
（一）经营收益		26					
1. 资产报酬率	%	12					
2. 销售利润率	%	8					
3. 人均利润率	%	6					
（二）经营安全		24					
1. 产品适销率	%	8					
2. 优质产品率	%	8					
3. 资产负债率	%	8					
（三）经营效率		20					
1. 劳动生产率	%	10					
2. 固定资产利用率	%	5					
3. 原材料利用率	%	5					
（四）经营周转		15					
1. 产品销售率	%	5					
2. 存货周转率	%	5					
3. 应收账款周转率	%	5					
（五）经营发展		15					
1. 产品更新率	%	5					
2. 销售收入增长率	%	5					
3. 利润总额增长率	%	5					
生产经营状况							

表 4—74　　企业经济效益综合评价表

指标	单位	本期标准数	本期实际数	评分比率（%）	评价标准分	权数（%）	加权分数
		(1)	(2)	(3)=(2)÷(1)	(4)	(5)	(6)=(4)×(5)×(3)
销售利润率	%				100	20	
总资产报酬率	%				100	12	
资本收益率	%				100	8	
资本保值增值率	%				100	10	
资产负债率	%				100	10	
流动比率	%				100	10	
应收账款周转率	%				100	5	
存货周转率	%				100	5	
社会贡献率	%				100	12	
社会积累率	%				100	8	
综合加权平均数	%					100	

表 4—75　　企业财务分析表

指标名称	本期数	累计数	计划数	完成计划情况（%）	指标名称	本期数	上年同期数	增减水平
营业收入（元）					总产值（元）			
利润（元）					应收账款周转天数（天）			
存货（元）					存货周转天数（天）			
借款总额（元）					销售利润率（%）			
应收账款（元）					产品销售率（%）			
职工人数（元）					负债比率（%）			
					投资收益率（%）			
本月财务情况分析：								

制表：　　　　主管：

第六部分　中小企业财务控制与审计管理表格

表 4—76

成本费用控制表

期间 科目	本月	年累计	预算		差额/完成率				备注
			本月	年累计	本月	%	年累计	%	
销货收入									
直接原料									
直接人工									
制造费用									
销货成本									
员工工资									
办公用品									
交 通 费									
交 际 费									
广 告 费									
营业费用									
合计									

表 4—77

材料采购控制表

供应批号	需要数量	需要日期	充足供应	验收记录	日期	验收单号	交货数量	合格数量	累计数量	备注

表 4—78

资金调度计划表

年　　月

单位：元

摘　　要	合　　计	现　　金	银行存款
本月（　周）结存			
加：预计票兑收入			
预计现销收入			
预计其他收入			
减：预计票据到期			
预计工资支出			
预计水电			
预计税捐支付			
预计利息支出			
预计经常支出			
预计购料还款			
预计偿还借款			

续前表

摘　　要	合　　计	现　　金	银行存款
预计其他支出			
下月（　周）余缺			
经调度后结存			
资金调度计划			

总经理：　　经理：　　主管：　　经办：

表 4—79　　**审计工作方案表**

被审计部门名称：		审计方式：
编制依据：		计划工作时间：
审计主要内容和范围：		
审计组成员	组长（或负责人）： （主审）职务或职称：	
	成员： 职务或职称：	
审批	部门经理意见： 年　月　日	
	总经理意见： 年　月　日	

审计组长（主审）：　　起草人：

表 4—80　　**审计实施计划表**

被审计单位：　　年　月　日

具体审计项目	审计方法	审计人员	起止日期	审计的具体内容	应注意的重点问题
备　　注					

主管：　　审计组长（主审）：　　编制人：

表 4—81　　**审计通知单**

□日常　□定期　□不定期　　年　月　日

审计对象	
审计日期	

审计内容			
配合事项			
董事长		总经理	
财务总监		审计监察部经理	

制单：

说明：本单一式两联：第一联审计监察部留存，第二联送达审计对象。

表 4—82　　审计报告表

审计人员：

审计项目	审计类别	审计期间	抽样比率	审计结果	备　注
批示					

董事长：　　总经理：　　总审计：　　制表：

表 4—83　　审计约定事项控制表

被审计单位名称：			
地址		委托目的	
联系人		约定书编号	
电话、传真		审计期间	
审计开始日		预计收费	
预计完成日		实际收费	
实际完成日		报告书份数	

制表：　　主管：

第七部分　中小企业财务预算管理表格

表 4—84

预算统计表

部门：　　　　　　　　　　　　　　　　　　　　　　　　　　　　月份：

预算编号	预算科目	预算金额	实际支出	差　额	追加预算	说　明

总经理：　　　　　　　　　审核：　　　　　　　　　填表：

表 4—85

预算追加、变更申请单

□追加　□变更　　　　　　　　　　　　　　　　　　　　　　月　　日

预算编号	预算科目	原核定预算	拟追加金额	申请理由	批　　示
批示	申请人：　　　　审核：				

表 4—86

预算控制表

预算编号：　　　　　　预算科目：　　　　　　预算金额：　　　　　　月份：

日期		凭证号码	摘　要	支付金额	累计金额	超支金额	备　注
月	日						

表 4—87

预算申请表

月　　日

预算编号	预算名称	用　途	说　明	单　价	数　量	申请金额
合　计						
批示	审核＿＿＿＿＿ 填写＿＿＿＿＿					

表 4—88

预算执行情况分析汇总表

月份	月度收支分析						年度累计收支分析					
	收　入		支　出		净收支		收　入		支　出		净收支	
	计划/实际	增/减	计划/实际	增/减	计划/实际	增/减	计划/实际	增/减	计划/实际	增/减	计划/实际	增/减
1月												

续前表

月份	月度收支分析						年度累计收支分析					
	收　入		支　出		净收支		收　入		支　出		净收支	
	计划/实际	增/减	计划/实际	增/减	计划/实际	增/减	计划/实际	增/减	计划/实际	增/减	计划/实际	增/减
2月												
3月												
4月												
5月												
6月												
7月												
8月												
9月												
10月												
11月												
12月												
合计												

表 4—89　　一般管理费用预算差分析表

单位：元

编号	项　　目	当月差异			累计差异			原因分析
		预算	实际	差异	预算	实际	差异	
1	工资							
2	职工福利费							
3	办公费							
4	折旧费							
5	职工教育经费							
6	养老保险费							
7	失业保险费							
8	绿化费							
9	修理费							
10	房产税							
11	车船使用税							
12	土地使用税							
13	印花税							
14	无形资产摊销费							
15	业务招待费							
16	坏账损失							
17	技术开发费							
18	技术转让费							
19	其他							

审核：　　　　　　　　　　　　　　　　制表：

表 4—90　　实际费用与预计费用比较表

制表日期：　　年　　月　　日　　　　单位：元

科目	制造费用				销售费用				管理费用				财务费用				合计			
	实际	预计	差额	差率	实际	预计	差额	差率	实际	预计	差额	差率	实际	预计	差额	差率	实际	预计	差额	差率
合计																				

复核：　　　　制表：

表 4—91　　销售收入及回款预算表

品名及规格	销售收入						销售回款						预计本月应收余额
	单位	预计销售量	单价	预计收入	本月销货金额	预计上月应收余额	前期回款	当期回款	上旬	中旬	下旬	全月合计	

表 4—92　　盈亏计划实绩报告表

主要科目＼时间		月		月	
		月计	累计	月计	累计
纯利润	计划				
	实际				
营业外损亏	计划				
	实际				
营业外收入	计划				
	实际				
营业利润	计划				
	实际				
管理费用	计划				
	实际				
销售费用	计划				
	实际				
财务费用	计划				
	实际				
销售利润	计划				
	实际				
销售成本	计划				
	实际				
销售数量	计划				
	实际				

第八部分 中小企业应收账款管理表格

表 4—93　　应收账款控制表

年　月

厂商	上月应收账款	本月出资	本月减项				本月底应收账款			
			回款	退款	折让	合计	回款	退款	折让	合计
A										
B										
C										
D										

复核：　　制表：

表 4—94　　应收账款（票据）月报表

应 收 账 款				应 收 票 据			
销货日期	客户名称	订单或凭证号码	金额	收单日期	客户名称	银行名称	金额
合计				合计			

审核：　　填表：

表 4—95　　应收账款收款日程安排表

编号：　　年　月　日

项次	客户名称	金额	明细表编号	预定收款日期	收款说明
				月　日　上/下午　时　分	
				月　日　上/下午　时　分	

主管：　　会计：　　制表：

表 4—96　　应收账款催还通知单

客户名称	结欠		结欠期限				对策	备注
	日期	金额	两个月	三至六个月	六个月至一年	一年以上		
合计								

表 4—97 应收账款催收单

<table>
<tr><td>年</td><td>月</td><td>日</td><td>传票号码</td><td>名称</td><td>数量</td><td>单价</td><td>金额</td><td>发货日期</td></tr>
<tr><td></td><td></td><td></td><td></td><td></td><td></td><td></td><td></td><td></td></tr>
<tr><td>账户</td><td colspan="4"></td><td>地址</td><td colspan="3"></td></tr>
<tr><td colspan="6">未收款理由：
□所收金额与销货金额有差异
□后账已书，前账未清
□此款已逾二日尚未收回
□久催未能回收的款项
□业已倒闭的客户</td><td colspan="3">经办人签字：</td></tr>
<tr><td colspan="9">主管批示：</td></tr>
</table>

表 4—98 应收账款分析表

<table>
<tr><td>月　份</td><td>销售额</td><td>累计
销售额</td><td>未收
账款</td><td>应收
票据</td><td>累计
票据</td><td>未贴现
金额</td><td>兑现
金额</td><td>累计
金额</td><td>退票
金额</td><td>坏账
金额</td></tr>
<tr><td>1月</td><td></td><td></td><td></td><td></td><td></td><td></td><td></td><td></td><td></td><td></td></tr>
<tr><td>2月</td><td></td><td></td><td></td><td></td><td></td><td></td><td></td><td></td><td></td><td></td></tr>
<tr><td>3月</td><td></td><td></td><td></td><td></td><td></td><td></td><td></td><td></td><td></td><td></td></tr>
<tr><td>4月</td><td></td><td></td><td></td><td></td><td></td><td></td><td></td><td></td><td></td><td></td></tr>
<tr><td>5月</td><td></td><td></td><td></td><td></td><td></td><td></td><td></td><td></td><td></td><td></td></tr>
<tr><td>6月</td><td></td><td></td><td></td><td></td><td></td><td></td><td></td><td></td><td></td><td></td></tr>
<tr><td>7月</td><td></td><td></td><td></td><td></td><td></td><td></td><td></td><td></td><td></td><td></td></tr>
<tr><td>8月</td><td></td><td></td><td></td><td></td><td></td><td></td><td></td><td></td><td></td><td></td></tr>
<tr><td>9月</td><td></td><td></td><td></td><td></td><td></td><td></td><td></td><td></td><td></td><td></td></tr>
<tr><td>10月</td><td></td><td></td><td></td><td></td><td></td><td></td><td></td><td></td><td></td><td></td></tr>
<tr><td>11月</td><td></td><td></td><td></td><td></td><td></td><td></td><td></td><td></td><td></td><td></td></tr>
<tr><td>12月</td><td></td><td></td><td></td><td></td><td></td><td></td><td></td><td></td><td></td><td></td></tr>
<tr><td colspan="11">分析：</td></tr>
<tr><td colspan="11">对策：</td></tr>
</table>

表 4—99 应收账款管理表

<table>
<tr><td colspan="2" rowspan="2">客户：</td><td colspan="10">金　　额</td><td rowspan="2">合计</td></tr>
<tr><td>千</td><td>百</td><td>十</td><td>万</td><td>千</td><td>百</td><td>十</td><td>元</td><td>角</td><td>分</td></tr>
<tr><td colspan="2">上月应收账款</td><td></td><td></td><td></td><td></td><td></td><td></td><td></td><td></td><td></td><td></td><td></td></tr>
<tr><td colspan="2">本月销售</td><td></td><td></td><td></td><td></td><td></td><td></td><td></td><td></td><td></td><td></td><td></td></tr>
<tr><td rowspan="4">本月减项</td><td>回款</td><td></td><td></td><td></td><td></td><td></td><td></td><td></td><td></td><td></td><td></td><td></td></tr>
<tr><td>退款</td><td></td><td></td><td></td><td></td><td></td><td></td><td></td><td></td><td></td><td></td><td></td></tr>
<tr><td>折让</td><td></td><td></td><td></td><td></td><td></td><td></td><td></td><td></td><td></td><td></td><td></td></tr>
<tr><td>合计</td><td></td><td></td><td></td><td></td><td></td><td></td><td></td><td></td><td></td><td></td><td></td></tr>
</table>

续前表

<table>
<tr><td colspan="2" rowspan="2">客户：</td><td colspan="10">金　　额</td><td>合计</td></tr>
<tr><td>千</td><td>百</td><td>十</td><td>万</td><td>千</td><td>百</td><td>十</td><td>元</td><td>角</td><td>分</td><td></td></tr>
<tr><td rowspan="4">本月应收</td><td>上旬（　日）</td><td></td><td></td><td></td><td></td><td></td><td></td><td></td><td></td><td></td><td></td><td></td></tr>
<tr><td>中旬（　日）</td><td></td><td></td><td></td><td></td><td></td><td></td><td></td><td></td><td></td><td></td><td></td></tr>
<tr><td>下旬（　日）</td><td></td><td></td><td></td><td></td><td></td><td></td><td></td><td></td><td></td><td></td><td></td></tr>
<tr><td>合计</td><td></td><td></td><td></td><td></td><td></td><td></td><td></td><td></td><td></td><td></td><td></td></tr>
</table>

制表：　　　　　　　　　　　　业务员：

表 4—100　　　　应收账款坏账损失统计表

会计科目	户名	发生日期	账面金额	可能发生坏账金额	经办人	可能发生坏账的原因

表 4—101　　　　应收账款预测表

预算项目	上年末数	1月	2月	3月	4月	5月	6月	7月	8月	9月	10月	11月	12月	总计
销售额														
应收账款总额														
逾期天数														
逾期百分比														
争议货款天数														
争议货款金额														
争议货款百分比														
期内货款天数														
期内货款金额														
期内货款百分比														
实收现金														
坏账损失														
坏账总金额														

表 4—102　　　　呆账（退票）处理报告表

<table>
<tr><td colspan="2" rowspan="2">客户名称</td><td rowspan="2"></td><td rowspan="2">负责人</td><td colspan="2" rowspan="2"></td><td colspan="2">客户地址</td><td colspan="2"></td></tr>
<tr><td colspan="2">负责人地址</td><td colspan="2"></td></tr>
<tr><td colspan="2" rowspan="2">货品名称及规格</td><td rowspan="2"></td><td>退票金额</td><td colspan="2"></td><td colspan="2">未收款货品数量</td><td colspan="2"></td></tr>
<tr><td>未收账款金额</td><td colspan="2"></td><td colspan="2">销售日期</td><td colspan="2"></td></tr>
<tr><td rowspan="4">退票明细</td><td>收票日期</td><td>付款银行</td><td>账号</td><td>支票号码</td><td>支票金额</td><td>发票人</td><td>背书人</td><td>到期日期</td><td>退票日期</td></tr>
<tr><td></td><td></td><td></td><td></td><td></td><td></td><td></td><td></td><td></td></tr>
<tr><td></td><td></td><td></td><td></td><td></td><td></td><td></td><td></td><td></td></tr>
<tr><td></td><td></td><td></td><td></td><td></td><td></td><td></td><td></td><td></td></tr>
</table>

退票及账款未收原因	
过去往来及收款情形	
客户及其合伙人经济情况	
对策	
备注	

表 4—103 问题账款报告书

填表日期：

<table>
<tr><td>客户名称</td><td colspan="2"></td><td>负责人</td><td></td><td>发生日期</td><td>年 月 日</td><td>附件</td><td></td></tr>
<tr><td colspan="3">本公司出售产品</td><td colspan="6"></td></tr>
<tr><td>授信金额</td><td colspan="3">现金抵押： 元
不动产抵押： 元
有价证券： 元
信用额度： 元
合　计： 元</td><td>应收款项</td><td colspan="4">应收账款： 元
应收票据： 元
应收保证金： 元
应收款项合计： 元</td></tr>
<tr><td colspan="7" rowspan="2">问题账款说明及紧急措施：</td><td>主管</td><td></td></tr>
<tr><td>经办</td><td></td></tr>
<tr><td colspan="2" rowspan="3">客户库存品或其他物品收回明细</td><td>品　名</td><td colspan="6"></td></tr>
<tr><td>数　量</td><td colspan="6"></td></tr>
<tr><td>估计金额</td><td colspan="6"></td></tr>
<tr><td colspan="9">保证人或背书人不动产明细：</td></tr>
<tr><td colspan="9">客户不动产明细：</td></tr>
<tr><td colspan="9">营业人员对未清理债权处理意见：</td></tr>
<tr><td colspan="9">营业部意见：</td></tr>
<tr><td colspan="9">法律单位意见：</td></tr>
<tr><td colspan="9">财会部意见：</td></tr>
<tr><td colspan="9">总经理批示：</td></tr>
</table>

表 4—104 **问题账款处理表**

日期：

<table>
<tr><td rowspan="7">客户基本资料</td><td>客户名称</td><td colspan="3"></td></tr>
<tr><td>公司地址</td><td></td><td>电话号码</td><td></td></tr>
<tr><td>工厂地址</td><td></td><td>电话号码</td><td></td></tr>
<tr><td>负责人</td><td></td><td>联络人</td><td></td></tr>
<tr><td>问题账金额</td><td></td><td>首度交易日期</td><td></td></tr>
<tr><td>平均每月交易额</td><td></td><td>授信额度</td><td></td></tr>
<tr><td>交易项目</td><td></td><td></td><td></td></tr>
<tr><td>原因经过</td><td colspan="4">(1) 发生原因：□客户倒闭 □拖延付款 □数量不符
□品质不良 □其他
(2) 经过情形：</td></tr>
<tr><td>处理意见</td><td colspan="4"></td></tr>
<tr><td>附件</td><td colspan="4"></td></tr>
</table>

核准： 复核： 制表：

表 4—105 **客户赊款回收计划表**

月别	销售计划金额	回收计划				客户赊款余额	回收率（%）	无法回收率（%）
		现金	90 天以内票据	90 天以上票据	合计			
1								
2								
3								
4								
5								
6								
7								
8								
9								
10								
11								
12								

说明：(1) 回收率＝当月回收计划合计/（月初客户赊款余额＋当月销售计划）×100%。

(2) 无法回收率＝2 个月以上的赊款回收/（月初客户赊款余额＋当月销售计划）×100%。

第九部分　中小企业融资管理表格

表 4—106　融资预算表

编制部门：　单位：元

项　　目	前期累计数	预计本期融资	预计本期还款	预计本期累计数
银行借款				
其中：短期借款				
长期借款				
应付票据				
其中：银行承兑汇票				
商业承兑汇票				
银行本票				
其他票据				
应付债券				

表 4—107　融资成本利润分析表

对比分析期 / 项目	年　月	年　月	差　量
所有者权益			
负债融资			
融资总额			
税前利润			
减：利息等负债融资			
成本			
税前利润			
减：所得税			
税后利润			
减：应交特种基金			
提取盈余公积			
本年实现的可分配利润			
本年资本（股本）利润率			
本年负债融资成本率			

表 4—108

股息红利领取收据

<table>
<tr><td rowspan="4">股东户号</td><td>持有股数</td><td colspan="2">每股应得</td><td colspan="3">应领股息红利总额</td><td rowspan="2">扣缴
所得税
(B)</td><td rowspan="2">应贴
印花税
(C)</td><td rowspan="2">应领股息红利
(D) = (A) −
(B) − (C)</td></tr>
<tr><td></td><td>股息</td><td>红利</td><td>股息</td><td>红利</td><td>合计 (A)</td></tr>
<tr><td>新股</td><td></td><td></td><td></td><td></td><td></td><td></td><td></td><td></td></tr>
<tr><td>旧股</td><td></td><td></td><td></td><td></td><td></td><td></td><td></td><td></td></tr>
<tr><td colspan="10">上列应领股息红利总额经如数收到无误，此据

股东：　　　　　　　　　　股份有限公司
居民身份证：　　　印　　　股利收据印税
统一号码：　　　　鉴　　　负责人</td></tr>
</table>

代发机构	核对印鉴人	核对底册人	付款日期	登账人		公司	登账人

表 4—109

实收股（债）金报告表

<table>
<tr><td colspan="2">企业名称</td><td colspan="3"></td><td colspan="2">负责人姓名</td><td colspan="3"></td></tr>
<tr><td colspan="2">地　　址</td><td colspan="3"></td><td colspan="2">电　　话</td><td colspan="3"></td></tr>
<tr><td colspan="2">开户银行名称</td><td colspan="3"></td><td colspan="2">银行账户</td><td colspan="3"></td></tr>
<tr><td colspan="2">工商登记证字号</td><td colspan="3"></td><td colspan="2">公司性质</td><td colspan="3"></td></tr>
<tr><td colspan="2">注册资金总额</td><td colspan="3"></td><td colspan="2">批准日期</td><td colspan="3">年　　月　　日</td></tr>
<tr><td colspan="2">行业分类</td><td colspan="8">□工业　□农业　□商业　□服务　□建筑　□运输　□其他</td></tr>
<tr><td colspan="2">集资种类</td><td colspan="3">债券（集资券）
股票（股金券）</td><td colspan="2">发行方向</td><td colspan="3">内部、定向面向社会</td></tr>
<tr><td colspan="2" rowspan="5">批准集资金额情况</td><td>批准日期</td><td colspan="3"></td><td colspan="2">批准文号</td><td colspan="2"></td></tr>
<tr><td>每股金额</td><td colspan="3"></td><td colspan="2">期　　限</td><td colspan="2"></td></tr>
<tr><td colspan="2">国家资金购买</td><td colspan="2">单位购买</td><td colspan="2">个人购买</td><td colspan="2">合计</td></tr>
<tr><td>份数</td><td>金额</td><td>份数</td><td>金额</td><td>份数</td><td>金额</td><td>份数</td><td>金额</td></tr>
<tr><td></td><td></td><td></td><td></td><td></td><td></td><td></td><td></td></tr>
<tr><td colspan="2">实收资金日期</td><td colspan="8">年　　月　　日起至　　年　　月　　日</td></tr>
<tr><td colspan="2" rowspan="2">实收资金投向</td><td colspan="2">类别</td><td colspan="2">固定资产投资</td><td colspan="2">技术改造投资</td><td colspan="2">流动资金</td></tr>
<tr><td colspan="2">金额</td><td colspan="2"></td><td colspan="2"></td><td colspan="2"></td></tr>
<tr><td rowspan="5">单位投资分析</td><td colspan="2">单位名称</td><td colspan="2">公司性质</td><td colspan="3">投资金额</td><td colspan="2">地址</td></tr>
<tr><td colspan="2"></td><td colspan="2"></td><td colspan="3"></td><td colspan="2"></td></tr>
<tr><td colspan="2"></td><td colspan="2"></td><td colspan="3"></td><td colspan="2"></td></tr>
<tr><td colspan="2"></td><td colspan="2"></td><td colspan="3"></td><td colspan="2"></td></tr>
<tr><td colspan="2"></td><td colspan="2"></td><td colspan="3"></td><td colspan="2"></td></tr>
</table>

第十部分　中小企业投资管理表格

表 4—110　　　　**投资收益明细表**

编制单位：　　　　　　　　　　　　　　　　单位：元（年表）

项　　目	行号	上年实际	本年实际
1. 投资收入	1		
（1）债券投资收入	2		
（2）股票投资收入	3		
（3）其他投资收入	4		
投资收入合计	5		
2. 投资损失	6		
（1）债券投资损失	7		
（2）股票投资损失	8		
（3）其他投资损失	9		
投资损失合计	10		
投资净收入（净损失以"—"号表示）	11		

表 4—111　　　　**投资管理卡**

投资名称									投资编号		
进度											
1											
2											
3											
4											
收益状况分析	年　　度										合计
	实际增加收益①										
	实际投资金额②										
	净收益③										
	累计净收益④										
	累计净利益⑤										
	预计净利益⑥										
	累计净利益⑦										
	预计投资额⑧										
	累计投资额⑨										
	差额④－⑤－⑦＋⑨										

表 4—112

重要投资方案绩效核计表

投资编号	投资名称	收回期间	估计投资金额	实际投资金额	预计应回收金额	实际已回收金额	预计回收率		预计收益率		备注
							预计	修正	预计	修正	
1											
2											
合计											

表 4—113

投资经济（效益）分析表

建造名称			扩建　新建成　改善	
产品名称	规格	单位	数量	说明
				本工程预计　年　月起 至　年　月止 计　月完成

摘　要		附表	年预计经济效益	审核后经济效益	差异	审核说明
甲：收益项目						
1. 增加产量						
2. 节省人工						
3. 节省物料						
4. 节省费用						
5. 品质改进						
6. 增加效率						
合计						
乙：支出项目						
1. 变动成本						
2. 固定成本						
3. 财务费用						
4. 销售费用						
5. 其他						
合计						
经济效益净额						
投资概算金额	厂房设备					
	机械设备					
	电仪设备					
	公共设备					
	公用设备					
	土　地					
	合　计					
投资比率						
投资回收时间						

参考文献

[1] 全国会计专业技术资格考试用书（中级）. 会计 . 北京：中国财政经济出版社，2010

[2] 全国会计专业技术资格考试用书（中级）. 财务管理 . 北京：中国财政经济出版社，2010

[3] 中华人民共和国财政部会计司，《会计基础工作规范培训教材》 编写组. 会计基础工作规范培训教材 . 北京：经济科学出版社，1997

[4] 孙娟，企业会计实务实验教程 . 北京：经济科学出版社，2008

[5] 乔纳森 · 伯克 . 公司理财 . 北京：中国人民大学出版社，2009

中国人民大学出版社华东分社
信息反馈表

尊敬的老师，您好！

为了更好地为您的教学、科研服务，我们希望通过这张反馈表来获取您更多的建议和意见，以进一步完善我们的工作。

请您填好下表后以电子邮件、信件或传真的形式反馈给我们，十分感谢！

一、您使用的我社教材情况

您使用的我社教材名称			
您所讲授的课程		学生人数	
您希望获得哪些相关教学资源			
您对本书有哪些建议			

二、您目前使用的教材及计划编写的教材

	书名	作者	出版社
您目前使用的教材			
	书名	预计交稿时间	本校开课学生数量
您计划编写的教材			

三、请留下您的联系方式，以便我们为您赠送样书（限1本）

您的通讯地址			
您的姓名		联系电话	
电子邮件（必填）			

我们的联系方式：

地　址：苏州工业园区仁爱路158号中国人民大学国际学院修远楼

电　话：0512-68839319　　传　真：0512-68839316

E-mail：huadong@crup.com.cn　　邮　编：215123

微　博：http://weibo.com/cruphd　　QQ（华东分社教研服务群）：34573529

信息反馈表下载地址：http://www.crup.com.cn/hdfs

人大版
昌②检